Umgang im Wechselmodell

Beck-Rechtsberater im dtv

ORGINALAUSGABE
dtv Verlagsgeselllschaft mbH & Co KG
Tumblingerstraße 21, 80337 München

Redaktionelle Verantwortung: Verlag C.H. Beck, oHG
Druck und Bindung: Druckerei C.H. Beck, Nördlingen
(Adresse der Druckerei: Wilhelmstraße , 80801 München
Satz: mediaTEXT Jena GmbH, Jena
Druck: Westermann, Zwickau
Graphisches Konzept und Gestaltung: Sabina Sieghart, München
ISBN 978-3-423-51245-9 (dtv)
ISBN 978-3-406-74575-1 (C.H. Beck)

www.dtv.de
www.beck.de

Thomas Matthäus | Isabell Lütkehaus

Umgang im Wechselmodell

Eine Familie, zwei Zuhause: Gleichberechtigte Eltern bleiben nach Trennung und Scheidung

Beck-Rechtsberater im dtv

Inhalt

Die Autoren

THOMAS MATTHÄUS ist systemischer Supervisor und Coach (BIF), Sozialarbeiter und Lerntherapeut. (https://thomas-matthäus.com/).

Als Umgangsbegleiter arbeite ich seit ungefähr zwei Jahrzehnten mit getrennten Eltern und deren Kindern. Ich danke meiner Frau für ihre Liebe und ihr geduldiges Verständnis; ohne ihre Begleitung wäre das Schreiben dieses Buches nicht möglich gewesen. Ich danke meinen Kindern für ihre Geduld und die Möglichkeit, täglich von ihnen zu lernen. Ein besonderer Dank gilt den Familien und ihrem Vertrauen, so offen aus ihrem Privatleben zu erzählen. Dieser Erfahrungsschatz ist die Grundlage der entsprechenden Interviews in diesem Buch.

Diese zweite Zusammenarbeit mit meiner Co-Autorin Isabell Lütkehaus war äußerst inspirierend und konstruktiv wie schon das gemeinsame Schreiben unseres ersten gemeinsamen Buchs „Guter Umgang für Eltern und Kinder", welches 2018 erschienen ist.

DR. ISABELL LÜTKEHAUS ist Mediatorin (BAFM, BM), Supervisorin (DGSv), Coach, Ausbilderin und Rechtsanwältin.

Als Mitgründerin der Berliner Konsenskanzlei arbeite ich seit über zehn Jahren unter anderem mit Paaren, die nach Trennung und Scheidung Familie bleiben und dafür einvernehmliche Regelungen finden möchten (www.luetkehaus.berlin). Ich danke allen Familien, die sich mir im Rahmen von Coaching und Mediation anvertrauen. Ich verneige mich vor Trennungseltern, die auf beeindruckende und berührende Weise zeigen, dass es möglich ist, beängstigende Umbrüche durchzustehen und tiefgreifende Konflikte aufzulösen. Die schmerzhafte und traurige Trennungserfahrungen hinter sich lassen und als Familien unter neuen Vorzeichen weiterleben.

Mut machende Beispiele und wertvolle Erfahrungen gebe ich weiter: in der Mediation an andere Trennungseltern, in Ausbildungen an zukünftige Mediatorinnen und Mediatoren, und an die Leserschaft meiner Bücher. Ich bin Co-Autorin von unter anderem „Basiswissen Mediation" und „Guter Umgang für Eltern und Kinder". Ein besonderer Dank gilt meinen Lieben für das erneute Verständnis sowie meinem Co-Autoren Thomas Matthäus für diese zweite wunderbare Zusammenarbeit.

Wir danken unseren Gästen für ihre wertvollen Beiträge: Swetlana von Bismarck, Marianne Nolde, Clemens Tangerding, Martina Wurl und Sabine Zurmühl. Wir danken allen, die uns Berichte über ihre Trennungs- und Umgangserfahrungen vertrauensvoll zur Verfügung gestellt haben. Wir danken den Expertinnen und Experten, die wir interviewen durften: Daniel Föst, Miriam Hoheisel, Hildegund Sünderhauf und Markus Witt.

Wir danken dem C.H. Beck Verlag, insbesondere Frank Lang, für das erneut entgegengebrachte Vertrauen sowie Katrin Scholte, Nicola Kersebaum und Kathrin Moosmang für die großartige Unterstützung bei beiden Ratgebern.

Ein besonderes Dankeschön geht an Remo Largo und Monika Czernin sowie an Hildegund Sünderhauf, deren Bücher uns bereits seit längerer Zeit begleiten und eine zentrale Quelle der Inspiration und Information für unsere Arbeit und unser Schreiben sind.

Einige Hinweise zum Start

Vor zwei Jahren erschien unser Ratgeber „Guter Umgang für Eltern und Kinder", gefolgt von zahlreichen Lesungen, Workshops und Diskussionen. Wir lernten viele neue Familien- und Trennungsgeschichten kennen und diskutierten lebhaft mögliche Wege, Familien nach Trennung zu erhalten. Das große Interesse am Thema Umgang, die positive Resonanz auf unser Buch sowie immer mehr Fragen zum Wechselmodell ermutigen uns, den vorliegenden Ratgeber zu schreiben: „Umgang im Wechselmodell".

1. Familie und Wechselmodell
Das Leben der Eltern sei wie ein Buch, in dem die Kinder lesen, hat Aurelius Augustinus gesagt. Wir knüpfen daran auf zweierlei Weise an. Zum einen wollen wir mit unserer Haltung, die diesen Ratgeber grundiert, aufzeigen, wie eine Trennung und das Leben danach im Wechselmodell gemeistert werden können. Wir wollen Mut machen und dabei unterstützen, positive Zukunftsperspektiven für die gesamte Familie zu entwickeln. Bei der Auswahl unserer Interviewpartner und Gäste achten wir deshalb darauf, dass Wertschätzung, ein aufmerksamer Blick auf die individuellen Umstände, sowie Ressourcen- und Lösungsorientierung die Basis für alle Auseinandersetzungen bilden, die wir konstruktiv zum Thema Wechselmodell führen. Zum anderen erleben wir in unserer Berufspraxis immer wieder, dass nach einer Trennung Eltern und Kinder

Familie bleiben dürfen. Wir kennen zahlreiche bestärkende Beispiele, in denen es Eltern gelingt, vieles, was diese Familie vor der Trennung zusammenhielt, über diese schwierige Umbruchphase hinweg zu „retten" und später, unter anderen Vorzeichen, erneut zu etablieren. Wir erleben, dass es für Kinder in erster Linie wichtig ist, wie die Eltern die Trennung bewältigen und den Übergang zu einem neuen Familienleben gestalten. Das Buch der Eltern, in dem die Kinder lesen, muss kein nie endendes Drama sein, es darf vielmehr, wie ein Fortsetzungsroman, Höhen und Tiefen und vor allem ein gutes Ende haben.

Zwei Zuhause

Wir haben festgestellt, dass es in der deutschen Sprache keinen Plural für Zuhause gibt. Und doch erfahren wir, dass Kinder sich in zwei Wohnungen gleichermaßen sicher und geborgen fühlen können - wie eben in zwei gleichwertigen Zuhause.

Dieses Buch ist kein Plädoyer pro oder kontra Wechselmodell. Wir halten das praktizierte Umgangsmodell nach einer Trennung zunächst für eine private Angelegenheit jeder einzelnen Familie. Und jede Familie ist anders. Den weitaus meisten Eltern gelingt es sehr gut, den für ihre Familie nach einer Trennung passenden Weg zu finden. Gleichzeitig erleben wir, dass eine gerichtliche Klärung manchmal nötig sein kann, wenn Eltern nach einer Trennung vorübergehend nicht in der Lage sind, selbst und einvernehmlich eine passende Regelung für ihre Familie zu finden.

Gestützt auf unsere jahrzehntelange Arbeit mit Trennungspaaren, als Mediatorin und Umgangsbegleiter, möchten wir Eltern und Kindern, die Herausforderungen und Schwierigkeiten erleben, Unterstützung, Hilfestellungen, Erfahrungswerte und unterschiedliche Perspektiven anbieten, um das Leben nach der Trennung gut zu meistern. Hierbei gehen wir davon aus, dass beide Eltern grundsätzlich erziehungsfähig sind und ihr Kind betreuen möchten. Und umgekehrt das Kind eine enge Bindung und gute Beziehung zu beiden Eltern hat. Wir wissen, dass es hiervon gravierende und zum Teil dramatische Ausnahmen gibt, doch davon handelt unser Buch nicht. Sondern wir nehmen die überwiegende Mehrheit der Familien in den Fokus, bei denen diese zentralen Voraussetzungen vorliegen.

Wir stellen in unserem Buch praktische und rechtliche Informationen zur Verfügung, berichten von Trennungspaaren und deren Kindern in ausgesuchten Fallbeispielen und geben pädagogische und psychologische Hinweise für die Gestaltung des Alltagslebens nach einer Trennung. Wir befragen ausgewählte Expertinnen und Experten zu unterschiedlichen Belangen des Wechselmodells. Wir lassen Eltern und Kinder von ihren eigenen Erfahrungen berichten.

Dabei kann und will dieses Buch weder rechtliche, psychologische noch pädagogische Beratung ersetzen. Wir freuen uns vielmehr, wenn unser Ratgeber Ihnen neue Perspektiven und Möglichkeiten für das Leben im Wechselmodell eröffnen kann. Und Sie darin bestärkt, die großen Herausforderungen einer Trennung und des Lebens danach so zu meistern, dass alle Beteiligten später zurückschauen können mit dem Gefühl, aus der Bewältigung von schwierigen Umständen etwas gelernt, und vor allem etwas enorm Wertvolles, die gemeinsame Familie, erhalten zu haben. Wir wünschen allen Trennungseltern und ihren Kindern, dass es Ihnen gemeinsam gelingen mag, das Buch Ihrer Familie positiv fortzuschreiben.

Wenn wir in unserem Ratgeber an vielen Stellen von einem Kind schreiben, dann dürfen Sie sich auch gern angesprochen fühlen, wenn Sie Eltern mehrerer Kinder sind. Dieses Vorgehen ist einer guten Lesbarkeit geschuldet. Dies gilt auch dafür, wenn wir abwechselnd weibliche und männliche Formen benutzen, so zum Beispiel einmal Richterin, dann wieder Rechtsanwalt. Wir schließen damit stets sämtliche Geschlechter ein. Und wenn wir an manchen Stellen über Mütter schreiben, könnte dort oft auch Väter stehen und umgekehrt.

Als wir im Herbst 2019 über Social Media einen ersten Arbeitstitel für unser Buch vorstellten und um Erfahrungsberichte zum Wechselmodell baten, überstieg die Resonanz unsere Erwartungen um ein Vielfaches. Uns wurde umgehend deutlich, dass dieses Thema sehr komplex, emotional belegt sowie facettenreich ist, und enorm polarisiert.

Wir kennen Familien, die mithilfe des Wechselmodells ein stabiles Fundament für gemeinsame Elternschaft und ein harmonisches Familienleben finden konnten. Und wir kennen Trennungspaare, die hoch eskalierende Konflikte und enorme Belastungen für alle Beteiligten erlebten und erleben. Manche Eltern lieben das Wechselmodell und für sie ist es der einzig gangbare Weg, Familie nach Trennung zu leben. Andere halten es für eine Zumutung und Kindeswohlgefährdung. Heute Erwachsene erzählen uns, dass sie sich als Kind das Wechselmodell wünschten, und andere berichten, wie sehr sie früher darunter litten.

Uns wurde deutlich, wie viele Lebensbereiche das Wechselmodell berührt, nicht nur in der Familie, wo es um die Betreuung der Kinder in Alltag und Freizeit geht, um gemeinsame und verteilte Elternverantwortung, um die Rollen von Vätern und Müttern, um Familienstrukturen und Familienrituale, um das Leben in ein oder zwei (neuen) Zuhause. So wichtige Bedürfnisse wie Nähe, Liebe, Vertrauen, Geborgenheit und Schutz werden neu „verhandelt". Darüber hinaus spielen gesellschaftliche, politische und soziale Fragen eine Rolle: die Gleichstellung und Gleichberechtigung von Frauen und Männern, die Vereinbarkeit von Familie und Beruf, die Beschäftigung in Teilzeit oder Vollzeit, Lohngerechtigkeit und Aufstiegschancen, die Finanzierung der Familie nach Trennung. Das Thema Wechselmodell ist sowohl hochemotional als auch sehr politisch und bei vielen Diskussionen fällt es schwer, zwischen Meinungen, Erfahrungen, Fakten und Überzeugungen zu unterscheiden.

Nach einer Trennung fühlen sich Eltern oft wie in einem undurchsichtigen Gestrüpp von Fragen und Sorgen; auf der Suche nach dem passenden Weg befürchten sie, die Orientierung zu verlieren. Vergleichen Sie den Trennungsweg mit einer Reise durch den Dschungel: wir können Angst vor den unbekannten Geräuschen, Gerüchen und Farben bekommen. Uns fürchten vor den fremden Tieren und Pflanzen. Die Orientierung verlieren. Uns im Gestrüpp verstecken, weil wir keinen Schritt weiter gehen wollen. Mit unserem Ratgeber möchten wir den Nachtrennungs-Dschungel für Sie lichten, damit Sie offenen Auges neues Terrain betreten können. Damit die Begegnung mit einem Tiger, einer Riesenschlange oder einer neongrünen Spinne eine interessante, lehrreiche Erfahrung sein darf, aus der Sie gestärkt hervorgehen.

2. Gang durch das Buch

Unser Buch beginnt im ersten Kapitel mit dem, was für die meisten von uns im Leben das Liebste und Wichtigste ist: die Familie. Wir starten mit Überlegungen, was eine Familie überhaupt ausmacht, wie sich das Verständnis für Familie sowie die Rollen von Müttern und Vätern im Laufe der letzten 150 Jahre gewandelt haben, und was eine Familie zusammenhält. Wir beschäftigen uns damit, welche Bedeutung eine Trennung für Eltern und Kinder hat, und auf welche Weise nach einer solchen Trennung die Familie in ihrem Wesen, in ihrem Kern unter neuen Vorzeichen (und neuen Dächern) erhalten bleiben kann. Wir werfen einen Blick darauf, welcher Wandel sich vollzogen hat, bezüglich der Strukturen von Familie und der Definition, was wir 2020 unter Familie verstehen können. Wir betrachten den gesellschaftlichen Wertewandel, der einen direkten Einfluss auf die Aufgabenverteilung in der Familie hat und auf die Rolle als Eltern, ihr Selbstverständnis als Vater und Mutter vor und nach einer Trennung. Wir diskutieren, was eine Trennung für Eltern und Kinder bedeutet, welche Faktoren den Übergang vom Familienmodell unter einem Dach zur räumlich getrennten Familie erschweren und welche ihn erleichtern.

Das individuell passende Umgangsmodell als das Fundament einer Trennungsfamilie erleichtert den Prozess der Neugestaltung enorm. Haben Sie das für Sie passende Modell gefunden, verliert der Dschungel seinen Schrecken und offenbart sogar manchmal dem aufmerksamen Wanderer seine bisher versteckte Schönheit. Im zweiten Kapitel betrachten wir, welche Arten von Umgang(smodellen) es gibt und wie diese heute gelebt werden können. Im Zentrum steht das Wechselmodell, das sich zunehmender Beliebtheit erfreut. Wir definieren und diskutieren den Begriff, nähern uns seinem Wesen und dabei vor allem der Frage, was es braucht, damit ein Kind zwei gleichwertige Zuhause haben kann. Abschließend sehen wir uns die wichtigsten Parameter des Wechselmodells an, beleuchten Vor- und Nachteile sowie Ausgestaltungsmöglichkeiten und elementare Regelungspunkte, damit das Modell in der Praxis lebbar wird.

Dieser Praxis, dem Leben im Wechselmodell, widmen wir uns im dritten Kapitel. Anhand von Fallbeispielen kommen wir der Alltagsrealität rund um das Wechselmodell auf die Spur. Welche Faktoren sind entscheidend, damit der Alltag gut bewältigt werden kann? Vertiefend knüpfen an einige Fallbeispiele Interviews an, die wir mit Eltern und Kindern geführt haben. Dabei ist es uns gelungen, in einem Fall die gesamte getrennte Familie ungefähr acht Jahre nach der Trennung zu befragen und dadurch einen sehr aufschlussreichen Panoramablick darauf zu erhalten, was es braucht, um eine Trennung gut zu verarbeiten und das Umgangsmodell danach für alle Beteiligten gelingend zu gestalten - wie Sie es schaffen, auf dem Tiger zu reiten.

Im vierten Kapitel untersuchen wir, auf welchen praktischen Wegen Trennungseltern das für die individuelle Familie passende Umgangsmodell finden. Der Trennungsprozess ist wie das Leben dynamisch, verläuft in unterschiedlichen Phasen und Entwicklungen, sodass meist nicht sofort ein allzeit passendes Modell gefunden werden kann. Viele Familien vereinbaren daher Übergangslösungen und Probezeiten und wechseln das Umgangsmodell ein- oder zweimal Mal. Wir sammeln in diesem Kapitel als Entscheidungshilfe Indikatoren für ein passendes Umgangsmodell sowie Aspekte, die für oder gegen das Wechselmodell sprechen. Und wir stellen die praktischen Wege vor, die zum Umgangsmodell führen können: einvernehmlich, unterstützt durch inhaltliche Beratung beziehungsweise Begleitung durch eine Mediation oder durch ein gerichtliches Verfahren. Die wenigsten Menschen möchten gern vor einem Gericht ihre privaten Familienangelegenheiten verhandeln. In bestimmten Fällen scheint der gerichtliche Weg jedoch der in diesem Moment einzig passende. Zusammen mit erfahrenen Dschungel-Führerinnen sitzen Sie dort auf einem Hochsitz und betrachten das wilde Treiben aus der Vogelperspektive. Sich dort unten alleine zu bewegen ist derzeit zu gefährlich.

Den Blick von oben, auf die rechtlichen Aspekte des Wechselmodells, finden Sie im fünften Kapitel. Wir setzen uns hier mit der politischen Forderung nach einem Leitbild auseinander und was dies konkret bedeutet. Wir widmen uns der wichtigen Frage, ob das Wechselmodell gegen den Willen des anderen Elternteils gerichtlich angeordnet werden kann. Einer rechtlichen Definition des Wechselmodells folgt die Abgrenzung von anderen Modellen, um abschließend alle daraus resultierenden rechtlichen Konsequenzen zu besprechen, wie zum Beispiel Fragen des Sorgerechts, den Wohnsitz des Kindes, den Bezug von Kindergeld sowie Unterhaltsfragen und weitere Rechtsfolgen, inklusive internationalem Kindschaftsrecht.

International bleibt es auch im sechsten Kapitel. Wie regeln und handhaben andere Nationen das Wechselmodell? Welche Erfahrungen werden dort gemacht, welche für uns interessanten Ideen und Anregungen gibt es? Sind im schwedischen oder australischen Dschungel auch Tiger unterwegs? Oder sind die Spinnen dort rot statt neongrün? Zum Abschluss dieses Kapitels werfen wir einen Blick auf Empfehlungen im Europarecht sowie in völkerrechtlichen Abkommen, bezogen auf das Wechselmodell.

Das siebte Kapitel schließt unseren Ratgeber lebendig und praktisch ab. Hier veröffentlichen wir zunächst alle persönlichen Erfahrungsberichte, die wir an verschiedenen Stellen im Buch zitieren, in voller Länge. Danach folgen Checklisten und Mustervereinbarungen, Literaturtipps, interessante Websites und hilfreiche Anlaufstellen.

Angemerkt sei noch, dass Sie auch nur einzelne Kapitel mit Gewinn lesen können. Wir haben unseren Ratgeber so aufgebaut, dass jedes Kapitel in sich abgeschlossen verständlich ist und gleichzeitig durch inhaltliche Verweise mit anderen Buchstellen thematisch verknüpft wird.

Wir wünschen Ihnen eine gewinnbringende Lektüre und eine gute gemeinsame Reise als Familie.

Familie sein, Familie bleiben

Zunächst befassen wir uns mit dem gesellschaftlichen Wandel von Familienstrukturen. Was bedeutet eine Trennung für alle Beteiligten? Hier erhalten Sie Antworten auf die Frage, wie es gelingen kann, die Familie nach einer Trennung in neuer Form zu erhalten.

1. Familie sein, Familie bleiben

Unser Buch beginnt mit einem Blick auf die Familie. Wir sehen uns an, was Familie im Kern bedeutet und welchem Wandel sie sich unterzieht, einem Wandel in dreierlei Hinsicht: einmal im Laufe der Jahrhunderte und Jahrzehnte, von der großen Sippe, über die bürgerliche Kleinfamilie bis hin zur modernen Familie in vielfältiger Ausgestaltung. Mit ihren bunten Erscheinungsformen, wie wir sie heute, vor allem in den großen Städten, kennen. Zweitens im Sinne der natürlichen Wandlungsphasen einer Familie, beginnend in aller Regel mit einem Paar, das sich zusammentut, um gemeinsam zu leben und Kinder in die Welt zu setzen, über die Geburt von einem Kind und gegebenenfalls noch weiterem Nachwuchs, über deren Heranwachsen, ihren Auszug von Zuhause und die Gründung eigener Familien. Drittens sprechen wir vom Wandel der Familie, der sich durch die Trennung der Eltern als Paar vollzieht, die Familie erlebt einen einschneidenden Umbruch und kann sich danach, unter anderen Vorzeichen, neu aufstellen.

I. Familie

Was bedeutet Familie heute und was hat sie früher bedeutet? Welcher Wandel von Familienstrukturen ist gesellschaftlich zu beobachten, wie hat sich die Stellung von Familie rechtlich verändert? Wie hat sich in den letzten Jahrzehnten das Selbstverständnis von Vätern und Müttern gewandelt und wie nehmen Familienmitglieder sich und ihre Beziehungen zueinander wahr? Welche Lebensformen nennen wir heute familiär, wie haltbar und trennbar sind Familien geworden?

Familie und überhaupt das Leben bedeuten ständigen Wandel. Am Anfang einer neuen Familie gibt es ein Paar, das sich aus Liebe und Verbundenheit verbindet, (meistens) ein gemeinsames Zuhause schafft und Kinder in die Welt setzt. Die Geburt gemeinsamer Kinder, berichten Paare, bedeutet einen enormen Einschnitt in das gemeinsame Leben. Der Alltag verändert sich grundlegend, der Fokus geht von der Zweisamkeit auf die Versorgung des Kindes, weitere Kinder führen zu zusätzlichen Veränderungen, und das Älterwerden der Kinder bis zu ihrem späteren Auszug aus dem gemeinsamen Zuhause bedeuten weitere Umschwünge. Der Wandel der Familie, der sich durch die Trennung der Eltern als Paar vollzieht, wird oft als besonders gravierend empfunden, als erheblicher Einschnitt im Leben der gesamten Familie. Die elterliche Liebes- und Paarbeziehung wird nicht fortgesetzt, einer oder beide entschließen sich, eigene Wege zu gehen, gegebenenfalls sich einem neuen Partner zuzuwenden. Die meisten Trennungspaare trennen sich früher oder später auch räumlich, wenige bleiben über Monate oder Jahre in einer Eltern-WG unter einem Dach, bei den meisten hat mindestens einer von beiden ein starkes Bedürfnis nach Abgrenzung und Abstand und einem eigenen Zuhause, ohne den anderen. Je nach Wohnungsmarkt kann es etwas dauern, bis die sich neu konstituierende Familie passende Unterkünfte findet. Davor gilt es zu überlegen, wer in der bisherigen gemeinsamen Wohnung bleibt und wer auszieht, oder ob beide ausziehen, falls die Wohnung alleine nicht finanzierbar ist, und wann die Kinder wo leben.

Modernes Leben mit Blick auf Globalität, Individualität und Mobilität verändert Familiensituationen und Familienkonstellationen, wir erleben internationale Paare, den Wegzug der Kinder in andere Städte und Länder, erkennen freiere Entscheidungsmöglichkeiten zum Beispiel für homosexuelle Paare oder Singles mit Kinderwunsch. Der allgemeine gesellschaftliche Wertewandel trägt dazu bei, wie wir Familie heute sehen und leben: Individualität, Selbstverwirklichung, Gleichberechtigung, Diversität, persönliche Freiheit sind zentrale Aspekte. Unabhängig davon, wie man Familie früher und heute definiert und wie sie sich gesellschaftlich, rechtlich, kulturell und individuell gewandelt haben mag, konstant geblieben ist der hohe Stellenwert, dem wir Familie geben, und dies durch alle Generationen und Kulturen hinweg. Bei Umfragen, was Menschen wichtig ist, steht Familie unverändert ganz oben. Familie hat für die meisten von uns also eine ganz zentrale Bedeutung im Leben.

1. Familie im Wandel

Zu Beginn des 19. Jahrhunderts lebten die meisten Menschen in Großfamilien zusammen, beispielsweise auf einem Bauernhof: Vater und Mutter mit ihren Kindern, aber auch die Großeltern und in unmittelbarer Nähe, ebenso die Geschwister mit ihren Familien. Kinder wuchsen im Alltag mit Cousins und Cousinen und ihren Großeltern auf. Durch die Abwanderung in die Städte entstand die bürgerliche Kleinfamilie, bestehend aus Vater, Mutter und Kindern; die anderen Familienmitglieder lebten weiter entfernt und spielten im Alltag kaum eine Rolle, nur zu Familienfeiern kamen alle zusammen. Paare heirateten zuerst und bekamen dann Kinder, und sie blieben in aller Regel bis zum Tod zusammen. Und nahezu alle jungen Menschen heirateten und bekamen Kinder, unabhängig von ihren eigenen Wünschen und individuellen Neigungen. Männer verdienten das Geld und vertraten die Familie nach außen, Frauen waren für Haushalt und Kinder verantwortlich sowie finanziell, rechtlich und sozial vom Ehemann abhängig. Eine Trennung kam äußerst selten vor und wenn, dann bedeutete sie meist für die Frau eine soziale, rechtliche und wirtschaftliche Katastrophe. Mit der zunehmenden Gleichberechtigung der Frau seit den siebziger Jahren des letzten Jahrtausends wurde diese finanziell und gesellschaftlich unabhängiger. Doch bis heute verdienen Frauen deutlich weniger als Männer, und trotz zahlreicher engagierter Väter kümmern sich Mütter weiterhin hauptsächlich um Kinder und Haushalt, arbeiten überwiegend in Teilzeit und erhalten im Alter durchschnittlich ein Viertel weniger Rente.

Die Reform des Scheidungsrechts von 1976 gibt Frauen mehr Möglichkeiten, sich aus unglücklichen Beziehungen zu lösen; gesellschaftlich sind Trennungen und Scheidungen zunehmend anerkannt und inzwischen werden in Deutschland über ein Drittel der Ehen geschieden. In Großstädten leben mehr Paare getrennt als zusammen, viele Eltern sind dort alleinerziehend. Trennung ist zum Normalfall geworden; dennoch bedeutet sie weiterhin einen einschneidenden und in aller Regel auch belastenden Umbruch für die Familie und wird von den allerwenigsten Eltern leichtfertig vollzogen.

Heutzutage gibt es Familien-WGs, Kinderprojekte, gleichgeschlechtliche Eltern in sogenannten Regenbogenfamilien, Adoption, Pflegschaft, Alleinerziehende, Stief- und Patchworkfamilien. Und nicht zuletzt seit der Einführung der „Ehe für alle" 2017, die es ermöglicht, dass auch homosexuelle Paare heiraten und Kinder haben können, werden vielfältige Erscheinungsformen von Familie akzeptiert, wobei hier die Akzeptanz in den Großstädten gegenüber ländlichen Gegenden höher ist. Der Einbezug von Nachbarn, Freunden und Paten ersetzt teilweise die früher in der Nähe lebenden Geschwister und Großeltern. Und, parallel zur zunehmenden Erwerbstätigkeit von Müttern, steigt der Anteil von Fremdbetreuung, entweder privat gestaltet mit Au-pair und Tagesmutter, oder organisiert in Kita beziehungsweise Schule und Hort. Betreuung in Ganztagsschulen nehmen zu, Horteinrichtungen samt Mittagessen und Nachmittagsbetreuung mit Hausaufgabenhilfe werden insbesondere in den Großstädten immer mehr in Anspruch genommen. Gleichzeitig steigt auch der Anteil von Vätern an der Kinderbetreuung. Laut Umfragen wünschen sich circa 70 % der Väter eine höhere Beteiligung an Erziehung und Betreuung. Und über zwei Drittel wünscht sich, dass ihre Partnerin selbst für den eigenen Lebensunterhalt sorgt, also finanziell unabhängig und auf Augenhöhe ist.

Erfahrungsbericht Nummer drei

„Von Anfang an hatte für mich der Wunsch nach viel gemeinsamer Zeit mit Hunter größte Priorität. Mein eigener Vater hatte immer viel gearbeitet, meine Beziehung zu ihm war weitaus weniger intensiv als zu meiner

Mutter. Das wollte ich mit meinem Sohn unbedingt anders machen."
Siehe › Seite 228.

Heutzutage ist die Familie in erster Linie eine emotionale Einheit, Liebesehen stehen im Vordergrund. Diese Verbindungen gehen wir freiwillig ein, mit dem Wunsch, das Leben miteinander zu verbringen, gemeinsam Kinder in die Welt zu setzen. Kinder müssen nicht mehr dem materiellen Fortbestand der Familie sichern, sie werden gezeugt, um emotionalen Bedürfnissen gerecht zu werden. Seit 1.10.2017 wurde in Deutschland der Familienbegriff auch rechtlich erweitert. So können gleichgeschlechtliche Eltern heiraten, Kinder bekommen oder adoptieren und sind heterosexuellen Paaren nahezu komplett gleichgestellt.

Im Jahr 2020 freuen wir uns also an einer großen Vielfalt von FAMILIENFORMEN: Es gibt die Einelternfamilien, in denen Kinder mit nur einem Elternteil in einem Haushalt zusammenwohnen, weiterhin meistens bei der Mutter. In Stieffamilien leben Kinder mit einem nicht verwandten Erwachsenen zusammen, in Patchworkfamilien mehrere Kinder mit unterschiedlichen Eltern. Wir kennen Pflegefamilien, in denen Kinder für einen begrenzten Zeitraum oder dauerhaft leben, weil sie, aus unterschiedlichen Gründen, nicht in ihrer Herkunftsfamilie bleiben können. Manche Kinder leben in Heimen oder betreuten Wohngemeinschaften und finden dort im besten Fall eine Art Familie. In Regenbogenfamilien leben gleichgeschlechtliche Eltern mit Kindern, und ein Kind kann hier mehrere Väter oder mehrere Mütter haben. Soziale Elternschaft bedeutet, dass Menschen, die selbst keine Kinder haben, Verantwortung für andere Kinder übernehmen und in deren Alltagsleben eine wichtige Rolle spielen. Es gibt Menschen, die bekommen mit einer Person ein Kind, mit der sie keine Liebesbeziehung haben. Diese Familienform wird als Co-Elternschaft bezeichnet. Manchmal kommt auch ein Mensch aus einer Liebesbeziehung als Elternteil hinzu, sodass wir nicht nur von zwei, sondern drei Co-Elternteilen sprechen können.

Die Herkunftsfamilie ist die Familie, in die wir als Kind hineingeboren werden. Einige Menschen erleben leider Gewalt und Abwertung in ihrer Herkunftsfamilie. Deshalb ist für diese Menschen eine Wahlfamilie wichtig. Ein gutes Beispiel für das Zusammenleben einer solchen Familie zeigt der sehenswerte japanische Film „shoplifters" (siehe › Seite 265). Anzumerken bleibt an dieser Stelle noch, dass neben der Vielfalt an Familienformen, die wir heute kennen, und die viele Menschen auf freiwilliger Basis eingehen ohne ökonomische Zwänge, es auch Menschen gibt, die bewusst eine Lebensform ohne Kinder wählen und damit ebenfalls glücklich sind.

Unter welchen Vorzeichen auch immer, eine Familie ist ein System, das sich, enger oder weiter, von der Außenwelt abgrenzt und durch typische Strukturen auszeichnet, in denen die Beteiligten in unterschiedlichen Rollen zueinander in Beziehung stehen. Beziehungen, die in gemeinsam verbrachter Zeit gelebt werden, unter einem Dach (einem Familien-„Zuhause") oder - und das ist ein sehr wichtiger Aspekt dafür, wie wir heute Familie sehen - über mehrere Dächer hinweg.

2. Verantwortung und Beziehungen

Wann kann man nun von einer FAMILIE sprechen und wann „nur" von einem ZUSAMMENLEBEN von Menschen? Können wir das genauer definieren? Und wann sprechen wir von Familie, ohne dass alle Beteiligten zusammenleben? Was macht eine Familie im Wesentlichen aus? Was unterscheidet sie im Kern von anderen Arten des Zusammenlebens, von sonstigen Beziehungen und Zugehörigkeiten? Die Rollen jedes einzelnen Familienmitglieds, die Erwartungen der anderen an jeden Einzelnen, prägen das Miteinander der Familie, bestimmen das familiäre System. Familien waren lange Zeit hierarchisch, patriarchalisch geprägt, mit dem Familienvater als Oberhaupt, Alleinverdiener und Bestimmer. Ehefrauen hatten sich um Kinder und Haushalt zu kümmern, Kinder hatten zu gehorchen. Hier hat ein enormer Wandel stattgefunden, Ehefrauen und Mütter sind zunehmend gleichberechtigte Partnerinnen und immer häufiger berufstätig, zumindest in Teilzeit. Dennoch bleiben sie weiterhin überwiegend für Haushalt und Kinderbetreuung zuständig, dann meist neben ihrer beruflichen Tätigkeit, durch die sie finanziell und gesellschaftlich unabhängiger geworden sind. Jede Familie ist heute individuell aufgestellt, was die Aufgabenverteilung zwischen den Eltern, aber auch die Mitwirkung der Kinder sowie dem Einbezug weiterer Menschen betrifft, sei es Haushaltshilfen, Großeltern, Paten und Freunde oder organisierter und institutionalisierter Fremdbetreuung.

Als deutlichen TREND der letzten Jahre sehen wir den fortschreitenden Raum, den Kinder in der Familie, im Bewusstsein und der Aufmerksamkeit der Eltern einnehmen. KINDER werden zunehmend und immer früher ernst genommen und in FAMILIÄRE ENTSCHEIDUNGSFINDUNGSPROZESSE einbezogen, zum Beispiel bei der Alltagsgestaltung und Urlaubsplanung. Die heutige Familie lebt in höherem Maße kindzentriert. Das Wohl des Kindes und seine optimale Entwicklung stehen im Mittelpunkt, alles andere orientiert sich daran und ordnet sich dem unter. Kinder haben einen Wert an sich, die Zeit mit den Kindern, die Betreuung wird als wertvoll angesehen und dafür lohnt es sich dann auch, im Falle einer Trennung zu kämpfen. Ein Grund für die Verdoppelung von familienrechtlichen Streitigkeiten vor Gericht in den letzten zehn Jahren liegt unter anderem auch im neuen Verständnis der Väter, eine größere Rolle im Leben der Kinder zu spielen. Und zum Teil umgekehrt im neuen Rollenverständnis von Müttern, die beruflich aktiv sein und den Vater als Unterstützung einbeziehen möchten.

3. Strukturen, Regeln, Rituale und Traditionen

Eine Familie ist ein System, das sich nach außen von anderen abgrenzt und nach innen gekennzeichnet ist durch bestimmte Strukturen, vor allem bestimmte regelmäßige Tagesabläufe. Familiäre Routinen, Rituale und Traditionen halten und festigen diese Strukturen, im Alltag, am Wochenende und in den Ferien. Sie halten die Familie zusammen, sie bestätigen die Beziehungen, die Verantwortungen, die Rollen und den Platz jedes einzelnen. Gemeinsame Mahlzeiten im Alltag beispielsweise bringen die Familie an einem Tisch und sichern den Austausch und ein Miteinander. Kinder lieben Routinen, wie jeden Tag zur selben Zeit ins Bett gehen und aufstehen, sowie Rituale, zum Beispiel die Geschichte vor dem Einschlafen oder, dass an Geburtstagen immer ein bestimmter Schokoladenkuchen gebacken wird. Einige besondere Bedürfnisse von Kindern nach einer Trennung, zum Beispiel mit Blick auf Routinen und Rituale in einer Patchworkfamilie, sehen wir uns im dritten Kapitel (siehe Fallbeispiel › Seite 89) an.

Die Mitglieder einer Familie und ihre Beziehungen zueinander bilden ein System, mit den Rollen, Erwartungen und Aufgaben jedes einzelnen Familienmitglieds, welche dieses System prägen. Bei Stief- und Patchworkfamilien greifen sogar mehrere Systeme ineinander, sie berühren sich, decken sich zum Teil und bilden neue Sub-Systeme. Regeln und Rituale, Aufgaben und Rollen prägen das System der Familie und damit das Miteinander - Leben. Durch die ERWEITERUNG DES FAMILIENBEGRIFFS in den letzten Jahren vermeiden viele Sozialwissenschaftler heute eine genaue Definition von Familie. Wie soll Wissenschaft auch mit dem zügigen Wandel von Familie mithalten können? Ohne dass wir eine abschließende Definition wagen wollen, soll unsere Orientierung in diesem Buch beim Begriff von Familie dergestalt sein: überall, wo es stetige Strukturen des Zusammenlebens mindestens zweier Generationen gibt, wo enge Bezugspersonen miteinander Zeit verbringen und sich alltäglich einander zuwenden, dort dürfen wir uns zu Hause fühlen und als Teil einer Familie betrachten. Was ein „Zuhause" eigentlich ist, betrachten wir bei der Definition des Wechselmodells (siehe › Seite 53).

II. Trennung

Sowohl für die Eltern als auch für Kinder bedeutet die Trennung der Eltern als Paar einen großen Einschnitt, der alle vor vielfältige Herausforderungen stellt - und neue Chancen kreieren kann.

1. Einschnitt und Neuanfang

Paare trennen sich heutzutage deutlich öfter und im Durchschnitt bereits früher. Im Zeitraum der Jahre von 2011 bis 2018 zählen wir in Deutschland eine Scheidung auf 2,4 Eheschließungen. Unseren Erfahrungen nach trennen sich auch heute Eltern nicht leichtfertig, sondern sie versuchen zunächst, zu zweit oder mithilfe von außen, ihre Beziehung zu verbessern. Erst, wenn sie für sich erkennen, dass diese nicht mehr zu retten ist und sie gemeinsam nicht mehr glücklich sein können, entschließt sich einer oder beide zum Schritt der Trennung. Wohl wissend, dass dies ein schwerer Einschnitt für alle Beteiligten bedeutet, aber auch erkennend, dass ein Zusammenbleiben nur wegen der Kinder nicht sinnvoll sein kann. Denn Kinder merken, wenn ihre Eltern unglücklich sind und fühlen sich dann nicht wohl sowie oft verantwortlich für das Glück (und Unglück) der Eltern, was eine Überforderung bedeutet. Zunächst stellt die Trennung für alle Beteiligten einen Einschnitt dar, einen großen Umbruch, der mit zahlreichen Herausforderungen, Unsicherheiten, Ängsten und Sorgen einhergeht. Die Trennung kann, nach einer belastenden Übergangsphase, aber auch die Chance für ein neues, glücklicheres Leben sein. Für einen NEUSTART, auch als Familie, unter anderen Vorzeichen und unter mehreren Dächern. Für die Eltern beginnt die Trennung damit, dass einer von beiden ausspricht, dass er nicht mehr als Paar zusammenleben möchte. Für die Kinder beginnt die Trennung mit der Information darüber durch die Eltern.

Was bedeutet eine Trennung nun konkret für Eltern und Kinder?

2. Bedeutung für die Eltern

Immer mehr Paare trennen sich und eine Trennung an sich zieht keinen gesellschaftlichen Makel mehr nach sich. Und dennoch bedeutet sie weiterhin für alle Beteiligte, insbesondere den Partner, der gegen seinen Willen getrennt wurde, eine tiefe Zäsur. Trennung erzeugt Kummer, Ängste und Schmerzen, wirft Fragen auf und stellt Eltern und Kinder vor neue Herausforderungen. Die Trennung als Paar und damit als Familie „unter einem Dach“ bedeutet für alle Beteiligte den Übergang in eine neue Lebenssituation. Zahlreiche Dinge des Alltags, die bisher so nebenher auf Zuruf funktionierten, bedürfen jetzt gründlicher Organisation, voriger Absprachen und zusätzlicher Planung. Aus den Erzählungen vieler Paare hören wir, dass die ersten beiden Jahre nach der Trennung die schwierigsten waren. Die persönliche Enttäuschung, Wut, Hass und Liebeskummer sind noch sehr frisch, die organisatorische Umstellung in eine Familie mit zwei Wohnsitzen enorm. Es ergeben sich im Alltag Betreuungslücken und entsteht ein finanzieller Mehrbedarf, den man irgendwie decken muss. Auch für den Partner, der gegangen ist, möglicherweise um einer neuen Liebe nachzugehen, folgen aus der Trennung viele belastende Momente. Selbstvorwürfe, schlechtes Gewissen, Schuldgefühle gegenüber dem ehemaligen Partner sowie den Kindern. Hinzu kommen Unverständnis und Vorwürfe aus dem Umfeld, sowie die Sorge, durch die räumliche Trennung den regelmäßigen Kontakt und die Nähe zu den Kindern zu verlieren. Und möglicherweise die Angst, der ehemalige Partner lässt die Enttäuschung über das Ende der Liebesbeziehung an den Kindern aus beziehungsweise rächt sich, in dem er die Kinder vorenthält, den Kontakt erschwert.

Erfahrungsbericht Nummer eins

„Anfangs hatte ich Sorge, ob ihr Vater wirklich alles alleine hinbekommt. Einmal habe ich sogar eine gemeinsame Freundin gebeten, ihm und unserer Tochter einen unangekündigten Besuch abzustatten. Die Freundin hat sich zum Glück geweigert. Weil es nicht nötig war und übergriffig gewesen wäre. Aber ich gebe zu, mir war oft mulmig zumute. Unsere Tochter war noch so klein. Ich habe sie vermisst, klar. Aber hinter meiner Sehnsucht nach ihr steckte noch etwas anderes, nämlich das Gefühl, sie müsse mich doch vermissen, weil ich ihre Mama bin. Weil sie mich braucht." Siehe › Seite 224.

Erfahrungsbericht Nummer zwei

„Wechselmodell? Ernsthaft?" fragten Verwandte und Freunde. Wer das Ungleichgewicht in unserer Familie mitbekommen hatte, traute es meinem Mann ohnehin nicht zu. Und ansonsten progressiv eingestellte Freundinnen zeigten mir den Vogel: Du musst den Rücken gerade machen! Du kannst dem doch nicht die Kinder überlassen!" Siehe › Seite 227.

Trennungseltern sind besorgt, dass die Kinder unter der Trennung nachhaltig leiden und keine glückliche und unbeschwerte Kindheit mehr haben können. Tatsächlich bedeutet die Trennung einen erheblichen und zunächst belastenden Einschnitt für die Kinder. In ihrem wunderbaren Buch „Glückliche Scheidungskinder" haben Monika Czernin und Remo Largo auf überzeugende Art und Weise dargelegt, dass für das Wohl der

Kinder in erster Linie der Umgang der Eltern (und anderer naher Bezugspersonen) entscheidend dafür ist, wie gut die Kinder die Trennung meistern. Die Autoren beschreiben in diesem Zusammenhang grundsätzliche Bedürfnisse von Kindern und was in ihren Augen nötig ist, um diesen Bedürfnissen auch nach einer Trennung weiterhin gerecht zu werden. Es ist also stets die Aufgabe der Erwachsenen, die Bedürfnisse der Kinder und eigene Bedürfnisse auszubalancieren.

Bedürfnisse ausbalancieren
Stellen Sie sich vor, ihre zweijährige Tochter hat die Angewohnheit, jeden Morgen um 5:30 Uhr aufzuwachen und ihren Hunger zu äußern. Sie haben den Abend davor, weil Sie aus der Spätschicht im Krankenhaus erst 23 Uhr zu Hause waren, gegen Mitternacht geschlafen. Eine kurze Nacht kriegen Sie bestimmt hin. Sie lieben ihre Tochter und freuen sich, sie munter herumtollen zu sehen (auch um 5:30 Uhr). Mit Ihrem Partner haben Sie vereinbart, dass sie sich in der Frühversorgung Ihrer Tochter abwechseln. Das klappt auch sehr gut. Nach vier derartigen Nächten sind sie trotzdem müde und bei aller Liebe zu Ihrer Tochter benötigen Sie einfach Schlaf. Als liebende Eltern stellen Sie Ihr Schlafbedürfnis zurück, außerdem spüren Sie in der Tiefe Ihres Bewusstseins so etwas wie ein schlechtes Gewissen. Sie wollen für Ihre Tochter da sein, die Liebe zu ihr soll Sie beflügeln (und tut das auch) - was ist schon der eigene Schlaf in dieser Konstellation? Schlafen kann ich später nachholen...

Vergessen Sie nicht:
Wenn Sie erschöpft sind, laufen die Dinge schlechter.

In unserer Wahrnehmung laufen oft alle Dinge schlechter. Warum ist meine Frau seit einigen Wochen immer wieder so schlecht gelaunt? Wo sind meine alten Freunde geblieben? Ist mein Job überhaupt der richtige? Es ist nicht selten, dass starke Erschöpfung dazu führt, grundsätzliche Aspekte unseres Lebens infrage zu stellen. Dann bekommen wir ein Lächeln unserer Tochter geschenkt und tanken dankbar wieder Energie.

Es ist wichtig, dass Sie als Eltern nicht vergessen, dass Sie NICHT NUR Eltern sind. Sicherlich nimmt diese Rolle, je kleiner ihr Kind ist, einen größeren Raum ein in Ihrem Leben. Es lohnt sich erfahrungsgemäß doch, frühzeitig ehrlich mit sich zu bleiben und zu erkennen, dass es noch weitere Rollen gibt, die Sie gern ausfüllen wollen. Dass Muttersein oder Vatersein für Sie vielleicht nicht alles ist. Gehen Sie ACHTSAM mit sich um und finden Sie die Rollenaufteilung, die zu Ihnen passt.

Eine wichtige Frage also, die sich für die junge Familie stellt, ist: Wie bekommen wir unsere Bedürfnisse so unter „einen Hut", dass wir ein harmonisches Familienleben führen können? Andere Fragen könnten sein: Was benötigt unser Kind, von wem benötigt es was, müssen wir immer verfügbar sein? Wie lange müssen wir das? Können auch Großeltern statt oder neben Eltern zentrale Bezugspersonen sein? Dauerhaft oder nur stundenweise? Können Freunde unterstützen? Was bedeutet Bindung eigentlich? Was ist eine Bezugsperson? Und was ändert sich, wenn wir uns trennen? Leidet mein Kind lebenslang unter einer Trennung? Leidet es überhaupt nicht - unter bestimmten Bedingungen - wie Largo und Czernin behaupten? Machen Ratgeber nicht alles noch schlimmer, weil sie inzwischen einen undurchdringlichen Dschungel bilden? Was ist mit Unterhalt, wenn wir das Kind paritätisch betreuen? Erklärt mir jemand den Unterschied zwischen Sorgerecht und Umgangsrecht? Bin ich eine schlechte Mutter, wenn ich mein Kind „Teilzeit" betreue, nachdem ich die Familie „verlassen" habe? Bin ich ein schlechter Vater, weil ich weiterhin Vollzeit arbeiten will? Lieber unglücklich zusammenbleiben, als glücklich getrennt?

Das ist eine Auswahl von Fragen, die wir in unserer Praxis immer wieder gestellt bekommen.

Erfahrungsbericht Nummer zwei

„Und dass da einiges an Klärungsbedarf auf uns zukommt, das war uns klar.

- Mein Mann wollte den wochenweisen Wechsel, ich hielt die Kinder dafür zu klein.
- Wie erklären wir den Kindern die Trennung und bleiben trotzdem wertschätzend in all dem, was wir den Kindern über den anderen sagen?
- Meine Familie feiert ein riesiges Weihnachtsfest mit 20 Verwandten, mein Mann ist eher der Grinch. Wie gestalten wir also die Feiertage?
- Wie organisieren wir Übergaben, wie organisieren wir, dass Turnbeutel und Lieblingsbuch dort sind, wo man sie braucht?
- Was passiert, wenn einer von uns einen neuen Partner kennenlernt?"
  Siehe › Seite 227.

Nicht alle Fragen lassen sich befriedigend beantworten, manche bleiben offen - es ist so wie im Leben überhaupt: Es gibt keine allgemeingültige Wahrheit, wie wir leben sollen. Im Rahmen eines mehr oder weniger akzeptierten Wertekanons versuchen wir, friedlich miteinander auszukommen. Die Einzigartigkeit jedes Menschen spiegelt sich auch in der

Einzigartigkeit jeder Familienkonstellation wider, unabhängig davon, ob sie als Eltern zusammenleben oder getrennt. Jede Familie ist anders. Rezepte und Schablonen werden dieser Einzigartigkeit nicht gerecht, und dennoch lassen sich Gemeinsamkeiten erkennen. So verläuft der Prozess der Trennung eines Paares in mehreren Phasen, die wir hier vorstellen.

TRENNUNGSPHASEN

PHASE EINS: ICH WILL DIE TRENNUNG NICHT WAHRHABEN!

In dieser Phase wollen Sie, wenn Sie der oder die Verlassene sind, nicht anerkennen, dass sich gerade grundlegend etwas in Ihrem Leben ändert. Viele Betroffene sprechen von dieser Zeit als einer Phase, in der sie wie betäubt durch ihr Leben gestolpert sind. Achten Sie in dieser Zeit gut auf Ihre eigenen Bedürfnisse und seien Sie nicht zu streng zu Ihren Kindern. Sie alle miteinander brauchen in dieser Zeit Streicheleinheiten, körperlich und emotional, Verwöhnstunden oder Verwöhntage und besonders schöne Dinge, die Sie zum Beispiel am Wochenende unternehmen können.

PHASE ZWEI: TRAUER

Wenn Sie über das Ende der Beziehung zu trauern beginnen, haben Sie die Trennung als Tatsache anerkannt und akzeptiert. Das kann sehr weh tun und Sie erleben vielleicht ganze Tage voll düsterer Stimmung, wollen sich zurückziehen. Betroffene erleben sich in dieser Zeit oft wie erstarrt. Schaffen Sie sich in Ihrem Alltag Auszeiten und trauen Sie sich, Freunde um Unterstützung zu bitten - auch für so banale Dinge wie einkaufen gehen. Und werden Sie nicht nervös, wenn diese Phase einige Monate dauert. Trauer braucht ihre Zeit. Versuchen Sie, diese Zeit sehr bewusst zu durchleben, dann steigt die Chance, am Ende gestärkt und mit guten Ideen für Ihre Zukunft aus der Trennung hervorzugehen.

PHASE DREI: WUT

Wütend zu sein ist in unserer Gesellschaft oftmals eine nicht sehr geschätzte Emotion. Dabei ist bewusst erlebte Wut und ihr Ausdruck sehr wichtig für die eigene psychische Gesundheit. Und nicht umsonst hat die Natur uns mit diesem Grundgefühl ausgestattet. Stehen Sie also zu Ihrer Wut und verdrängen Sie nicht Ihre evtl. auftauchenden Rachegefühle dem Ex-Partner gegenüber. Spüren Sie die durch die Wut freigesetzte Energie und glauben Sie daran, dass diese Energie Ihr Potenzial für Ihr zukünftiges Leben sein kann. Versuchen Sie, konstruktiv mit dieser Energie umzugehen: treiben Sie Sport, renovieren Sie Ihre Wohnung. Lassen Sie sich nicht entmutigen, wenn die Wut Sie immer wieder überfällt, nachdem Sie dachten, es wäre jetzt vorbei mit der Wut. Denn diese Phase verläuft häufig schubweise.

PHASE VIER: AKZEPTANZ
In dem Moment, wenn Sie die Trennung und alle ihre Umstände hinnehmen, treten Sie in die vierte und letzte Phase ein. Die Möglichkeit einer neuen Familienstruktur nimmt Gestalt an. Sie spüren, dass Sie friedlicher werden und Lust bekommen, wieder selbst Ihren Alltag zu gestalten. Vielleicht treffen Sie sich in dieser Zeit mit Menschen, denen Ähnliches widerfahren ist. Typischerweise kaufen Sie sich Bücher zum Thema Trennung, Scheidung und Umgang, zum Beispiel unseren Ratgeber „Guter Umgang für Eltern und Kinder." Sie lernen Ihre Autonomie wieder zu schätzen. Verzweifeln Sie nicht, wenn diese Phase Sie über Monate oder sogar Jahre beschäftigt. Denn um diese Phase gut zu bewältigen, müssen Sie lernen loszulassen: Ihren Ex-Partner, alte Gewohnheiten, alte Rollen, alte Ideen vom sogenannten guten und richtigen Leben.

Sich trennende Eltern „vergessen" manchmal im Trennungsstress, dass neben den Bedürfnissen der Kinder, die eigenen Bedürfnisse nicht weniger wichtig werden. Ganz im Gegenteil, gerade in solch krisenhaften Phasen wie einer Trennung ist es für die Erwachsenen wichtig, die eigenen Bedürfnisse auch gut im Blick zu behalten.

BEDÜRFNISSE VON ERWACHSENEN
Als menschliche Wesen haben wir alle mehr oder weniger starke Bedürfnisse, die unser Leben prägen und rahmen. Als kleine Hilfestellung fassen wir hier die wichtigsten Bedürfnisse von Erwachsenen aus mehreren Quellen zusammen:

- Körperliche Bedürfnisse, atmen, trinken, essen, schlafen, gesund sein
- Bedürfnis nach Autonomie, also das Bedürfnis nach Selbstbestimmung und Freiheit beispielsweise
- Bedürfnis nach Integrität, also das Bedürfnis, mit sich selbst im Einklang zu sein, mit wesentlichen eigenen Werten beispielsweise
- Bedürfnis nach Sicherheit, also sich sicher zu fühlen, eine Privatsphäre zu haben
- Geistige Bedürfnisse, dazu gehören der Wunsch nach Harmonie, Freude, lachen zu können, ästhetische Bedürfnisse
- Bedürfnis nach Verbundenheit, Sie wollen Nähe spüren, Liebe, Wertschätzung, wollen Freundschaften pflegen, Sexualität leben, mit anderen Menschen zusammenarbeiten
- Bedürfnis nach Entspannung, Sie brauchen Ruhe, müssen sich ausruhen, erholen können
- Bedürfnis nach Entwicklung, Sie wollen beruflichen Erfolg, Kreativität ausdrücken, sich bilden, Kompetenzen erwerben, etwas Sinnvolles tun, sich engagieren.

ELTERNWOHL

In unserem Ratgeber „Guter Umgang für Eltern und Kinder" veranschaulichen wir anhand eines Beispiels, dass den Blick zuerst auf sich selbst zu richten, ehe wir uns um die Bedürfnisse anderer kümmern, in manchen Situationen wichtig sein kann.

Bedürfnisse priorisieren (Seite 21):

„Wenn im Flugzeug akuter Druckverlust angezeigt wird werden Sie aufgefordert, sich selbst als Erstes mit der Sauerstoffmaske zu versorgen, ehe sie Ihre Kinder unterstützen, sich diese Maske anzulegen. Denn Sie nützen ihren Kindern nicht, wenn Sie selbst aus falscher Prioritätensetzung ohnmächtig werden und ihnen dann nicht mehr helfen können. Denken Sie an dieses Beispiel, wenn das schlechte Gewissen Sie plagt, weil Sie etwas für sich tun, sich dabei egoistisch vorkommen und ständig daran denken, dass Sie jetzt nicht ausgehen dürfen mit einer Freundin, weil Ihre Kinder Sie ständig brauchen, drei Monate nach der Trennung von Ihrem Mann. Das ist kein Aufruf zur Vernachlässigung der Kinder, sondern unser Appell gründet auf der schlichten Wahrheit, dass Ihre Kinder vor allem als Vorbild von Ihnen lernen (Jesper Juul). Dazu gehört, dass Sie Ihre eigenen Bedürfnisse ernst nehmen und ihnen Geltung verschaffen, auch oder gerade in schwierigen Trennungssituationen. Was nützt den Kindern eine gestresste, von Schuldgefühlen geplagte Mutter, die sich zähneknirschend um die Bedürfnisse ihrer Kinder kümmert und dabei das eigene Leben vergisst? Was lernen die Kinder daraus? Auch hier gilt: Qualität immer vor Quantität! Lieber eine halbe Stunde liebevoller Zuwendung als drei Stunden angestrengten Zusammenseins aus einem Pflichtgefühl heraus."

3. Was Trennungskinder brauchen

Ohne Frage ist die Trennung der Eltern für Kinder ein enormer Einschnitt in ihrem noch jungen Leben, der zahlreiche Herausforderungen und Ungewissheiten mit sich bringen kann. Die Familie, die sie bisher kannten und als selbstverständlich erlebten, existiert so nicht mehr. Der Alltag gestaltet sich wesentlich neu, gegebenenfalls stehen räumliche Wechsel an, eine neue Wohnung mit neuer Nachbarschaft, vielleicht sogar eine neue Kita oder Schule. Die Anwesenheit zumindest eines Elternteils wird neu gestaltet, so zieht meist ein Elternteil aus, womit Verlustängste verbunden sein können. Der nun gegebenenfalls alleinerziehende Elternteil befindet sich vielleicht in einem finanziellen Engpass, arbeitet deutlich mehr und dadurch nimmt die Fremdbetreuung zu beziehungsweise die Zeit alleine zu Hause. Den ausgezogenen Elternteil sieht das Kind nur noch jedes zweite Wochenende oder jede zweite Woche, und dafür dann ungewohnt intensiv, verbringt mit ihm jetzt mehrere Tage am Stück alleine. Neue Partner der Eltern mit gegebenenfalls eigenen Kindern erfordern Offenheit und Anpassungsleistungen von allen Beteiligten. Kinder spüren die Trauer, Verzweiflung und Anspannung ihrer Eltern, sie erleben vor der Trennung unterdrückte Aggressionen und Abneigungen sowie Uneinigkeiten und Unzufriedenheit, auch wenn nicht direkt vor ihnen gestritten wird. Je nach voriger Situation innerhalb der Familie kann durch die räumliche Trennung daher auch Entspannung einkehren. Für Kinder muss die Trennung nicht zwingend eine Katastrophe darstellen, solange sie weiterhin gut betreut sind, ihre GRUNDBEDÜRFNISSE anerkannt und erfüllt werden, und ihnen der Kontakt zu beiden Elternteilen erhalten bleibt, idealerweise in einem vergleichbaren Umfang wie vor der Trennung. Zahlreiche Untersuchungen belegen, dass diese Trennungszeit für alle Beteiligten zwar herausfordernd und belastend sein kann, aber nicht zu Traumatisierungen und langfristigen Schädigungen von Kindern mit Folgen zum Beispiel für die eigene Beziehungsfähigkeit im Erwachsenenalter führen muss.

Entscheidend ist nicht, ob die Eltern sich trennen, sondern wie die Trennung erfolgt und wie danach der Kontakt zu beiden Eltern erhalten bleibt. Die meisten Kinder finden schnell Orientierung im Rahmen der neuen Lebensumstände und kommen insgesamt gut zurecht. Werden einige zentrale Aspekte beachtet, besonderer Wert auf schützende Elemente gelegt und schädigendes Verhalten vermieden, dann können Kinder aus Trennungsfamilien eine schöne Kindheit haben und zu selbstbewussten, bindungsfähigen und glücklichen Erwachsenen heranreifen.

Das VERHALTEN der Eltern nach der Trennung ist wesentlich für das weitere Leben der Kinder und deshalb legen wir hier einen besonderen Schwerpunkt unseres Ratgebers. Eltern leisten den Spagat, ihre Kinder aus dem Paarkonflikt herauszuhalten, gleichzeitig aber authentisch zu bleiben. Das Wohlbefinden und Selbstwertgefühl von Kindern, auch für ihr weiteres Leben, hängt stark davon ab, dass es Eltern im neuen Familienmodell gelingt, weiterhin ihre eigenen psychischen und körperlichen Bedürfnisse ausreichend zu befriedigen, zugleich sich selbst nicht zu überfordern. Ein wesentlicher Baustein stellt hier ein für alle Beteiligten PASSENDES und gut IM ALLTAG PRAKTIKABLES Umgangsmodell dar, das Eltern und Kindern ermöglicht, weiterhin als Familie zu leben.

Welches sind nun die besonderen Bedürfnisse von Kindern nach einer Trennung, deren Versorgung sich auch in einem passenden Umgangsmodell wiederfinden sollten?

Elternwohl und Kindeswohl sind keine klar definierten und für alle Zeiten feststehenden Begriffe. So können wir heute konstatieren, dass wohl zu Zeiten, als Kinder noch als minderjährige Arbeitskräfte in Fabriken arbeiten mussten, eine andere Definition des Kindeswohls relevant war. Wir wollen hier darauf verzichten, die im Jahr 2018 vielerorts anerkannten (und zum Beispiel von der UNESCO) formulierten Grundbegriffe detailliert aufzulisten. Vielmehr richten wir unseren Blick darauf, welche Bedürfnisse von Kindern nach einer elterlichen Trennung erfahrungsgemäß besonders beachtenswert sind.

SCHUTZ

Je massiver die aus einer Trennung resultierenden Veränderungen sind, desto elementarer werden die Schutzmaßnahmen, die ein Kind in dieser Situation braucht. Zentrale Schutzmaßnahmen können dazu beitragen, dass die Trennung vom Kind nicht als Katastrophe wahrgenommen, sondern langfristig gut verkraftet wird. Zentrale Bedürfnisse der Kinder sind GEBORGENHEIT und SICHERHEIT sowie in aller Regel KONTAKT ZU BEIDEN ELTERN, idealerweise in vergleichbarem Umfang wie vor der Trennung. In erster Linie müssen die Eltern ihrem Kind also Sicherheit vermitteln. Dabei helfen klare Regeln und feste Zeiten, kontinuierliche Rituale, Gesprächsbereitschaft für Fragen, Ängste aber auch Hoffnungen und regelmäßiger Austausch zu Alltäglichkeiten. Psychologische Begleitung für das Kind kann sinnvoll sein, sie bietet eine außenstehende Person, bei der das Kind offen reden kann, ohne zu glauben, es ihr recht machen zu müssen und ohne Rücksichtnahme auf die Eltern und Loyalitäten.

KONTINUITÄT

Das Kontinuitätsprinzip besagt, dass im Zuge der Trennung dem Kind seine bisherige Lebenswelt möglichst erhalten bleibt, alle aktuellen Bindungen, Lebens- und Erziehungsverhältnisse bleiben nach Möglichkeit gewahrt, um dem STABILITÄTSBEDÜRFNIS von Kindern, altersabhängig, gerecht zu werden. So viele Eckpfeiler im Leben des Kindes wie möglich sollten trotz Trennung unverändert bleiben, so sollte es zum Beispiel nicht umziehen müssen, in seinem gewohnten Zuhause leben bleiben können. Lässt sich dies nicht verhindern, dann sollte zumindest die Wohngegend samt Kita beziehungsweise Schule erhalten bleiben. Auf jeden Fall sollten Kontakte zu Freunden gepflegt und alle anderen wichtigen Kontaktpersonen, wie beispielsweise Großeltern und Paten, verstärkt einbezogen werden.

Erfahrungsbericht Nummer zehn

„In unserem Falle fand ich das Wechselmodell – aus vielen Gründen – das einzig richtige. Es ging dabei nicht nur darum, dass ich kein Wochenend-

Papa sein wollte, das auch, sondern vor allem um die Frage, was für unseren Sohn Florian wohl das Beste sei. Ich war der Überzeugung, dass er seine Mutter Katja ebenso braucht wie seinen Vater; dass sich Kontinuität eher, zumindest weitgehend, über die paritätische Betreuung durch seine Eltern bewahren lässt als durch die Aufrechterhaltung eines (räumlichen) Lebensmittelpunktes. Ich hatte zu diesem Zeitpunkt eine sehr enge, intensive Beziehung zu meinem Sohn. Und die wollte ich bewahren. Für ihn – und natürlich auch für mich." Siehe › Seite 241.

VERLÄSSLICHKEIT

Gerade in der Zeit der Trennung, wenn wichtige Stabilisatoren wegfallen, ist gemeinsame Zeit im Alltag und regelmäßiger liebevoller Austausch wichtig, um Geborgenheit zu vermitteln und Zuversicht und Stärke zu geben. Idealerweise sollte dies zu beiden Eltern geschehen, wenn möglich in vergleichbarem Umfang wie vor der Trennung. FÜRSORGE und SCHUTZ, KONTINUIERLICHE ZUWENDUNG und PLANUNGSSICHERHEIT sind nun ganz entscheidend dafür, wie gut das Kind mit der neuen Lebenssituation klarkommt. VERBINDLICHKEIT ist in Zeiten der Veränderung entscheidend, sich trotz allem auf beide Eltern, auch den gegebenenfalls mehr abwesenden, verlassen zu können. Kinder sollen sich weiter sicher in ihrer Familie aufgehoben fühlen dürfen.

ALLTAGSLEBEN

Kinder lieben STRUKTUR, feste Abläufe, denn diese geben ihnen Sicherheit, Stabilität, ein Gefühl von Verlässlichkeit. Gerade in einer solchen Umbruchszeit der Trennung helfen klare Regelungen und feste Zeiten für Mahlzeiten, Besuche bei Freunden/Großeltern und vor allem auch für Umgänge. Dies gibt dem Kind Sicherheit, ein festes Umfeld und Verlässlichkeit, was wiederum zu der Zuversicht führen kann, dass die nächste Zeit gut gemeistert werden wird.

FAMILIENRITUALE

Ganz besonders erzeugen Rituale Sicherheit und Geborgenheit; sie bestätigen die vorhandene Beziehung und den PERSÖNLICHEN ZUSAMMENHALT. Idealerweise werden Rituale aus der Zeit vor der Trennung vom jeweils betreuenden Elternteil fortgeführt, zum Beispiel bestimmte Essgewohnheiten, Alltagsabläufe, Einschlafprozeduren, oder Mittwochnachmittag Fußballverein und Freitag Klavierunterricht, Sonntagmorgen gemeinsam kuscheln und danach gemütlich Frühstücken. Nach Möglichkeit werden auch Familientraditionen weiter praktiziert, wie einmal die Woche alle zusammen Pizza essen gehen. Bei Familientraditionen können auch andere Bezugspersonen eine Rolle spielen, beispielsweise der sonntägliche Kaffeeklatsch bei der Oma oder der monatliche Kinobesuch mit dem Patenonkel. Hilfreich sind auch Rituale bei der Übergabe des Kindes von einem Elternteil zum anderen. Besser als das Kind einfach vor der Tür „abzustellen“, kann, wenn für beide Eltern erträglich, ein kurzes Gespräch oder gar ein gemeinsames Kaffeetrinken oder Essen sein, um den Übergang zu erleichtern und dem Kind zu signalisieren, dass es gut und richtig ist, nun zum anderen Elternteil zu gehen und mit diesem Elternteil eine schöne Zeit zu verbringen. All dies schafft Sicherheit, Kontinuität und Vertrauen, schafft Zuversicht für die gemeinsame Zukunft als Familie.

RAUM FÜR EMOTIONEN

Auch wenn es den Eltern mitunter schwerfallen sollte: Kinder brauchen gerade in Krisen das Gefühl, dass ihre Eltern sie weiterhin emotional auffangen. Das bezieht sich auch und besonders auf das Äußern von Trauer, Sorgen, Ärger und Wut. Auch Ängste dürfen Raum haben und möchten gehört werden. Manchmal fühlen sich Kinder für das Wohl ihrer Eltern verantwortlich und haben zum Beispiel ein schlechtes Gewissen, wenn sie Mama verlassen und Papa besuchen. Im besten Fall können Kinder mit beiden Elternteilen über solche Dinge sprechen, von beiden signalisiert bekommen, dass auch negative Gefühle zu einem Trennungsprozess gehören, dass sie gelebt werden dürfen und sich mit der Zeit auflösen.

KLARHEIT

Nach unserer Erfahrung ist ein wichtiges kindliches Bedürfnis: Klarheit, insbesondere in neuen und schwierigen Situationen. Aus unserer Praxis in der Beratung von Pflegefamilien wissen wir beispielsweise, dass es für die Pflegekinder eine erhebliche Belastung darstellt, wenn sie nicht genau wissen, ob und wie lange sie in ihren Pflegefamilien bleiben. Um keine Angst vor der Zukunft haben zu müssen, ist Klarheit in der Gegenwart deshalb besonders wichtig. Ein wesentlicher Beitrag zur Orientierung von Kindern und für Klarheit in Bezug auf die Zukunft der Familie bedeutet das Trennungsgespräch.

4. Trennungsgespräch

Die Information des Kindes über die Trennung seiner Eltern läutet für das Kind den Trennungsvorgang ein. Auch wenn ein Kind schon vorher bemerkt haben sollte, dass seine Eltern nicht mehr glücklich miteinander sind, so geht es dennoch meist davon aus, dass die Eltern zunächst und vermutlich für immer zusammenbleiben. Die Information darüber, dass sich dies nun ändern wird, verändert für das Kind viel, und bereits die Art und Weise, wie dieses Gespräch stattfindet, kann einleiten, ob die Trennungszeit und die Jahre danach gut verlaufen.

Kinder spüren Spannungen und Aggressionen zwischen den Eltern, merken Auseinandersetzungen, auch wenn diese nicht direkt und lautstark vor ihren Augen stattfinden, sie ahnen, dass die Eltern nicht mehr glücklich sind und mindestens einer von beiden unter der Lebenssituation und Beziehung leidet. Kinder lieben in aller Regel beide Eltern und wünschen sich, dass diese zusammenbleiben, daher kann es sehr belastend sein, sich in die Streitigkeiten involviert zu fühlen, möglicherweise zu glauben, man sei schuld daran beziehungsweise Auslöser und machtlos gegenüber negativen Veränderungen. Dann ist es entlastend, wenn auch unter Umständen schockierend, über eine anstehende Trennung informiert zu werden.

Sobald die Trennung entschieden ist und deutliche Anzeichen erkennbar sind, dass die Eltern als Paar nicht mehr zusammen sein werden, beispielsweise einer schläft über einen längeren Zeitraum auf dem Gästesofa, sollte das Thema angesprochen werden. Und spätestens, wenn andere im Umfeld davon wissen, Familienangehörige, enge Freunde, Erzieher und Nachbarn. Das Kind sollte die Trennung DIREKT VON SEINEN ELTERN erfahren und nicht gerüchteweise über andere. Ein guter Zeitpunkt für ein Trennungsgespräch ist spätestens gekommen, wenn der Auszug beziehungsweise Umzug ansteht. Insbesondere für kleinere Kinder ist die Information, dass die Eltern sich getrennt haben und einer von beiden irgendwann irgendwo hinziehen wird, zu abstrakt und beängstigend. Wird das Kind in den Umzug praktisch einbezogen, nimmt dies teilweise den Schrecken vor dem Verlust eines Elternteils und mildert das Gefühl der Ohnmacht, wenn es mitentscheiden darf, wie die zukünftige Zweitwohnung eingerichtet wird. Sieht es so bald wie möglich die neue Wohnung und wo dort sein Zimmer sein wird, kann es sich konkret ein Leben nach der Trennung vorstellen und erkennt, dass die Beziehung zum ausziehenden Elternteil zwar anders wird, aber erhalten bleibt. Manche Kinder sehen in dem zusätzlichen Wohnbereich sogar eine Bereicherung.

Ideal für ein Trennungsgespräch ist außerdem ein Wochenende, an dem wenige Termine anstehen und VIEL RUHE UND ZEIT vorhanden sind. Nach dem Gespräch sollten beide Eltern zuhause sein, für etwaige Rückfragen zur Verfügung stehen, traurige oder wütende Gefühle auffangen und einfach mit dem Kind Zeit verbringen können. Beide Eltern planen daher idealerweise für die Stunden und wenn möglich Tage nach der Trennung viel Zeit zuhause. Eine Abreise, und sei es nur zu einem Geschäftstermin, oder ein Weggang zum neuen Partner könnten Kinder sehr belasten und die Ängste, einen Elternteil zu verlieren, vergrößern.

Idealerweise erfolgt das Trennungsgespräch gemeinsam mit beiden Eltern und je nach Alter der Kinder zusammen oder getrennt, bei großem

Altersunterschied der Kinder besser einzeln, zuerst mit den älteren Kindern. Das Gespräch sollte gut vorbereitet werden, strittige Punkte werden zunächst weggelassen, der Schwerpunkt gegenüber dem Kind liegt auf dem Verbindenden, dem Erhalt der Familie. Regelungen wie Umgang stehen vorher fest und sind zentraler Teil des Gesprächs, da sie eine konkrete Perspektive für die Zukunft bieten. Je konkreter das Kind erfährt, wann es wo welchen Elternteil sehen, bei ihm leben beziehungsweise mit ihm Zeit verbringen wird, desto weniger Sorgen und Ängste macht es sich über die Zukunft der Familie nach der Trennung. Kinder können, altersgerecht, nach ihren Wünschen und ihrer Meinung gefragt und auch konkret einbezogen werden, in Planung und Umsetzung der Zukunft als Familie. Das kann auch schon im Elterngespräch angesprochen werden und mildert das Gefühl der Ohnmacht beim Kind, das ja nicht gefragt wird, ob es eine Trennung der Eltern möchte.

Im Trennungsgespräch sprechen Eltern die Trennung DIREKT und ohne Umwege an, unabhängig vom Kindesalter. Die konkreten Gründe für die Trennung gehen das Kind nichts an, das ist Angelegenheit der Erwachsenen. Auch Babys sollten über die Trennung informiert werden, um ihnen die gefühlte Machtlosigkeit zu nehmen. Je nach Alter kann dem Kind gesagt werden, dass die Eltern nicht mehr glücklich miteinander sind und daher ihre Lebenssituation verändern werden. Wichtig dabei ist, dass angesprochen wird, dass die Trennung ausschließlich Gründe zwischen den Eltern hat, sie dafür selbst Verantwortung übernehmen und das Kind keinerlei Schuld trägt. Die wichtigste Information für die Kinder ist die Tatsache, dass beide Eltern weiterhin Eltern bleiben werden, unabhängig von der Trennung als Paar und vermutlich anstehenden räumlichen Veränderungen, und dass beide weiterhin für das Kind da sein werden. Auch dies sollte so konkret wie möglich übermittelt werden. Am besten steht zu diesem Zeitpunkt bereits das Umgangsmodell, zumindest in groben Zügen, und kann dem Kind mitgeteilt werden. Das Kind soll so anschaulich und konkret wie möglich wissen, was sich an seinem Leben verändern wird, wo es wann lebt und wann es Zeit mit dem jeweiligen Elternteil verbringt. Der Blick sollte in die Zukunft gerichtet werden und, unabhängig vom Geschehenen, überlegt werden, was jetzt getan wird, um dem Kind ein schönes Leben in der Familie zu bieten und es stark für die Zukunft zu machen.

III. Familie bleiben

Aus unserer Praxis ist uns sehr bewusst, dass manche Eltern direkt nach einer Trennung nicht als Erstes darüber nachdenken wollen oder können, wie die Familie ERHALTEN werden kann. Die Idee, dass eine Familie auch nach einer Trennung, unter neuen Vorzeichen, weiter und wieder als Familie bezeichnet werden darf, kommt ihnen dann vielleicht sogar absurd vor. Der erste, emotionale Blick sieht dann lediglich eine zerbrochene Familie, die nicht wieder genesen kann. So wie auch gesamtgesellschaftliche Wandlungsprozesse ihre Zeit brauchen, so gilt das auch für unsere innerseelischen Prozesse, aus denen wir unsere Werte und Haltungen schöpfen. Und einige Menschen, die sich getrennt haben, werden möglicherweise nie wieder die Haltung finden können, die eigenen Kinder und den Ex-Partner als eine Familie zu sehen, deren Mitglieder an unterschiedlichen Orten wohnen.

In unseren Beratungen und Mediationen erleben wir Menschen mit sehr unterschiedlichen Haltungen, die alle unser Verständnis verdienen. Wir erleben, dass es den meisten Eltern, die sich trennen, sehr gut gelingt, trotz der zahlreichen Herausforderungen und emotionalen Achterbahnfahrten, eine gemeinsame Elternebene zu erhalten oder wiederherzustellen, diese unter anderen Vorzeichen neu zu etablieren und sich danach als Eltern zu erleben, die getrennt gemeinsam erziehen. Sie trennen sich als Paar: räumlich, rechtlich und finanziell, und bleiben dennoch GEMEINSAME ELTERN für ihre Kinder. Sie begreifen sich als Familie, deren ZUSAMMENLEBEN sich geändert hat.

Was sind grundlegende Eckpfeiler dafür, dass nach einer Trennung die Familie unter neuen Vorzeichen erhalten bleiben kann? Wie können liebevolle Beziehungen und bewährte Familienstrukturen erhalten bleiben, lieb gewonnene Rituale und Familientraditionen fortgeführt werden, wenn auch an unterschiedlichen Orten?

1. Kommunikation

Ein erster Eckpfeiler in diesem Zusammenhang ist: Eltern-Kommunikation. In den Interviews, die wir im dritten Kapitel vorstellen, wird eine konstruktive Kommunikation als wichtigste Ressource genannt, um den Trennungsprozess gemeinsam gut zu bewältigen. Eltern sprechen über die Betreuung der Kinder, darüber, wie jetzt und zukünftig die Verantwortlichkeiten als Eltern aufgeteilt werden - passend zu ihrer Situation und den Kindern. Trotz aller persönlichen Verletzungen, Ängste und Sorgen gelingt es ihnen, auf ELTERNEBENE ZU KOMMUNIZIEREN und im Alltag als Eltern-Team zu kooperieren, sich immer wieder gegenseitig zu unterstützen und zu entlasten, das Kind als Bindeglied liebevoll im Blick. Sie informieren sich gegenseitig über wichtige Termine, wie zum Beispiel Arztbesuche oder Elternabende, sie tauschen sich über das Wohlbefinden des Kindes aus, sie besprechen Erziehungsfragen, entwickeln gemeinsame Grundsätze und üben sich ansonsten in gegenseitiger Toleranz und in grundlegendem Vertrauen in die Elternqualität des anderen.

Auf welche Weise Eltern miteinander kommunizieren, können sie selbst entscheiden, so wie es für beide gut passt. Manche telefonieren mehrmals die Woche, treffen sich zum Mittagessen oder Kaffeetrinken oder bei der Übergabe zum gemeinsamen Abendessen. Andere vermeiden direkt nach der Trennung oder auch für längere Zeit persönliche Gespräche, direktes Aufeinandertreffen und gemeinsam verbrachte Zeit. Sie schreiben sich lieber Kurznachrichten beziehungsweise E-Mails und etablieren ein Umgangstagebuch.

Erfahrungsbericht Nummer neun
„Einen großen Vorteil des Wechselmodells sehe ich darin, dass beide Eltern tatsächlich Alltag mit ihrem Kind erleben und auch ähnlich viel Verantwortung für die Erziehung ihres Kindes tragen. In diesem Modell gibt es eben keine „Besuchs-Mamas“ oder „Wochenend-Papas“. Mein Ex-Partner und ich teilen uns als Eltern zu fast gleichen Teilen die Fürsorge für unseren Sohn. In intensiven und auch immer wieder fordernden Diskussionen lernen wir bis heute, unsere unterschiedlichen Standpunkte zu tolerieren und als Familie gemeinsame Lösungen zu finden. Den Alltag verbringen wir weitgehend getrennt, als Eltern-Team haben wir inzwischen zu neuer Verbundenheit gefunden." Siehe › Seite 240.

2. Konfliktfähigkeit
Ein zweiter Eckpfeiler ist die Konfliktfähigkeit der Eltern. Aus den Schilderungen von Trennungskindern wissen, wir, dass es für sie am belastenden war, in die Konflikte ihrer Eltern hineingezogen zu werden. Hierbei war nicht entscheidend, dass die Eltern überhaupt Konflikte hatten, diese gehört zu einer Trennung meistens dazu. Sondern wie sie damit umgingen. Paare stehen, unserer Erfahrung nach, im Laufe ihres Trennungsprozesses immer wieder an einer WEGGABELUNG: der eine Weg führt zu einem KONSTRUKTIVEN MITEINANDER, auch mit Meinungsverschiedenheiten, Diskussionen und Konflikten. Der andere zur ESKALATION und Schädigung der gesamten Familie, bis hin zu Kontaktverweigerung und Kontaktabbruch. Marianne Nolde, die als Gutachterin vor Gericht

sehr viele Familien begleiten durfte, beschreibt dies sehr anschaulich in ihrem Buch „Eltern bleiben nach der Trennung" (siehe › Seite 263). Eltern können den konstruktiven Weg nur dann wählen, wenn beide ihn wollen, wenn beide davon überzeugt sind, dass das Kind beide Eltern liebt und braucht, wenn es beiden gelingt, die Verletzungen und Enttäuschungen aus ihrer Geschichte als Paar in den Hintergrund treten zu lassen und sich auf die neue Zukunft als getrennte Eltern mit gemeinsamem Kind zu konzentrieren. Wenn Mutter und Vater die eigenen Vorstellungen und Positionen nicht als die alleinig richtigen erkennen, sondern zugestehen, dass auch der andere wissen kann, was gut für das Kind und die Familie ist, und hier andere Vorstellungen hat, die ebenso berechtigt sind. Während und direkt nach einer schmerzhaften Trennung ist dies aus eigener Kraft nicht einfach.

Erfahrungsbericht Nummer acht
„Sein Vater und ich haben immer noch viele Meinungsverschiedenheiten, aber ich habe eine Art konstante Zen-Einstellung entwickelt. Ich weiß, dass ich Dinge nicht ändern kann. Ich weiß, dass ich sein Verhalten nie ändern werde. Ich weiß auch, dass ich nicht die Kraft habe alles, was meiner Meinung nach schiefläuft, auszugleichen. Ich kann nur versuchen, meinem Sohn eine schöne, normale Woche bei uns zu geben. Wobei normal irgendwie schwierig ist, denn es fehlt, auch nach so vielen Jahren, einfach die Routine. Das macht das Wechselmodell so anstrengend - für alle. Es ist ein ständiges Ankommen und Wiedergehen. Als mein Sohn noch kleiner war, so anderthalb Jahre, habe ich unter der Trennung von ihm sehr gelitten. Aber auch, weil er in der Zeit, die er beim Vater war, quasi in ein „schwarzes Loch" verschwunden ist. Ich hatte keinerlei Kontakt noch Auskunft darüber wie es so läuft." Siehe › Seite 238.

Verletzungen, Enttäuschungen, Ängste und Sorgen nehmen oft überwältigend viel Raum ein. Mediation, aber auch Erziehungsberatung sowie psychologische beziehungsweise pädagogische Begleitung können hier helfen.

Eltern, die gemeinsam einen Weg für die Familie finden, zeigen zugleich ihrem Kind, wie mit Krisen, wie mit Meinungsverschiedenheiten konstruktiv umgegangen werden kann, wie wertvoll Familie und das gemeinsame Kind für beide Eltern sind. Wie sehr beide bereit sind, für diese Familie und ihr Kind einiges zu investieren und trotz der gegebenenfalls schmerzhaften Trennungsgeschichte sowie einiger Differenzen zusammenzuhalten, zu kooperieren, zu kommunizieren - die Familie nach Trennung neu aufzustellen und zu erhalten. Das ist ein sich stetig wandelnder Prozess und geht nicht immer glatt. Eltern (und Kinder) streiten und vertragen sich, sie erleben herausfordernde Zeiten und harmonische Tage - oft nicht viel anders als ungetrennte Familien.

Erfahrungsbericht Nummer fünf
„Um so viel Nähe wie möglich zu den Kindern zu haben, haben wir einmal in der Woche ein gemeinsames Abendessen veranstaltet. Ich war damals sehr froh, die Kinder zwischendurch zu sehen und fand uns als getrennte Eltern vor allem progressiv und extrem gelassen. Ich war richtig stolz, dass wir unsere Trennung vor den Kindern so harmonisch hinbekommen haben. Wer setzt sich schon so offen und freundlich mit dem Ex an einen Tisch, wenn am Tag vorher ein Schreiben vom gegnerischen Anwalt im Briefkasten lag? Mein Sohn hat Jahre später erzählt, wie schlimm er diese gemeinsamen Abendessen fand, weil wir so verkrampft miteinander umgegangen seien. Mit der Zeit entspannten wir uns dann wirklich."
Siehe › Seite 231.

3. Umgang
Ein dritter Eckpfeiler ist das PASSENDE Umgangsmodell als FUNDAMENT der Familie. Die mit dem Kind verbrachte Zeit, jedes Elternteils und möglicherweise auch gemeinsam als Familie, sowie die gemeinsame Elternverantwortung auch nach der Trennung formen und erhalten die „neue" Familie jeden einzelnen Tag. Durch den Umgang werden liebevolle Beziehungen gelebt, entstehen gemeinsame Erlebnisse und Erinnerungen, können familiäre Rituale, Routinen und Traditionen aufrechterhalten werden, kann Verantwortung übernommen werden, Beruf und Familie vereinbart, Alltag, Freizeit und Urlaube gelebt werden. Entscheidend ist, dass Eltern ein Umgangsmodell finden, das für ihre Familie passend ist. Dies kann direkt nach der Trennung ein anderes sein als Jahre später, dies wird unter Umständen mit einem Säugling anders gestaltet werden als mit einem Teenager. Kurz nach einer Trennung können bei Abstandswunsch wenigstens eines Elternteils Übergaben über Kita und Schule organisiert sowie Feiertage und Geburtstage getrennt gefeiert werden. Manche Eltern stellen sich zunächst separat auf und erziehen dennoch gemeinsam. Später sind dann wieder gemeinsame Treffen möglich, werden Einschulung, Konfirmation und Kindergeburtstage zusammen gefeiert. Andere etablieren direkt nach der Trennung regelmäßige Familienzeit, mit ausgiebigen Übergaben samt gemeinsamer Mahlzeiten, einige fahren sogar weiterhin zusammen in den Urlaub. Andere Eltern brauchen zunächst Zeit, sich getrennt neu aufzustellen, und dennoch erziehen sie gemeinsam ihr Kind, mit so wenigen Überschneidungen wie möglich. Wichtig ist, dass Sie für sich überlegen, was Sie können und wollen; jeder für sich und danach in einem gemeinsamen Gespräch, alleine oder unterstützt durch Freunde, Familie, Beratung und Mediation. Es ist

schön, wenn Sie es schaffen, wertvolle Familienzeit mit den Kindern zu realisieren, zum Beispiel, indem sie einmal im Monat ein gemeinsames Essen veranstalten, Feiertage und Geburtstage gemeinsam begehen, aber nur, wenn dies für Sie möglich und angenehm ist. Sonst sind zunächst getrennte Feiern sinnvoller und es kann einige Zeit nach der Trennung neu geprüft werden, was wieder denkbar ist, wie Familienzeit erlebt werden kann. Welche Umgangsmodelle es gibt, stellen wir im zweiten Kapitel sowie in unserem Buch „Guter Umgang für Eltern und Kindern vor". Die meisten Eltern finden nicht unmittelbar nach der Trennung das passende Modell für die nächsten zehn Jahre, sondern etablieren zunächst Übergangslösungen beziehungsweise probieren vorsichtig aus, welches Modell für die Familie in der jeweiligen Phase am besten passt, für Eltern und Kind. Solche Übergangslösungen auf dem Weg zum passenden Umgangsmodell sehen wir uns im vierten Kapitel an.

Das Wechselmodell als mögliche Umgangslösung wird immer breiter in der Öffentlichkeit diskutiert. Dies spiegelt den gesellschaftlichen Wandel insgesamt und den Wandel von Familienstrukturen sowie veränderten Blick auf Familie wider. Doch wie definiert sich das Wechselmodell überhaupt? Wie grenzt es sich von anderen Modellen ab? Diese Fragen - und hoffentlich einige Antworten darauf - finden Sie im zweiten Kapitel, welches mit einem Blick auf aktuell gängige Umgangsmodelle beginnt, als Vergleichsgrundlage für den folgenden intensiven Diskurs zum Wechselmodell.

Interview Nummer eins: mit Miriam Hoheisel vom Verband alleinerziehender Mütter und Väter

Miriam Hoheisel ist seit 2011 Bundesgeschäftsführerin des Verbands alleinerziehender Mütter und Väter e. V. (VAMV). Dieser vertritt seit 1967 die Interessen der heute 2,6 Millionen Alleinerziehenden. Der VAMV fordert die Anerkennung von Einelternfamilien als gleichberechtigte Lebensform und entsprechende gesellschaftliche Rahmenbedingungen. Er tritt für eine verantwortungsvolle gemeinsame Elternschaft auch nach Trennung und Scheidung ein.

Welche Veränderungen nehmen Sie im Verband wahr im Hinblick auf die Wahl des Wechselmodells durch Trennungseltern?

Viele Herausforderungen nach einer Trennung hängen mit einer immer noch traditionellen Arbeitsteilung vor der Trennung zusammen, in der Mütter meist Teilzeit und Väter Vollzeit arbeiten. In über 80 % der Paarfamilien ist der Vater weiter der Haupternährer, also fürs Geldverdienen zuständig. Die Mütter stecken weiter überwiegend beruflich zurück und stemmen den Löwenanteil der Kinderbetreuung. Das Anknüpfen an die Arbeitsteilung vor der Trennung ist ein zentraler Grund dafür, dass sich Eltern überwiegend für ein Residenzmodell entscheiden. Dabei kann der Umfang des Umgangs erheblich variieren und hin bis zu einem stark erweiterten Umgang reichen. Es scheint eine Tendenz zu mehr erweiterten Umgangsregelungen zu geben als vor zehn Jahren, da Väter stärker Verantwortung wahrnehmen und sich um die Betreuung ihrer Kinder kümmern wollen. Da sich nur wenige Eltern vor einer Trennung paritätisch Erwerbs- und Sorgearbeit teilen, entscheiden sich mit 5 bis 8 % auch nur wenige nach einer Trennung für ein paritätisches Wechselmodell. Übergänge und Veränderungen sollten im Sinne des Kindes behutsam gestaltet werden. Einschneidende Veränderungen der vor der Trennung praktizierten Betreuung können sonst Verlusterfahrungen zur Folge haben, die dem Kind emotionale und soziale Ressourcen nehmen können, die es gerade bei der Bewältigung dieses kritischen Lebensereignisses benötigt. Insgesamt tragen Mütter überwiegend die finanziellen Risiken einer Trennung, während Väter stärker die Angst umtreibt, die Beziehung zum Kind zu verlieren.

Es gibt Stimmen die fordern, das Wechselmodell als gesetzliches Leitbild zu etablieren. Was halten Sie davon?

Das paritätische Wechselmodell ist sehr anspruchsvoll. Im konkreten Einzelfall kann es eine gute Regelung sein, aber als gesetzliches Leitmodell für alle Familien eignet es sich nicht. Kann das Kind sich vorstellen, im Wechselmodell zu leben und verträgt es das auch? Welches Betreuungsmodell kann dem Kind die größte Sicherheit vermitteln, seine Eltern und Bezugspersonen in möglichst gewohntem Umfang zu behalten? Können Eltern trotz Trennung gut kooperieren und kommunizieren, sich über die Belange des Kindes austauschen? Wohnen die Eltern in räumlicher Nähe? Welche finanziellen Mittel haben sie, welches Modell können sie sich leisten? Ziehen die Arbeitgeber mit? Diese Voraussetzungen lassen sich nicht per Gesetz verordnen. Deshalb sollten Eltern ihr Familienleben weiterhin autonom und individuell gestalten.
Bei vielen getrenntlebenden Eltern liegen diese notwendigen Rahmenbedingungen nicht vor, besonders bei strittigen Eltern ist dies fraglich. Ihnen ein Betreuungsmodell per Gesetz zu verordnen, das besonders viel Kommunikation und Kooperation erfordert, wird dem Wohl der betroffenen Kinder nicht gerecht. Aus psychologischer Sicht ist nicht die Quantität, sondern die Qualität des Kontaktes entscheidend. Generelle Vorteile eines Wechselmodells für Kinder hat die Forschung bislang nicht gefunden. Nach einer Allensbachumfrage sind 80 % der Trennungseltern mit ihrer derzeit praktizierten Betreuungsregelung zufrieden. Für gut die Hälfte der Trennungseltern kommt ein Wechselmodell, bei dem beide Eltern große Teile der Betreuung übernehmen, nicht in Frage.
Als VAMV setzen wir uns deshalb für die Vielfalt von Betreuungsmodellen nach einer Trennung und für eine autonome Entscheidung der Eltern ein. Da es eine Vielfalt an Familienkonstellationen gibt, muss auch eine Vielfalt von Betreuungsmodellen möglich sein, damit Eltern die jeweils beste Lösung für ihr ganz individuelles Kind finden können. Das Umgangsrecht verzichtet bislang aus guten Gründen auf eine Festlegung von Betreuungsanteilen und gibt kein Betreuungsmodell vor, um individuelle Lösungen zum Wohl des Kindes zu ermöglichen. Das sollte aus

Sicht des VAMV im Interesse der Kinder auch so bleiben. Das Umgangsrecht ist nicht der richtige Ort, um für „Gerechtigkeit" für Eltern zu sorgen, hier muss es in erster Linie um die Bedürfnisse der Kinder gehen.

Hochstrittige Eltern stellen laut aktueller Rechtsprechung und überwiegender Literatur eine starke Kontraindikation gegen Wechselmodell dar. Wie sehen Sie das und was bedeutet dies Ihrer Einschätzung nach konkret für anwaltliche Strategien und die gerichtliche Praxis?

Vor Gericht landen meist die hochkonflikthaften Sorge- und Umgangsstreitigkeiten. Der Bundesgerichtshof lässt eine Anordnung des Wechselmodells im Einzelfall zu, hat aber sehr hohe Anforderungen als Voraussetzung definiert – leider folgen nicht alle unteren Gerichte diesen Anforderungen. Wichtig ist eine ideologiefreie Sichtweise, um dem konkreten Einzelfall gerecht werden zu können.

Insgesamt besteht beim Thema Qualitätssicherung in Kindschaftsverfahren politischer Handlungsbedarf. Sogar die Kinderkommission des Bundestags hat sich mit diesem Thema kritisch auseinandergesetzt und eine angemessene Qualifizierung von Familienrichterinnen, Gutachterinnen und Verfahrensbeiständen angemahnt.

Aus den Erfahrungen des VAMV es notwendig, dass sowohl Sachverständige als auch Richterinnen Grundkenntnisse über gewaltbelastete Familiensysteme besitzen, die sie befähigen, Sachverhalte mit häuslicher Gewalt und/oder sexuellem Missbrauch zu erkennen und richtig einzuschätzen.

Das Wechselmodell bei hochstrittigen Eltern anzuordnen, ist für das Wohl des Kindes risikobehaftet und nicht zu empfehlen. Kinder sitzen zwischen den Stühlen und geraten in Loyalitätskonflikte. Das berücksichtigt der Bundesgerichtshof (BGH) in seiner Rechtsprechung zum Wechselmodell. Für die gerichtliche Praxis ist wichtig, dass der Bundesgerichtshof zwar eine Anordnung des Wechselmodells gegen den Willen eines Elternteils eröffnet hat – allerdings hat er die Messlatte hierfür sehr hoch gelegt. 2019 hat der Bundesgerichtshof diese Haltung noch mal bestätigt: So kommt eine gerichtliche Anordnung nur dann infrage, wenn das Wechselmodell im Vergleich zu anderen Betreuungsmodellen dem Kindeswohl am besten entspricht und wenn eine sichere Bindung und tragfähige Beziehung zu beiden Elternteilen besteht. Die Eltern müssen über ein Mindestmaß an Fähigkeit zur Kommunikation und Kooperation miteinander verfügen, denn es besteht ein erhöhter Abstimmungsbedarf. Ungeeignet ist nach Auffassung des Bundesgerichtshofes eine Anordnung, die das Ziel hätte, ausgerechnet strittige Eltern durch das Wechselmodell in Richtung harmonisches Zusammenwirken zu lenken.

Warum ist Ihrer Auffassung nach die Diskussion so emotional? Wie könnte die Diskussion versachlicht werden?
Eine Trennung ist in der Regel mit starken, meist negativen Emotionen verbunden: Verletzungen, Schmerz, Wut, Angst. Nach einer Trennung brauchen auch Eltern Zeit zum Trauern. Zeit, die Gefühle zu verarbeiten. Die Eltern sollten also für die eigenen negativen Gefühle Verantwortung übernehmen und sich ihnen stellen, statt sie zu übergehen – auch wenn dies in dem guten Willen geschieht, direkt für das Kind zu „funktionieren". Dafür braucht es professionelle Hilfe. Gute Angebote, die auch Raum und Zeit für die Auseinandersetzung mit den eigenen Gefühlen schaffen, wären meiner Einschätzung nach deeskalierend.
Auch Klarheit und Fairness bei den Rechtsfolgen könnte Konfliktpotenzial entschärfen. Eltern, die ein paritätisches Wechselmodell leben möchten, brauchen faire Unterhaltslösungen, die weder das Kind noch den ökonomisch schwächeren Elternteil benachteiligen. Hier ist der Gesetzgeber gefragt. Der bisherige Lebensverlauf muss berücksichtigt werden, um die Lasten einer neu organisierten getrennten Familie fair verteilen zu können. Überwiegend starten Mütter mit schlechteren Erwerbschancen in die Zeit nach der Trennung als Väter. Väter sind oftmals beruflich deshalb so gut aufgestellt, weil die Mütter ihnen den Rücken freigehalten haben. Der Elternteil, der für die Kinder beruflich zurückgesteckt und familienbedingte Nachteile in Kauf genommen hat, braucht in der Regel Zeit, um am Arbeitsmarkt wieder Fuß zu fassen und den Kindesunterhalt überhaupt erwirtschaften zu können. Zudem darf nicht unter den Tisch fallen, dass in zwei Haushalten zu betreuen auch bedeutet, dass es unterm Strich teurer wird.
Eltern sollten die finanziellen Folgen bei der Einigung auf ein Betreuungsmodell kennen, um beurteilen zu können, ob sie es sich leisten können. Das ist besonders wichtig für Mütter in der Teilzeitfalle, da die derzeitige Rechtsprechung zum paritätischen Wechselmodell zu ihren Lasten geht. Aus Verantwortung fürs Kind sollten Eltern das gemeinsame Anliegen verfolgen, dass ihr Kind in beiden Haushalten gut versorgt werden kann. Wer will, dass ein Kind zwischen einem Haushalt wechselt, in dem jeder Cent umgedreht wird, und einem Haushalt, in dem ihm viel ermöglicht werden kann? Der VAMV setzt sich dafür ein, im Unterhaltsrecht einen Grundsatz der Solidarität nach Trennung einzuführen. Eine beiderseitige Barunterhaltspflicht im paritätischen Wechselmodell ist mit angemessenen Übergangsfristen zu flankieren. Bei erweitertem Umgang empfiehlt der VAMV ein Stufenmodell, das moderat den Kindesunterhalt mit steigendem Betreuungsumfang reduziert.
Um Konflikte zu vermeiden, kann es hilfreich sein, eine Elternvereinbarung zu treffen: Eltern können ihre Vorstellungen von der künftigen Gestaltung der gemeinsamen Sorge und der elterlichen Verantwortung

als getrennte Eltern dokumentieren. Der VAMV hat hierfür eine Elternvereinbarung entwickelt. Diese beinhaltet unter anderem Absprachen zum Aufenthalt des Kindes, zum Umgang und zum Unterhalt. Diese Absprachen werden gemeinsam unter Einbeziehung aller Betroffenen ausgehandelt und schriftlich festgehalten. Beim Besprechen und Aushandeln einzelner Punkte der Elternvereinbarung werden mögliche Konflikte zu einem frühen Zeitpunkt ersichtlich und können durch aktive Elternarbeit - zum Beispiel durch die Inanspruchnahme von Beratung - behoben werden. So kann die Elternvereinbarung die Grundlage für ein konstruktives und kooperatives Miteinander schaffen.

Zusammenfassung

In diesem Kapitel haben Sie erfahren:

- ☐ Was Familie im Kern heute bedeutet
- ☐ Welchem Wandel Familie in dreierlei Hinsicht unterworfen ist:
  - ☐ Im Laufe der Zeit bis zu den heutigen bunten Erscheinungsformen von Familie
  - ☐ Die natürlichen Wandlungsphasen einer Familie
  - ☐ Trennung, Umbruch und Neuaufstellung der Familie.
- ☐ Was Eltern und Kinder nach einer Trennung brauchen und wie die Familie erhalten werden kann.

Umgang im Wechselmodell

In diesem Kapitel sprechen wir über den Umgang getrennter Eltern und stellen kurz gängige Umgangsmodelle vor. Das Wechselmodell mit seinen typischen Aspekten wird detailliert eingeführt, inklusive praktischer Ausgestaltungsmöglichkeiten mit Blick auf die individuellen Bedürfnisse einer Familie.

2. Umgang im Wechselmodell

Wir definieren zunächst Umgang allgemein und stellen Ihnen gängige Umgangsmodelle vor. Danach betrachten wir das Wechselmodell, seine typischen WESENSMERKMALE und die in Literatur, Praxis und Rechtsprechung unterschiedlich gezogene ABGRENZUNG zu anderen Umgangsmodellen, insbesondere dem sogenannten erweiterten Residenzmodell. Und wir finden hier eine praktikable Arbeitsdefinition für unseren Ratgeber. Die rechtliche Unterscheidung samt daraus resultierender Konsequenzen besprechen wir ausführlich im fünften Kapitel.

Ziehen Eltern die gleichberechtigte Betreuung der Kinder in Betracht, dann kann es hilfreich sein, vorab die generellen Vorteile und Nachteile des Wechselmodells zu betrachten, um für sich, für die Familie nach der Trennung, zu entscheiden, welche Aspekte in der persönlichen Abwägung überwiegen und was für individuelle Lösungen und konkrete Ausgestaltungen am besten passen. Welche Regelungspunkte zu beachten sind, wie das Wechselmodell in der Praxis umgesetzt werden kann und welche Lösungswege für viele Trennungsfamilien gut funktionieren - das sehen wir uns hier an. Und wir stellen außergewöhnliche Konstellationen vor, womit wir Trennungseltern ermutigen möchten, auch jenseits typischer Ausgestaltungsmöglichkeiten den für ihre einzigartige Situation passenden Weg zu gehen.

I. Umgang und Umgangsmodelle

1. Umgangsdefinition

§ 1684 BGB Umgang des Kindes mit den Eltern

(1) *Das Kind hat das Recht auf Umgang mit jedem Elternteil; jeder Elternteil ist zum Umgang mit dem Kind verpflichtet und berechtigt.*

...

Elterlicher Kindesumgang bedeutet PERSÖNLICHER KONTAKT eines Elternteils mit seinem Kind, insbesondere durch gemeinsam verbrachte Zeit, aber auch durch Telefonate, Kurznachrichten, E-Mails, Briefe und Paketsendungen. Umgang ist ein Pflichtrecht: Das Kind hat einen Anspruch darauf und der Elternteil eine Pflicht, aber umgekehrt hat auch der Elternteil einen Anspruch auf Umgang mit seinem Kind - stets unter Bewahrung des Kindeswohls. Leben Familien zusammen unter einem Dach, dann erfolgt der Umgang meist organisch und fließend, man nimmt miteinander Mahlzeiten ein, schreibt sich tagsüber WhatsApp

Nachrichten, geht mal zusammen einkaufen, ins Kino oder zum Sport. In manchen Familien geschieht Umgang der Familienmitglieder miteinander ganz spontan, in vielen nach typischen Abfolgen für Alltag und Freizeit. Umgang passiert umso geplanter und organisierter, je mehr beide Elternteile beruflich oder anderweitig stark eingebunden sind und die Betreuung der Kinder gut planen müssen. Um Lücken zu vermeiden und um frühzeitig zu erkennen, wo Fremdbetreuung in Anspruch genommen werden muss. Zahlreiche Familien haben für den Umgang in Alltag und Freizeit über die Jahre vertraut gewordene und liebgewonnene Routinen oder Rituale, die sie als Familie zusammenhalten, die Sicherheit und Geborgenheit geben. Papa bringt immer das Kind ins Bett und Mama kümmert sich jeden Morgen ums gemeinsame Frühstück. Jeden Freitagabend geht die Familie gemeinsam schwimmen und danach Pizza essen. Samstag früh nimmt Papa das Kind mit auf den Markt und nachmittags geht es mit Mama zum Fußballtraining, oder jeden Sonntag wird mittags Oma besucht, in den Zoo gegangen und abends kocht Papa; danach wird gemeinsam ein Film geschaut, den das Kind aussuchen darf.

2. Umgangsarten

Sobald Eltern sich (auch räumlich) trennen, überlegen sie, welches Umgangsmodell für sie und ihr Kind am besten passt, was von zahlreichen Faktoren abhängen kann. Auf welchem Weg sie dieses passende Modell finden können, stellen wir im vierten Kapitel unseres Buches vor. Zunächst unterscheiden wir hier drei grundlegende Arten von Umgang nach Trennung: gar kein Umgang, das Kind lebt überwiegend bei einem Elternteil und der andere hat Kontakt, oder das Kind lebt gleichermaßen bei beiden Eltern. Lebt das Kind überwiegend bei einem Elternteil, dann nennt man dies RESIDENZMODELL. Umgang zum anderen Elternteil kann dadurch erfolgen, dass der andere Elternteil auf Besuch zum Kind kommt, was vor allem bei Säuglingen, die noch gestillt werden, praktiziert wird (BESUCHSMODELL), oder dass das Kind den anderen Elternteil besucht. Diese Besuche können Stunden oder Tage dauern, mit Übernachtungen oder ohne, sowie mehrere Wochen in der Ferienzeit. Das Kind hat dann ein Haupt-Zuhause und ist beim anderen Elternteil zu Besuch. Was nicht heißen muss, dass es dort nicht ebenfalls seinen Bereich, gegebenenfalls sogar sein eigenes Zimmer hat und sich rundherum wohlfühlt.
Lebt das Kind bei beiden Eltern (ungefähr) gleichermaßen, spricht man vom WECHSELMODELL, die genaue Definition und Abgrenzung sehen wir uns später ausführlicher an. Das Kind hat in dieser Konstellation zwei (nahezu) gleichwertige Zuhause, zwischen denen es wechselt, in ungefähr gleichen Intervallen, zum Beispiel wochenweise. Sonderformen des Wechselmodells sind die Eltern-WG und das Nestmodell. Hier haben die Kinder ein Zuhause und werden von beiden Eltern ungefähr

hälftig betreut, entweder in dem alle auch nach der Trennung weiterhin unter einem Dach leben (Eltern-WG) oder indem die Eltern sich in der Familienwohnung in bestimmten Intervallen abwechseln (NESTMODELL), also indem immer einer beim Kind wohnt und der andere in dieser Zeit woanders, und dann wird gewechselt. Diese beiden Sonderformen des Wechselmodells wählen Trennungseltern oft als Übergangslösung. Wir stellen sie daher ausführlicher im vierten Kapitel vor.

Eine weitere Ausgestaltung des Wechselmodells ist das sogenannte „FREE ACCESS MODEL“, das meist bei jugendlichen Kindern praktiziert wird (siehe › Seite 73). Diese wandern zwischen zwei (mehr oder weniger) gleichwertigen Zuhause frei hin und her, ohne konkrete Vorgaben oder detaillierte Planung.

3. Lebenswirklichkeit Trennung und Umgang

ALLEINERZIEHENDE/GETRENNTERZIEHENDE

Mehr als JEDE DRITTE EHE wird in Deutschland GESCHIEDEN, bei unverheirateten Paaren liegt die Trennungsquote noch deutlich höher, vor allem zu Beginn der Beziehung, innerhalb des ersten Jahres bei ungefähr zwei Drittel. Einige trennen sich bereits in der Schwangerschaft beziehungsweise befinden sich nie in einer Paarbeziehung. Daraus entstandene Kinder kennen es also gar nicht, dass ihre Eltern einmal ein Paar waren. Bei Familien mit minderjährigen Kindern lebt in Deutschland circa ein Viertel alleine mit einem Elternteil im Haushalt, in neun von zehn Fällen bei der Mutter. Die Mehrzahl dieser Trennungseltern ist nicht ausschließlich alleinerziehend, sondern getrennt vom anderen Elternteil erziehend, im Residenzmodell oder Wechselmodell. Der andere Elternteil spielt im Leben der meisten Kinder, in unterschiedlichem Umfang, ebenfalls eine wichtige Rolle.

VERTEILUNG DER UMGANGSMODELLE

Nach der Trennung der Eltern unterscheiden wir drei grundsätzliche Arten von Umgang: bei einem Elternteil lebend und (nahezu) keinen Kontakt zum anderen Elternteil, überwiegend bei einem Elternteil lebend und regelmäßigen Kontakt zum anderen Elternteil sowie gleich beziehungsweise ähnlich verteiltes Leben bei beiden Eltern, also Wechselmodell in den unterschiedlichen Ausgestaltungen. Die Zahlen zur statistischen Verteilung schwanken unserer Recherche nach deutlich, vermutlich, weil es wenig repräsentative Erhebungen gibt und die Abgrenzungen zwischen den Modellen sehr unterschiedlich vorgenommen werden. Zusammenfassend kann gesagt werden, dass über zwei Drittel aller getrennten Eltern ihr Kind derzeit noch im Residenzmodell einschließlich Besuchsmodell betreuen, der andere Elternteil hat bei weit über der Hälfte regelmäßigen Umgang mit dem Kind. In allen anderen Fällen hat der andere Elternteil unregelmäßigen oder gar keinen Umgang. Ungefähr 10 % der Eltern praktizieren das Wechselmodell; die Zahlen schwanken zwischen 5 % und 15 %, je nach Definition und Abgrenzung zu anderen Umgangsformen.

STEIGENDE BELIEBTHEIT WECHSELMODELL

Das Wechselmodell erfreut sich bei Trennungseltern zunehmender Beliebtheit, wofür mehrere Ursachen angeführt werden können. Ein zentraler Grund dürfte der ROLLENWANDEL in Gesellschaft und Familie sein. Frauen und Mütter sind zunehmend beruflich engagiert und immer mehr Väter möchten in größerem Umfang an der Betreuung ihrer Kinder Anteil haben. Die gleichberechtigte Verteilung von Aufgaben, Betreuungszeiten und Verantwortung fürs Kind während des Zusammenlebens der Familie wird nach der Trennung fortgeführt. Im Wechselmodell betreut jedes Elternteil das Kind nur die Hälfte der Zeit und hat in der anderen Hälfte Zeit zur Verfügung; die Verantwortung ruht auch im Alltag auf beiden Eltern gleichermaßen. Immer mehr Eltern finden, dass hierdurch die Vereinbarkeit von Familie und Beruf leichter zu bewältigen ist, als wenn ein Elternteil den gesamten Alltag übernimmt und der andere „nur" Wochenenden. Viele Eltern glauben außerdem, das Wechselmodell komme dem Kindeswohl zugute, weil es wie vor der Trennung beide Eltern in seinem Leben behält, und das nicht nur besuchsweise und am Wochenende, sondern im tagtäglichen Alltagsleben. Die Vorteile, die für ein Wechselmodell sprechen, aber auch die Nachteile und Herausforderungen sehen wir uns noch an und möchten Eltern unterstützen, für ihre individuelle Situation die beste Lösung zu finden.

Interview Nummer zwei: mit Professorin und Buchautorin Hildegund Sünderhauf

Wie kamen Sie dazu, sich mit dem Thema Wechselmodell zu befassen?
Ich kam schon vor über 10 Jahren auf das Thema Wechselmodell über eine Kollegin aus dem deutschen Juristinnenbund (djb), in dem ich über 25 Jahre lang aktives Mitglied war. Ich wurde gebeten, die sozialwissenschaftlichen Grundlagen zum Wechselmodell zu recherchieren. Ich begann mit dem Ziel, einen familienrechtlichen Aufsatz darüber zu schreiben und endete vier Jahre später mit einem Fachbuch, dass beinahe 1000 Seiten hat. Das Thema hat ungeheuer viele Facetten, sowohl rechtlich, aber auch psychologisch und gesellschaftlich. In meinem Buch „Wechselmodell: Psychologie - Recht - Praxis" (2013) habe ich versucht, den damaligen Stand der Wissenschaft und der Rechtsprechung in Deutschland zusammenzutragen. Leider hat sich der djb mit dem Thema Wechsel-

Prof. Dr. jur. Hildegund Sünderhauf, Professorin für Familienrecht und Kinder- und Jugendhilferecht, seit 2000 an der Evangelischen Hochschule Nürnberg. Mediatorin (FH). Zentrale Veröffentlichungen zum Wechselmodell bei Springer VS, Wiesbaden: 2013 Wechselmodell: Psychologie – Recht – Praxis und 2020 Praxisratgeber Wechselmodell – Wie Getrenntherziehen im Alltag funktioniert.

modell auf dieser Grundlage nicht weiter auseinandersetzen wollen, was ich sehr bedauere und wofür ich frauenrechtspolitische Gründe vermute, die unter Gleichberechtigung etwas Anderes verstehen als ich.

Was halten Sie von der Idee, das Wechselmodell als rechtliches Leitbild für den Umgang nach Trennung zu etablieren? Welche Vorteile und welche Nachteile sehen Sie?

Nur unter einem gesetzlichen Leitbild von gleichberechtigter Elternschaft, die auch durch eine Betreuung im Wechselmodell nach Trennung und Scheidung zum Ausdruck kommt, kann Gleichberechtigung etabliert werden. Ich halte ein solches rechtliches Leitbild nicht nur für verfassungskonform, sondern geradezu von unserem Grundrechtsverständnis her gefordert. Das Leitbild „Shared Parenting" entspricht übrigens auch den Forderungen des Europarats in seiner Resolution zu Shared Parenting (2015). Ein Rollenbild der Frau als Mutter, die überwiegend für Betreuung und Hausarbeit zuständig ist, entspricht nicht mehr dem Familienbild moderner junge Familien unserer Zeit. Trotzdem wird nach Trennung und Scheidung meist dieses Rollenmodell zu Grunde gelegt, obwohl die Eltern in der Zeit des Zusammenlebens sich bemüht haben, Rechte und Pflichten der Familienarbeit gerecht aufzuteilen. Hier ist die gesellschaftliche Entwicklung dem Recht weit voraus.
Ein rechtliches Leitbild bedeutet noch lange nicht „Wechselmodell für alle", ein Leitbild würde vielmehr bedeuten, dass man davon ausgeht, dass es der Bindung des Kindes an beide Eltern am ehesten entspricht, wenn es auch nach einer Trennung der Eltern als Paar weiter von beiden betreut und versorgt wird. Im Einzelfall müsste ein Elternteil, der das Wechselmodell nicht will, vor Gericht konkret darlegen, weshalb eine Wechselmodellbetreuung entweder praktisch nicht geht oder aus konkreten Gründen nicht mit dem Kindeswohl vereinbar ist. Heute ist es umgekehrt: Eltern müssen darlegen, weshalb ausnahmsweise ein Wechselmodell besser wäre. Im Bemühen dieser Argumentation wird der andere Elternteil häufig herabgesetzt und diskreditiert, um sich selbst zu erhöhen und als den besseren Elternteil dazu stellen. Diese Denk- und Argumentationsweise, die häufig zu so genannter Hochstrittigkeit führt, ist in Ländern, in denen das Wechselmodell das Leitbild ist, beinahe nicht mehr anzutreffen. Dort werden Konflikte über die Betreuung zwischen den Eltern – wenn überhaupt – durch Mediation gelöst. Psychologische Gutachten braucht man dort nur noch in Fällen von Kindeswohlgefährdung. Wenn der Ausgangspunkt ist, dass beide Eltern betreuen und es konkret nur noch um die praktische Organisation geht, braucht man keine psychologischen Gutachten mehr, die feststellen, welcher von zwei wundervollen, engagierten, liebevollen Eltern der „bessere Elternteil"

ist, weil man davon ausgehen kann, dass beide Eltern ihr Kind lieben, es betreuen wollen und ihre Sache dabei gut machen.

Hochstrittige Eltern bedeuten laut überwiegender Rechtsprechung und Literatur eine starke Kontraindikation gegen Wechselmodell. Was bedeutet dies Ihrer Auffassung nach konkret für anwaltliche Strategien und die gerichtliche Praxis?

Der Begriff der „Hochstrittigkeit" wird sehr inflationär gebraucht. Jedes Paar, das sich aktuell heftig streitet, wird als „hochstrittig" abgestempelt, häufig geht damit die Einstellung einher, den Eltern wäre sowieso nicht zu helfen, ein „hoffnungsloser Fall". Viele hocheskalierte Elternkonflikte, die als Hochstrittigkeit abgetan werden, sind aber nur Angstreaktionen von Eltern darauf, dass sie befürchten den Kontakt zu ihren Kindern ganz oder teilweise zu verlieren (häufig betrifft das die Väter). Auf der anderen Seite gibt es meist einen Elternteil (häufig sind dies die Mütter), der so beraten wird, dass er oder sie möglichst viele Konflikte mit dem anderen Elternteil provozieren muss, diese extra hochkochen lassen soll und dem Gericht vorlegen, um dann zu argumentieren das Kind müsste vor eben diesen Konflikten geschützt werden, indem es nur von einem Elternteil betreut wird. Leider ist diese Prozesstaktik weit verbreitet und führt auch sehr häufig zum Erfolg. Die Rechtsprechung, wonach bei hoch strittigen Eltern ein Wechselmodell nicht möglich wäre, hat keinerlei empirische Grundlage. Im Gegenteil. Die Wechselmodellforschung zu Hochstrittigkeit sagt nichts weiter aus, als dass es Kindern mit hochstrittigen Eltern sehr schlecht geht. Er sagt nichts darüber aus, ob es ihnen in der einen oder anderen Betreuungsform besser oder schlechter ging. Im Gegenteil, man kann annehmen, dass gerade in hochstrittigen Konstellationen die Kinder von einem gleichmäßigen Kontakt zu beiden Eltern profitieren können. Wenn sie von beiden Eltern betreut werden, gelingt es auch seltener, Kinder gegen den anderen Elternteil aufzuhetzen oder sie von ihm sogar nachhaltig zu entfremden. Manches vermeintlich hochstrittige Elternpaar wird sich wieder beruhigen, wenn klargeworden ist, dass keiner den anderen aus dem Leben des Kindes verbannen kann.

In Artikeln zum Thema Wechselmodell liest man häufig, dass dies nur etwas für reiche Eltern sei; also für den Großteil der Trennungsfamilien bereits aus Kostengründen undenkbar. Welche zusätzlichen Kosten fallen tatsächlich an und welche Einsparpotentiale sehen Sie beim Wechselmodell?

Das Wechselmodell ist in der Praxis eigentlich nicht teurer als das Residenzmodell. Die meisten Kinder, die einen Elternteil regelmäßig besuchen, haben bei diesem auch ein Kinderzimmer oder wenigstens einen Bereich in der Wohnung, wo ihr Bett steht, ein paar Spielsachen. Eigentlich ist das Gegenteil der Fall: Im Residenzmodell haben Eltern

(und Kinder) häufig ganz erhebliche Reise- und Unterkunftskosten, um ihr Kind zu sehen. Das entfällt im Wechselmodell, denn Voraussetzung ist, dass die Eltern so nahe beieinander leben, dass das Kind von beiden Eltern aus die Schule besuchen kann. Das spart Kosten. Auch Kosten für Fremdbetreuen können gespart werden, wenn jeder Elternteil nur die Hälfte der Zeit für die Betreuung zuständig ist, wird das Kind seltener eine Fremdbetreuung in Anspruch nehmen müssen. Ob man zusätzliche Kosten hat liegt vor allem an den individuell getroffenen Entscheidungen, wie viele Dinge man doppelt anschaffen kann oder möchte. Je weniger man doppelt kauft, desto größer der Koffer, aber auch Kinder im Residenzmodell reisen am Wochenendbesuch mit einem Köfferchen an.
Dass man in der Praxis Wechselmodellbetreuung häufiger bei besserverdienenden Eltern antrifft hat also weniger mit den Kosten des Wechselmodells zu tun, als damit, dass besserverdienende Eltern meist in ihrer Arbeitszeitgestaltung flexibler sind. Entweder können sie in Teilzeit arbeiten und verdienen trotzdem genug Geld, um davon zu leben oder sie sind in ihrer Arbeitszeit flexibler: manchmal können Sie von zu Hause aus arbeiten, häufig haben sie flexible Arbeitszeiten, so dass sie in einer Woche mehr arbeiten können (wenn sie das Kind nicht betreuen) und in der anderen Woche weniger (wenn sie das Kind betreuen). Dies ist für Eltern in schlechter bezahlten Arbeitsverhältnissen oft nicht möglich.
Es gibt jedoch staatliche Zuschüsse, zum Beispiel für Wohngeld, wenn Eltern im Wechselmodell betreuen.

Welche empirischen Studien gibt es zur Auswirkung des Wechselmodells auf die Kinder und welche zentralen Erkenntnisse lassen sich daraus ableiten?

Es liegen inzwischen aus über 30 Jahren psychologischer Forschung empirische Studien zu den Auswirkungen des Wechselmodells auf Kinder vor (und übrigens auch auf ihre Eltern). Die zentralen Erkenntnisse sind, dass Kinder, die im Wechselmodell betreut werden, eine gleich enge Bindung an Mutter und Vater haben wie Kinder, die mit beiden Eltern zusammenleben. Da wir wissen, wie wichtig die Eltern-Kind-Bindung für die gesunde Entwicklung junger Menschen ist, ist das das wichtigste Argument pro Wechselmodell. Es gibt viele detaillierte Studien zu allen möglichen Fragen, die insgesamt darauf hindeuten, dass ein funktionierendes Wechselmodell Für Kinder, die nicht mit Mutter und Vater als Kernfamilie zusammenleben können, das beste Betreuungsmodell ist.
Ob das dann auch im Einzelfall zutrifft, kann Empirie natürlich nicht beantworten. Es gibt auch Kinder im Wechselmodell die sehr unglücklich sind und Kinder im Residenzmodell, denen es sehr gut geht. Das Wechselmodell ist kein Allheilmittel im Scheidungsfall. Aber soweit man empi-

rischen Studien folgen kann, ist das Wechselmodell vorteilhaft. Das ist eigentlich auch logisch, aus drei Gründen:
1. Alleinerziehende Elternteile, die berufstätig sind, sich um Haushalt und Kinder kümmern müssen, sind häufig überlastet. Dies kann zur Folge haben, dass die Kinder nicht nur den Elternteil verlieren, der nicht mehr bei ihnen leben, sondern auch einen zweiten wenig verfügbaren, häufig erschöpften und nicht sehr zugewandten Elternteil haben - so dass sie im Residenzmodell doppelt verlieren. Viele Eltern schildern das Wechselmodell als große Entlastung für sich selbst, weil sie auch „kinderfreie Zeiten" haben, die sie für berufliche oder private Selbstverwirklichung nutzen können – oder einfach zur Erholung.
2. Eltern haben vielfältige Ressourcen für Ihre Kinder. Wenn Kinder von zwei Elternteilen (und deren Familien und Freundeskreisen) profitieren können, erhalten sie mehr davon.
3. Wenn Kinder erleben, dass sich beide Eltern liebevoll um sie kümmern, fühlen sie sich trotz Trennung /Scheidung weniger verlassen und ungeliebt. Das stärkt ihr Selbstwertgefühl und macht sie resilient.

II. Wechselmodell

Wie alle Umgangsmodelle ist auch das Wechselmodell gesetzlich nicht näher definiert. Und nicht nur das, bis auf wenige Ausnahmen berücksichtigen die meisten Gesetze nicht die Situation, dass ein Kind gleichermaßen bei beiden Eltern wohnt, sondern gehen stillschweigend vom Residenzmodell aus. Dies kann in der Praxis zu rechtlichen und praktischen Unklarheiten führen, die wir uns im fünften Kapitel genauer ansehen. Uneinheitlich in Literatur, Rechtsprechung und im internationalen Vergleich ist außerdem, wann bereits ein Wechselmodell vorliegt und wann sogenannter erweiterter Umgang.

DEFINITION WECHSELMODELL
Wechselmodell bedeutet, soweit besteht Einigkeit, dass die Eltern das Kind (ungefähr) GLEICH VIEL und GLEICHWERTIG betreuen.

Daher wird das Wechselmodell auch PARITÄTSMODELL (von paritätisch = gleichgestellt) genannt. DREI wesentliche Arten von Wechselmodell gibt es: das NESTMODELL, die ELTERN-WG und das DOPPELRESIDENZMODELL. Wenn in Literatur und Rechtsprechung vom Wechselmodell gesprochen wird, ist meistens das Doppelresidenzmodell gemeint, hier wechselt das Kind in gewissen zeitlichen Abständen zwischen den Eltern hin und her, zum Beispiel wochenweise, oder, je nach Alter und Umständen, in kürzeren oder längeren Intervallen. Das Kind hat also zwei (gleichwertige) Zuhause. Sind die Intervalle nicht exakt gleich lang, sondern bei einem

Elternteil länger als beim anderen, dann ist unklar, wann noch ein Residenzmodell mit erweitertem/erhöhtem Umgang vorliegt und wann bereits ein Wechselmodell. Die Abgrenzung sehen wir uns nachstehend an sowie unter rechtlichen Gesichtspunkten im fünften Kapitel.

1. Begriff

Die Bezeichnung Wechselmodell für den Fall, dass ein Kind zwei (nahezu) gleichwertige Zuhause hat, ist umstritten. Zahlreiche Autoren, insbesondere Befürworter des Wechselmodells, bevorzugen eine andere Bezeichnung, zum Beispiel Doppelresidenzmodell oder paritätisches Umgangsmodell. Sie stört die Betonung auf das Wort „Wechsel", es setze bewusst einen negativen Fokus auf etwas Belastendes, das hin und her zwischen zwei Zuhause. Dies sei unglücklich gewählt und irreführend, da es bei allen Umgangsmodellen, bei dem die Eltern nicht gemeinsam unter einem Dach leben und das Kind organisch zusammen betreuen, in gewissen zeitlichen Abständen einen Wechsel von der einen Betreuungsperson, dem einen Elternteil, zu der anderen Betreuungsperson, dem anderen Elternteil und zurück, gibt. Der Begriff suggeriere, das Kind habe keinen festen Lebensmittelpunkt und käme nicht zur Ruhe, weil es ständig zwischen den Eltern hin- und hergerissen wäre. Dabei sei der Wechsel zwischen Bezugspersonen etwas völlig Natürliches, bereits in einer unter einem Dach zusammenlebenden Familie. „Ein Kind, das eine Kita oder eine Schule besucht, erlebt nahezu einen täglichen Wechsel sowohl der Örtlichkeit als auch der Bezugspersonen, ohne dass Eltern oder Professionen darin ein Problem sehen. Wechsel stellen eine natürliche Anpassungsleistung der Kinder dar – in jedem Betreuungsmodell, auch nach einer Trennung."

https://www.doppelresidenz.org/page/warum-doppelresidenz.php

Und die Kritiker des Begriffs „Wechselmodell" rechnen vor, dass es bei den meisten Wechselmodellen nicht mehr, sondern sogar deutlich weniger Wechsel der Kinder gibt, so zum Beispiel bei dem recht häufig praktizierten (leicht) erweitertem Umgang, wenn das Kind bei der Mutter lebt und den Vater nicht nur jedes zweite Wochenende sieht, sondern auch einmal in der Woche dazwischen (in der mit dem Mutterwochenende), nicht selten mit Übernachtung. Dann wechselt das Kind in einem Monat zweimal an Wochenenden und noch viermal unter der Woche, also insgesamt sechsmal. Bei einem paritätischen Wechselmodell mit Wochenrhythmus würde es nur zweimal wechseln. So gesehen wäre dann das Residenzmodell das eigentliche „Wechsel"modell.

Residenzmodell = 8 Wechsel pro Monat, jedes zweite Wochenende und jeweils Donnerstag in der folgenden Woche (häufige Umangsregelung in Deutschland)

Doppelmodell = 4 Wechsel pro Monat, jede Woche beim jeweils anderen Elternteil

Trotz der Kritik und ihren nachvollziehbaren Argumenten halten wir am Begriff „Wechselmodell" fest, weil er in Literatur, Rechtsprechung und sonstiger Praxis am gängigsten zu sein scheint.

2. Wesen und Abgrenzung

Die Idee des Wechselmodells beinhaltet, dass beide Eltern gleichermaßen für das Kind verantwortlich sind und einen (ungefähr) GLEICHEN ANTEIL an Zeit und Raum im Leben des Kindes einnehmen, und zwar im ALLTAG und in der FREIZEIT. Das Kind hat ZWEI GLEICHWERTIGE Zuhause, in denen es sich ähnlich oft und lang aufhält. Es fühlt sich an beiden Orten, bei beiden Eltern zu Hause, nicht nur zu Besuch.

Wesen des Wechselmodells ist die vergleichbare Verantwortung beider Eltern für Alltag und Freizeit des Kindes, eben die zwei gleichwertigen Zuhause und der Fakt, dass ein Kind ungefähr gleich viel Zeit mit und bei beiden Eltern verbringt.

Definition und Übergänge sind allerdings unklar und nicht nur in anderen Ländern, sondern auch in deutschsprachigen Publikationen unterschiedlich. Die rechtliche Abgrenzung von unechtem und echtem Wechselmodell besprechen wir im fünften Kapitel (siehe › Seite 189), einschließlich der aus einer solchen Einordnung folgenden rechtlichen, finanziellen und praktischen Konsequenzen.

In manchen Publikationen und in vielen Ländern gilt als Wechselmodell bereits ein Umgangsmodell, bei dem der umgangssuchende Elternteil das Kind nicht nur an jedem zweiten Wochenende, sondern erheblich darüber hinaus betreut, beispielsweise alle zwei Wochen von Donnerstag bis Montag. In Deutschland wird dieses Modell häufig, in deutlicher Abgrenzung zum paritätischen Wechselmodell, als erweiterter Umgang bezeichnet. Viele ordnen eine Betreuungssituation erst dann als Umgangsmodell ein, wenn eine nahezu hälftige Verteilung stattfindet, plus/minus höchstens einem halben Tag.

In zahlreichen Ländern und nach Ansicht einiger Stimmen in der Literatur und Praxis gilt hingegen als Wechselmodell bereits ein Umgangsmodell, bei dem der weniger betreuende Elternteil das Kind mindestens ein Drittel der Zeit betreut. Dies soll auch unsere Arbeitsdefinition für diesen Buchabschnitt sein, weil dann im Unterschied zum Residenzmodell das Kind beim anderen Elternteil nicht nur Wochenende und Ferien, sondern auch Alltag mit Kita/Schule aufseiten des Kindes und Berufstätigkeit aufseiten des Elternteils erlebt. Und in aller Regel ist hierfür unter anderem Voraussetzung, dass mehr als nur zwei Wochenenden im Monat beim anderen Elternteil verbracht werden, nämlich auch Tage, in denen das Kind und die Eltern ihrem Alltag nachgehen, mit Schule/Kita, Berufstätigkeit, Freizeitaktivitäten und anderen Verpflichtungen/Terminen/Verabredungen. In aller Regel übernimmt dann der umgangssuchende Elternteil mindestens ein Drittel der Zeit die Betreuung für das Kind. Geht man von durchschnittlich dreißig Tagen/Nächten im Monat aus, dann hat der weniger betreuende Elternteil beim klassischen Residenzmodell mit zwei Wochenenden Besuch pro Monat vier Nächte beziehungsweise höchstens sechs Tage (freitags oft erst ab nachmittags/abends, sonntags gegebenenfalls schon früher zurück). Ist das Kind stattdessen ab Donnerstagabend beim anderen Elternteil und/oder bis Montag früh, dann sind es bereits sechs/acht Nächte beziehungsweise acht/zehn Tage. Ebenso, wenn in den Wochen mit dem Mutterwochenende noch eine oder gar zwei Übernachtungen beim anderen Elternteil dazu kommen. Ab zehn Tagen/Nächten ist es, in Relation zu den durchschnittlich 30 Tagen eines Monats, ein Drittel und kann somit als (zumindest unechtes) Wechselmodell angesehen werden.

Das Hauptaugenmerk sollte, so meinen einige Kommentatoren des Modells in Literatur und Rechtsprechung, nicht auf rein zeitlichen Aspekten liegen, also man sollte nicht Nächte, Tage, Stunden zählen, sondern auf Qualität abzielen. Als Beispiel wird hier gern folgender außergewöhnliche Fall angeführt: Ein Vater, der nachts arbeitet, betreute jeden Wochentag die Kinder tagsüber und brachte sie abends zur Mutter, wo sie übernachteten. Würde man nur Nächte zählen, dann ergäbe sich ein Residenzmodell, aber geht man von der Qualität der Betreuung aus, während nahezu der sämtlichen wachen Zeit der Kinder, dann nimmt die Verantwortung des Vaters und seine Zeit mit den Kindern im Alltag sogar mehr Raum ein als die der Mutter.

Kennzeichnend für ein Wechselmodell sind somit drei Aspekte:

- ähnliche Zeitverteilung
- zwei Zuhause
- gleichberechtigt verteilte Elternverantwortung.

Neben der gleichberechtigten Elternverantwortung sowie der zeitlichen Verteilung stellen wir insbesondere darauf ab, ob die Kinder den anderen Elternteil nur besuchen kommen oder sich dort zu Hause fühlen. Doch was macht ein Zuhause aus?

3. Zwei Zuhause

Hildegund Sünderhauf:
„Die Kinder ziehen nicht jede Woche um, sondern sie gehen immer nach Hause."

Ein Wechselmodell liegt unserer Definition nach dann vor, wenn ein Kind zwei Zuhause hat. Was macht ein Zurückkommen ins eigene Zuhause aus im Gegensatz zu einem auf Besuch kommen? Was macht überhaupt ein Zuhause aus? Welche Kennzeichen sprechen dafür, dass ein Kind bei einem Elternteil zu Hause ist und sich zu Hause fühlt?

Zu Besuch oder Zuhause?
Frau Sünderhauf unterscheidet in ihrem Ratgeber (2020) drei Aspekte, die gemeinsam für ein beziehungsweise zwei Zuhause sprechen:

1. gemeinsames Erleben von Alltag und Freizeit (kindlicher Alltag und Elternalltag), von dort aus Freunde treffen und Freunde mitbringen können
2. dazugehören: willkommen sein (Name an der Klingel, Hausschlüssel) und gegebenenfalls häusliche Aufgaben und Verantwortung übernehmen (Tisch decken, sich um Haustiere kümmern)
3. Platz für mich: nicht nur zu Besuch sein, einen persönlichen Bereich haben, eigene Rückzugsmöglichkeit.

Ob ein Zuhause vorliegt, und ob beide Eltern auch gleiche Verantwortung für die Betreuung des Kindes übernehmen, lässt sich gut anhand der Situation erkennen, wenn das Kind bei einem Elternteil krank wird. Und zwar bei dem, der es zeitlich gesehen etwas weniger betreut. Handelt es sich um erweiterten Umgang und fühlt der Elternteil sich nur an zweiter Stelle verantwortlich, dann gibt er beziehungsweise sie das Kind gegebenenfalls alsbald zurück an den hauptbetreuenden Elternteil. Der Besuch wird wegen Krankheit also vorzeitig abgebrochen. So wie man eben auch als Erwachsener einen Besuch abbricht, wenn man krank wird und sich lieber zu Hause auskuriert. Fühlt der Elternteil sich hingegen genauso verantwortlich wie der andere Elternteil und hat das Kind bei ihm ebenso ein gleichwertiges Zuhause, dann bleibt es dort und kuriert sich in Ruhe aus.

Markus Witt, Sprecher des Bündnis doppelresidenz.org und Bundesvorstand im Väteraufbruch für Kinder e. V. setzt sich für eine gelingende gemeinsame Elternschaft nach Trennung ein, bei der die Bedürfnisse der Kinder nicht aus dem Blick geraten.

Interview Nummer drei: mit Martin Witt, Pressesprecher des Bündnis Doppelresidenz

Warum bevorzugen Sie den Begriff Doppelresidenz?

Das Wort Wechselmodell stellt auf die Wechsel ab, als eine besondere Herausforderung für das Kind; Wechsel gelten als belastend. Die armen Kinder, hin und hergerissen zwischen den Elternteilen. Doch das Kind ist bei beiden Eltern zuhause. Und tatsächlich gibt es bei der paritätischen Betreuung nicht mehr Wechsel als beim Residenzmodell, sondern gleich viel oder sogar weniger. Das eigentliche „Wechsel"modell ist der häufig auch gerichtlich angeordnete, erweiterte Umgang, hier gibt es bis zu zwölf oder mehr Wechsel im Monat, je nach Alter des Kindes. In der Doppelresidenz sind es meist nur vier.

Was genau bedeutet Doppelresidenzmodell für Sie? Was fordern Sie?

Für uns ist es dann ein Doppelresidenzmodell, wenn beide Eltern in Alltag und Freizeit die Kinder betreuen, vom Umfang her ab circa ein Drittel. Dann lebt das Kind auch wirklich bei beiden. Residenzmodell ist eine reine Freizeitveranstaltung. Wir fordern das Doppelresidenzmodell als Leitbild, wobei der Begriff des Leitbilds oft falsch verstanden wird. Ein Leitbild soll Orientierung geben. Es ist nicht Aufgabe des Gesetzgebers, in jedem Einzelfall eine optimale Betreuungsregelung vorzuschreiben. Dies obliegt, gleichberechtigt, den sorgeberechtigten Eltern. Beide Eltern haben nicht nur das Recht, sondern auch die Pflicht, sich um das Kind zu kümmern. Können sich die Eltern jedoch nicht einigen, so braucht es eine gesetzliche Entscheidungsgrundlage. Hierbei soll, wenn beide Eltern willens und in der Lage sind, sich um ihre Kinder zu kümmern, das Leitbild der Doppelresidenz als widerlegbare Vermutung zugrunde gelegt werden von der nur abgewichen werden soll, wenn die Doppelresidenz dem Kindeswohl widersprechen würde (negative Kindeswohlprüfung). Auch gegen den Willen eines Elternteils.
Stehen Trennungseltern in Sachen Umgang vor Gericht, sollte dies wie folgt geprüft werden, mit den Eltern auf Augenhöhe als Ausgangslage (Doppelresidenz):

- Erziehungsfähigkeit
- Bindung beider Eltern zu den Kindern
- praktische Voraussetzungen: zum Beispiel räumliche Nähe und betreuungskompatible Arbeitszeiten
- widerspricht objektiv nicht dem Kindeswohl.

Ausnahmen gibt es dann nur wenige, zum Beispiel: jahrelang keinen Kontakt und keine Bindung, Beeinflussung, Manipulation oder andere Umstände, die einem unbegleiteten Umgang in egal welchem Modell entgegenstehen würden.

Was spricht Ihrer Ansicht nach für Doppelresidenz?
Das Residenzmodell passte vor 70 Jahren, wo Väter in aller Regel arbeiteten und sich an der Kinderbetreuung kaum aktiv beteiligten, diese lag allein bei der Mutter. Heute ist es üblich, dass sich Mütter und Väter gemeinsam um die Betreuung und Versorgung der Kinder kümmern. In den letzten 30/40 Jahren wurden auch Erkenntnisse gesammelt, wie es Kindern damit geht, beide oder nur einen Elternteil zu haben. Und Kindern geht es in der Regel besser, von beiden Eltern erzogen zu werden. Eine umfangreiche Studienlage zeigt, dass die Entwicklung der Kinder besser ist, die Bindung an beide Elternteile intensiver, zum Teil sogar mehr als bei zusammenlebenden Eltern. Väter erhalten die Chance, eigene Zeit mit den Kindern zu verbringen. Den Kindern werden die Ressourcen beider Eltern bestmöglich zugänglich gemacht: finanziell, emotional, intellektuell und zeitlich. Die Doppelresidenz ist auch ein Mittel gegen Mütterarmut, Kinderarmut, Armut von Alleinerziehenden, und damit auch Altersarmut. Sie fördert die beruflichen Möglichkeiten von Müttern und wirkt, der Ungleichbehandlung von Frauen und Männern (equal pay/ equal pension gap) entgegen. Die gemeinsam wahrgenommene Elternverantwortung, nicht nur nach einer Trennung, führt auch zu mehr Gleichberechtigung von Männern und Frauen.

Weshalb denken Sie, ist die Diskussion so emotional?
Hier sind tiefsitzende Rollenbilder in der Gesellschaft betroffen. Was ist ein Vater, was ist eine Mutter? Es geht um althergebrachte Machtbereiche: Der Haushalt war seit Generationen der Macht- und Einflussbereich der Mütter, so wie es früher die Arbeitswelt für Männer und Väter war. Mutter im Haushalt war ein Vollzeitjob und Arbeiten war ein Zusatzjob. Während wir in der Arbeitswelt viele Schritte der Veränderung schon gegangen sind, fangen wir in der Familie erst damit an. Wir brauchen eine Ehrlichkeit, eine Offenheit von beiden Seiten. Dass Mütter bereit sind, Verantwortung abzugeben, und Väter bereit sind, diese Verantwortung zu übernehmen. Die Mütter übernehmen bisher zusätzliche Verantwortung in der Arbeitswelt, ohne wesentlich Verantwortung in

der Familie abzugeben. Hier braucht es das Vertrauen der Mütter, dass die Väter die Kinder ebenfalls gut versorgen und betreuen, aber auf ihre Weise als Vater, anders als die Mutter. Die Mütter sind die Türöffner zu den Kindern.

Warum tun sich einige damit sehr schwer, vor allem Mütter? Was sind die Ängste? Welche Vorbehalte nehmen Sie bei Vätern wahr?

Einige Frauen fühlen sich als Mutter zurückgesetzt. Manche haben Angst, dass die Kinder vielleicht den Vater mehr lieben könnten. Außerdem haben wir kindeswohlfremde Fehlanreize, aus den bestehenden Gesetzen, zum Beispiel der Kindesunterhalt. Die „günstigste" Variante im Unterhaltsrecht wäre es, sich gar nicht um die Kinder zu kümmern, am ungünstigsten ist die nahezu hälftige Betreuung, zum Beispiel bei einem Anteil von 47 % des Vaters. Durch das bisschen an Mehrbetreuung bekommt die Mutter den vollen Unterhalt, was tausende von Euro ausmachen kann. Nur beim Doppelresidenzmodell bei exakt 50 % beteiligen sich beide Eltern im Verhältnis ihrer Einkommen gemeinsam an den Unterhaltsleistungen. Das ist lebensfremd und führt zum Streit ums Geld, bei dem die Kinder häufig übersehen werden. Väter haben möglicherweise Angst vor Überforderung, trauen es sich noch nicht zu, in ihrer Betreuungszeit Alleinverantwortung zu übernehmen. Und sie haben Sorge vor beruflichen Einschränkungen, vor weniger Freizeit, vor der Beschneidung ihrer Freiheit. Außerdem stehen unhinterfragte Vorurteile im Raum, zum Beispiel die Annahme, dass es viele Wechsel gäbe und diese dem Kind schaden, obwohl es tatsächlich meist weniger Wechsel sind. Bei hochstrittigen Eltern gehen viele davon aus, dass Doppelresidenzmodell nicht möglich ist, wohl aber erweiterter Umgang. Dies ist wenig einleuchtend, denn die Kinder leiden unter dem Streit der Eltern, nicht unter dem Betreuungsmodell. Hier braucht es mehr Menschenverstand und weniger (unbegründete) Vorurteile.

Was wünschen sich Kinder?

Kinder wünschen sich, Mama und Papa lieben zu dürfen und beide in ihrem Leben zu behalten. Kinder haben ein ausgeprägtes eigenes Gerechtigkeitsempfinden. Sie brauchen beide Eltern, mal den einen mehr, mal den anderen. Bindungen verändern sich im Laufe der Kindheit mehrfach, es ist ein sehr dynamisches System, auch bei zusammenlebenden Eltern. Gerichtliche Regelungen sind für zwischenmenschliche Belange zu starr, Freiräume können nur die Eltern selbst schaffen und nutzen, durch einvernehmliche Regelungen, durch ein dynamisches, an die Entwicklung der Kinder angepasstes Miteinander. Wenn Eltern entscheiden, gemeinsam Verantwortung zu übernehmen, jeder in seinem Haushalt, dann können sie einen Raum schaffen, in dem die Verantwortung auch gelebt werden kann.

Wie könnte mehr Akzeptanz geschaffen werden? Was wünschen Sie sich für die Debatte?

Durch Aufklärung über die bestehenden Vorurteile, ganz unabhängig von einer Trennung, können faire Rollenbildern etabliert werden: eine arbeitende Mutter ist keine Rabenmutter, ein Vater, der Erziehungsurlaub nimmt, ist kein Weichei. Familie ist momentan noch frauendominiert. Doch auch Männer können Kinder. Das Bild von Vätern in der Familie sollte positiv gestärkt werden, diese übernehmen Verantwortung, auch schon vor einer Trennung. Wir brauchen Vorbilder, Männer und Frauen. Es sollte eine ehrliche Debatte geführt werden, weg von Ideologien, hin zu Lösungen, tatsächlich auf die Kinder fokussiert, da wir bisher vor allem über die Eltern sprechen. Es geht nicht darum, wer der bessere und wer der schlechtere Elternteil ist. Wir sollten uns vielmehr die Frage stellen, wie können wir unseren Kindern ein Leben mit beiden Eltern ermöglichen? Durch gute Erfahrungen, durch mehr Studien über Trennungskinder in Doppelresidenz, durch sachliche Information können den Beteiligten die Ängste genommen werden. Eltern in der Trennungsphase sollten mehr unterstützt werden, bei ihrer Entwicklung weg vom Paar und hin zu einem Elternteam.

In der familienpolitischen und familienrechtlichen Entwicklung hängen wir unseren Nachbarländern leider um Jahrzehnte hinterher, da sind wir ein Entwicklungsland und die Eigeninitiative der Politik ist seit Jahrzehnten erschreckend gering. Doch wir erleben bereits seit vielen Jahren einen Wandel bei jungen Trennungseltern: diese leben Gleichberechtigung in Familie und Beruf auch bereits vor der Trennung und möchten auch danach gemeinsame Elternschaft auf Augenhöhe leben. Beide, Mütter und Väter, wünschen sich außerdem mehr Freiraum außerhalb der Familie, für Beruf und Privatleben.

Wir brauchen daher endlich gesetzliche Rahmenbedingungen, die all das unterstützen. Die gesetzlichen Rahmenbedingungen sind heute einer der größten Hinderungsgründe und Bremsklotz für gleichberechtigte Elternschaft. Die Politik kann die schwierige Situation von Trennungsfamilien nicht lösen, aber den Rahmen für passende Modelle, für eine gute Begleitung der Eltern schaffen. Der ganz einfache Grundsatz müsste lauten: ein Kind hat zwei Eltern – vor und auch nach einer Trennung.

III. Vorteile und Nachteile

Wie jede Umgangspraxis hat auch das Wechselmodell Vorteile und Nachteile, die je nach individueller Konstellation unterschiedlich stark ins Gewicht fallen. Die gleichberechtigte Betreuung mit zwei Zuhause passt für manche Familien sehr gut, für andere überhaupt nicht; sie wird je nach individueller Situation unterschiedlich ausgestaltet und praktiziert. Im vierten Kapitel sammeln wir, welche Familienkonstellationen eher für das Wechselmodell und welche eher dagegensprechen, als Entscheidungshilfe für Trennungseltern. Letztlich hängt es von der einzigartigen Situation ab, in der sich die Familie befindet, vor und nach der Trennung. Es geht um das Verhältnis der Eltern zueinander, deren jeweiligen Beziehung zum Kind, um Wohnsituationen, Schulwege, um Arbeitszeiten und Betreuungsmöglichkeiten. Entscheidend sind viele kleine Details, die bestmöglich zusammengesetzt zu einem schönen Familienleben führen, trotz Trennung der Eltern.

Sehen wir uns jetzt also die Vorteile und Nachteile der paritätischen Betreuung an mit dem Ziel, Familien zu ermutigen, für sich selbst genau zu überlegen, was für Argumente in ihrer ganz persönlichen Situation welches Gewicht haben. Um dann auf den im vierten Kapitel dargestellten Wegen sich das für sie jetzt passende Modell zu erarbeiten und dieses gemeinsam umzusetzen. Vielleicht wählen Familien erst einmal eine Übergangslösung oder testen ein Modell zunächst für ein paar Monate, tauschen die gemachten Erfahrungen miteinander aus und justieren gegebenenfalls nach.

Erfahrungsbericht Nummer fünf

„Die Vorteile des Modells überwogen bei uns. Die Kinder hatten einen festen Rahmen, wir haben aber darauf geachtet, dass in besonderen Momenten die Bedürfnisse der einzelnen Beteiligten berücksichtigt wurden. Wir konnten eine gewisse Flexibilität zulassen, die wichtig für uns alle wichtig war. Irgendwann haben wir es aufgegeben, jeden Tag einzeln aufzurechnen und der Rhythmus wurde stetig an die Wünsche der Kinder angepasst: Wöchentlich für die eine, 14-tägig für den anderen. Meine persönliche Herausforderung war, die Adventskalender zu basteln und zu überlegen, wer ist an welchem Tag im Dezember bei uns? Die Päckchen sollten ja auch individuell und trotzdem gleichwertig sein. Irgendwie hat es geklappt und alle waren zufrieden – wie im Alltag auch, denn jeder wurde individuell wahrgenommen und in der gegebenen Struktur unserer Familie aufgefangen. Wir haben es geschafft, die Bedürfnisse unserer

Kinder zu sehen und so gut es ging diese zu erfüllen. Ich habe gelernt, Verantwortung zu teilen und wir haben die Kinder ihrem Alter entsprechend mitentscheiden lassen, auch wenn es für uns manchmal schwierig war. Eine Zeit lang wollten die Kinder nicht in einem Haushalt leben und wir haben es ermöglicht, dass die beiden ein Jahr lang aneinander vorbei gewechselt sind und haben sich nur die Klinke in die Hand gegeben. Heute verstehen sie sich hervorragend!" Siehe › Seite 231.

1. Vorteile

Hauptvorteil des Wechselmodells ist es, dass die Eltern sich die Betreuung des Kindes gleichberechtigt teilen. Dadurch hat das Kind weiterhin beide Eltern in seinem Leben, in Alltag und Freizeit, kann zu beiden eine enge Bindung und liebevolle Beziehungen aufbauen. Und nicht nur zu den Eltern, sondern auch zu deren Umfeld: Großeltern, Onkel und Tanten, Freunde, neue Partner, Halb- und Stiefgeschwister. Großeltern und andere Verwandte beider Elternteile wirken als Kontinuitätsfaktoren in der Umbruchphase einer Trennung besonders stabilisierend. Das Kind lernt zwei gleichwertige Zuhause schätzen, die unterschiedlich sind; es findet sich in zwei verschiedentlichen und doch vertrauten Welten zurecht, lernt Toleranz, soziale Kompetenzen, Mobilität sowie, sich gut zu organisieren.

Erfahrungsbericht Nummer drei

„Aktuell leben Hunter und ich zu zweit in einer Wohnung, Jane hat nochmal geheiratet und zwei weitere Kinder bekommen. so hat Hunter zwei sehr unterschiedliche Familien, ich glaube mittlerweile, dass seine Entwicklung durch diese verschiedenen Aspekte aus beiden Welten bereichernd ist. Ich mache mit ihm „Abenteuer-Urlaube", Jane bietet ihm einen Platz in einer großen Familie…" Siehe › Seite 228.

Das Kind erlebt Eltern, die auch nach einer Trennung partnerschaftlich und auf Augenhöhe miteinander umgehen, es erlebt eine Familie, die fortbesteht, die trotz neuer Vorzeichen erhalten bleibt, die als wertvoll angesehen und von allen liebevoll gepflegt wird. Loyalitätskonflikte werden vermieden, das Kind muss sich nicht für einen Elternteil und gegen den anderen Elternteil entscheiden, es darf sich bei beiden wohl und zu Hause fühlen.

Die gleichmäßige Aufteilung der Betreuung bedeutet aufseiten der Eltern gelebte Gleichberechtigung. Beide haben bessere Möglichkeiten, sich beruflich, finanziell und sozial unabhängig aufzustellen; Familie, Haushalt und Arbeit unterzubringen gelingt besser durch Kooperation auf Augenhöhe. Beide Elternteile lernen in aller Regel, nach einer gewissen Zeit der Umstellung, auch die kinderfreien Tage gut zu nutzen, zum

Arbeiten, für Weiterbildung, um Freundschaften, neue Beziehungen und Hobbys zu pflegen. Sie können in ihrer Kinderbetreuungszeit dem Kind mehr Aufmerksamkeit schenken, weil sie in der Zeit ohne Kind durchatmen und Ausgleich finden können.

Erfahrungsbericht Nummer fünf
„Auch für mich waren die Änderungen gravierend: ich konnte mich beruflich wieder voll konzentrieren und einbringen, während ich in der Kinderwoche früher Schluss machte und die Nachmittage mit dem Kleinen verbrachte. Das schräge Gefühl, nicht allem gerecht zu werden, wurde deutlich geringer. Ich konnte mich mehr in den Moment fallen lassen und genießen. Ich hatte mehr Raum für Freunde und Unternehmungen, ich hatte mehr Regenerationszeiten, mehr Ruhe für mich zum Durchatmen, und in meiner Mamawoche viel mehr Kraft und Geduld, den täglichen Herausforderungen mit Kind standzuhalten. Und so wurde ich ein Befürworter des Wechselmodells, auch wenn ich zu Beginn dagegen war." Siehe › Seite 233.

Erfahrungsbericht Nummer acht
„Durch das Wechselmodell kann ich mich viel mehr auf die Kinder einlassen. Ich genieße die zwei Kinderwochen im Monat in vollen Zügen, bin viel entspannter und geduldiger. Ich würde sagen, ich bin eine bessere Mutter als vorher. Die Kinder und ich sind viel inniger, beim Vater ist es genauso. In den kinderfreien Wochen gehe ich dann feiern, treffe meinen Freund und arbeite bis zum Anschlag." Siehe › Seite 237.

Zahlreiche Untersuchungen zeigen, dass sowohl Kinder als auch Eltern im Wechselmodell zufriedener sind (siehe › Seite 214). Allerdings kann es auch sein, dass eher solche Eltern nach einer Trennung das Wechselmodell wählen, die auch schon vor der Trennung gleichberechtigt und respektvoll miteinander umgegangen sind, die ohnehin zufriedener sind, denen die Umstellung gut gelingt, die partnerschaftlich oder gar freundschaftlich verbunden bleiben, die Diskussionen lösungsorientiert führen können und Konflikte ohne Eskalation lösen. Und je besser ihnen die Trennung und der Erhalt der Familie, der guten Beziehung beider Eltern zum Kind gelingt, umso zufriedener sind sie, umso entspannter gehen sie miteinander um, was sich dann wiederum positiv auf das Kind und die Familie als Einheit auswirkt. Ausführlicher dazu informiert eine amerikanische Metastudie, die wir im sechsten Kapitel vorstellen.

Erfahrungsbericht Nummer eins
„Deshalb finde ich das Wechselmodell so heilsam. Es neutralisiert nämlich teilweise diese fehlende Wertschätzung und baut sie Schritt für

Schritt ab. Das Wechselmodell wertet gar nicht, das ist so gut daran. Es trägt nicht nur dem Bedürfnis der Kinder Rechnung, mit beiden Eltern so viel Zeit wie möglich zu verbringen, sondern es nimmt auch denjenigen Müttern oder Vätern – ich schließe mich da nicht aus – nach und nach den Wind aus den Segeln, die tendenziell das Gefühl haben, alles besser zu wissen. Denn beide Eltern sind gleich gut geeignet, für ihr Kind da zu sein. Weil sie die Eltern sind. Punkt." Siehe › Seite 225.

2. Nachteile

Eine der Hauptvoraussetzungen für ein gelingendes Wechselmodell ist nach einhelliger Ansicht, dass die Eltern nah beieinander wohnen. Spätestens ab der Einschulung sollten von beiden Zuhause aus Schule und Freunde gut erreichbar sein, und auch schon davor meinen viele, dass der Weg zur Kita von beiden Eltern aus ähnlich gut zu bewältigen sein sollte. Auch bei Kleinkindern helfen bei der Übergabe kurze Wege zwischen den Wohnungen der Eltern, da hier Übergaben in aller Regel häufiger erfolgen. Entscheiden sich Eltern für das Wechselmodell, dann bedeutet dies eine EINSCHRÄNKUNG ihrer MOBILITÄT. Nicht nur der Umzug in eine andere Stadt, für einen neuen Job oder eine neue Partnerschaft, sondern sogar ein Stadtteilwechsel kann das Wechselmodell erschweren oder gar unmöglich machen. Weil es zum Beispiel wenig praktikabel ist, für den Schulweg während des Berufsverkehrs einmal quer durch die gesamte Stadt zu fahren und weil es für Kinder, die bei kurzen Distanzen gegebenenfalls schon alleine pendeln können, durch größere Entfernungen kaum machbar wird, sich selbständig zwischen Schule und Elternhäusern zu bewegen. Bei großen Entfernungen leiden zudem Kontakte zu Schulfreunden und Nachbarskindern, deren Bedeutung mit wachsendem Alter stetig zunimmt.

Auch ansonsten sind Eltern bei der paritätischen Betreuung enger verbunden als bei anderen Umgangsmodellen. Jede Elternschaft setzt ein Minimum an Kommunikation und Kooperation voraus, beim Wechselmodell müssen allerdings auch ALLTAGSENTSCHEIDUNGEN, wie zum Beispiel Arztbesuche und schulische Themen sowie Freizeitaktivitäten ABGESPROCHEN werden. Dies entfällt bei der reinen Wochenendbetreuung. So kann es beispielsweise zu Konflikten führen, wenn ein Elternteil ohne Absprache für Dienstagnachmittag die Tochter zum Klavierunterricht anmeldet, und der andere Elternteil dagegen ist und in seinen Wochen am Dienstag mit ihr lieber zum Schwimmen gehen möchte. Oder wenn ein Elternteil Arzttermine vereinbart, die der andere dann in seiner Zeit wahrnehmen muss, obwohl er da beruflich eingebunden ist. Und insbesondere bei sehr kleinen Kindern und kurzen Wechselintervallen ist eine engmaschige Abstimmung in Bezug auf den Tagesablauf (zum Beispiel Mahlzeiten und Ruhezeiten) hilfreich.

Wechselmodell bedeutet außerdem zwei gleichwertige Zuhause, die eingerichtet und gepflegt werden wollen: zwei komplette Kinderzimmer (wenn möglich), doppelte Spielsachen und eine erhöhte Wechselorganisation. Größere Gepäckstücke, Musikinstrumente und Haustiere müssen, wenn der Wechsel über Kita/Schule erfolgt, separat transportiert werden. Hier werden ZEITLICHE UND FINANZIELLE RESSOURCEN gebunden, die gegebenenfalls nur teilweise durch die entlastenden Auswirkungen der aufgeteilten Betreuung aufgefangen werden. Ein weiterer Nachteil ist die derzeit noch UNKLARE RECHTSLAGE beim Wechselmodell, das bisher gesetzlich kaum vorgesehen und mitbedacht wird (siehe › Seite 194). Teilweise versucht hier die Rechtsprechung, passende Regelungen zu finden, diese ist jedoch noch uneinheitlich und Rechtssicherheit bisher nicht erkennbar.

Das Wechselmodell kann außerdem für einen Elternteil in Sachen KINDESUNTERHALT und BETREUUNGSUNTERHALT im Vergleich zum Residenzmodell NACHTEILIG sein (siehe › Seite 194, 197). Hinter der Ablehnung des Wechselmodells durch weniger verdienende Elternteile verbirgt sich nicht selten die Sorge, dass dann kein Kindesunterhalt mehr bezahlt werden würde, obwohl die wesentlichen Fixkosten, vor allem die Miete, ja dieselben bleiben. Wenn Eltern exakt gleich viel betreuen und der Einkommensunterschied nicht sehr groß ist, kann es sein, dass Gerichte gegen einen Anspruch auf Unterhalt entscheiden würden (siehe › Seite 203). Einigen sich Eltern außergerichtlich auf eine Betreuung im Wechselmodell, dann kann derjenige Elternteil, der finanziell bessergestellt ist und sich das Wechselmodell wünscht, anbieten, dennoch (vorübergehend) Kindesunterhalt zu bezahlen. Oder er leistet für eine Übergangszeit Betreuungsunterhalt, sodass der andere Elternteil die Entlastung durch gleichberechtigte Kinderbetreuung nutzen kann, sich beruflich und damit auch finanziell besser aufzustellen.

Erfahrungsbericht Nummer zehn

„Dieses klare Wochenwechselmodell hatte auch einen Vorteil für mich. Gegenüber meinem Arbeitgeber konnte ich einen übersichtlichen An- und Abwesenheitsplan angeben. Fortan arbeitete ich in der Florian-Woche nur halb, in der anderen Woche aber voll. Aber man darf sich da nichts vormachen: Bei wichtigen Projekten geriet ich verständlicherweise in die zweite Reihe – beruflich hatte ich also Nachteile. Ich erwähne es nur, weil das Wechselmodell für viele Eltern heutzutage oft nicht anders zu haben ist als gegen den Preis der beruflichen und der damit auch oft einhergehenden ökonomischen Einbußen. Und im Hinblick auf das Kind sollte man sich ehrlich fragen, wie sich das Wechselmodell mit dem Beruf vereinbaren lässt, nicht nur ökonomisch, sondern auch in Bezug auf die eigenen Bedürfnisse. Ich glaube, dass Kindern wenig geholfen ist, wenn ein Elternteil seine Arbeit reduziert, aber dann doch in Gedanken (oder auch ganz praktisch) am Rechner sitzt oder schlicht unzufrieden ob seiner beruflichen (Nicht-)Tätigkeit ist." Siehe › Seite 244.

3. Individuelle Abwägung

Jede Familie ist anders, vor der Trennung und nach der Trennung. Eltern sind Experten für ihre Situation und für ihre Kinder und entscheiden idealerweise zusammen, welches Umgangsmodell, welche Praxis gut zu ihnen, ihren Bedürfnissen, ihrem Alltag, dem Wohl des Kindes und dessen Tagesablauf passt. Als erste ORIENTIERUNGSHILFE haben wir im vierten Kapitel eine Übersicht zu den INDIKATOREN für und gegen die paritätische Betreuung verfasst. Entscheiden sich Eltern für das Wechselmodell, so heißt dies noch lange nicht, dass sie Wochenwechsel mit Übergabe jeden Freitagnachmittag vereinbaren müssen, weil das anscheinend alle so machen, sondern Sie als Eltern können sich ein individuelles Modell maßschneidern, das zu Ihnen und Ihrer Situation passt. Als Inspiration sehen wir uns im nächsten Abschnitt verschiedene Ausgestaltungsmöglichkeiten an und zeigen in ausgewählten Fallbeispielen, wie das Wechselmodell in der Praxis funktionieren kann, ergänzt durch ausführliche Interviews mit Eltern und Kindern.

Erfahrungsbericht Nummer acht

„Jetzt, mit knapp sieben Jahren, hat unser Sohn sich so ans Wechselmodell gewöhnt, dass er es sich gar nicht mehr anders vorstellen kann (und sowieso nicht erinnern kann). Unsere Haushalte und Lebenssituationen sind wahnsinnig unterschiedlich, und er hat gelernt sich immer wieder anzupassen. Meistens braucht er ein bis zwei Tage, oft kracht es dann an irgendeinem Punkt, dann ist die Spannung raus und er kommt wieder an. Wir wechseln daher immer am Freitag, so kann er am Wochenende in Ruhe ankommen (auch wenn das bedeutet, dass wir keine großen Pläne für den Samstag machen können). Sein Vater und ich haben immer noch viele Meinungsverschiedenheiten, aber ich habe eine Art konstante Zen-Einstellung entwickelt. Ich weiß, dass ich Dinge nicht ändern kann. Ich weiß, dass ich sein Verhalten nie ändern werde. Ich weiß auch, dass ich nicht die Kraft habe alles, was meiner Meinung nach schiefläuft, auszugleichen. Ich kann nur versuchen, meinem Sohn eine schöne, normale Woche bei uns zu geben. Wobei normal irgendwie schwierig ist, denn es fehlt, auch nach so vielen Jahren, einfach die Routine. Das macht das Wechselmodell so anstrengend - für alle. Es ist ein ständiges Ankommen und Wiedergehen. Als mein Sohn noch kleiner war, so anderthalb Jahre, habe ich unter der Trennung von ihm sehr gelitten. Aber auch, weil er in der Zeit, die er beim Vater war, quasi in ein „schwarzes Loch" verschwunden ist. Ich hatte keinerlei Kontakt noch Auskunft darüber wie es so läuft.

... Und auch wenn das Wechselmodell jetzt immer noch kein Idealzustand ist, wüsste ich nicht wirklich um eine Alternative. Und mein Sohn könnte sich auch nichts Anderes vorstellen. Er will uns beide gleichviel. Er achtet akkurat darauf, dass die Tage ausgeglichen sind. Ich bin gespannt, wie es in den nächsten Jahren läuft. Vielleicht will er irgendwann nicht mehr so viel wechseln. Vielleicht nerven ihn die vielen Regeln bei mir und er will lieber mehr beim Vater sein. Oder er vermisst seine Geschwister und will mehr bei mir sein." Siehe › Seite 238.

Dr. Clemens Tangerding wurde 1977 in Würzburg geboren. Er hat Geschichte und Literaturwissenschaft studiert, eine dreijährige studienbegleitende Journalistenausbildung am Institut zur Förderung publizistischen Nachwuchses in München absolviert und wurde 2009 an der EPHE Paris und der TU Dresden promoviert. Er arbeitet als freiberuflicher Historiker in Berlin und hat Lehraufträge an der Hochschule für Technik und Wirtschaft Berlin, der Freien Universität Berlin und der Justus-Liebig-Universität Gießen wahrgenommen.

Gastbeitrag Nummer eins: von Clemens Tangerding

Zwei Häuser – zwei Welten. Das gängige Symbol für das Wechselmodell ist in mehrerlei Hinsicht irreführend

Kritik ist immer auf der Suche nach Symbolen. Die Kritik am Autoverkehr zum Beispiel lässt sich anhand eines einzigen Fotos einer verstopften Autobahn darstellen. Wer den öffentlich-rechtlichen Rundfunk ablehnt, zeigt drei nebeneinander aufgestellte Mikrofone von BR, WDR und RBB bei einer Pressekonferenz. Die Fotos liefern Symbole, und Symbole wiederum schaffen Klarheit und Einfachheit.

Auch für die Kritik am Wechselmodell hat sich ein Symbolbild etabliert: Zwei Häuser und dazwischen ein Kind. Auf einigen Illustrationen ist zwischen Haus A und Haus B ein Weg eingezeichnet. Auf manchen Bildern stehen vor den Häusern Eltern, nicht selten streiten sie über die Distanz hinweg mit weit aufgerissenen Mündern und hochgerissenen Armen. Einige Kinder haben einen Koffer in der Hand oder einen Rucksack auf dem Rücken. Zwei Orte = kein Zuhause. Auf diese Formel lässt sich die symbolhafte Kritik am Wechselmodell bringen. Dieses einfache Denkmodell sorgt dafür, dass auch wohlmeinende und fortschrittliche Akteur*innen dieses Umgangsmodell ablehnen. In jedem/r Betrachter*in, der/die auch nur einen Funken Empathie in sich trägt, muss sich bei diesen Darstellungen Widerstand gegen das Wechselmodell regen: Diese Kinder sind ja immer unterwegs und nie richtig zuhause. Das kann nicht gut sein. Symbole sind dann gut, wenn sie die eigenen Reflexionen auf den Punkt bringen. Aber allzu oft und ganz gewiss in diesem Fall ersetzen sie die Auseinandersetzung oder verhindern sie sogar. Man muss keine Studien lesen, um das Denkmuster der Heimatlosigkeit bei zwei Wohnorten zu hinterfragen. Es reicht, mit Erwachsenen über ihre eigene Kindheit zu sprechen. Wie wir auch über unsere Mutter und unseren Vater denken und wie sich unser Aufwachsen im Nachhinein auch anfühlt: Es sind die Beziehungen zu ihnen gewesen, die uns geprägt haben und nicht die Orte. Es sind ihre Verhaltensweisen, die uns beeinflusst haben, nicht die Adressen. Es sind ihre Stärken und Schwächen, die uns geformt haben, nicht ihre Wohnsitze. Häuser und Wohnungen sind die Räume, in denen sich

die Bindungen zwischen den Eltern und ihren Kindern entfalten. Aber sie sind keine entscheidenden Faktoren an sich.
Wenn man das Symbol der Orte aufgreifen möchte, dann sollte man die Eltern selbst als Orte symbolisieren. Das würde der Erfahrung von Kindern und auch der Erinnerung von Erwachsenen an ihre Kindheit eher entsprechen als zwei Häuser als Symbol für das Wechselmodell darzustellen. Sowohl die bestärkenden als auch die belastenden Anteile in der Beziehung von Kindern zu ihrem Vater und zu ihrer Mutter empfinden Erwachsene meistens als unumstößliche Gegebenheiten. Erwachsene beschreiben die Charaktereigenschaften ihrer Eltern während ihrer eigenen Kindheit meist als unumstößliche Fakten: der konfliktscheue Vater, die strenge Mutter, der nachsichtige Vater, die liebevolle Mutter. Für Kinder sind die Eigenheiten der Eltern feste Größen, und das ganz unabhängig davon, ob sie diese Anteile mögen oder unter ihnen leiden. Die Persönlichkeiten ihrer Eltern stehen Kindern felsenfest gegenüber, ebenso felsenfest wie ein Haus.
Das oft gebrauchte Symbol der Wechselmodell-Kritik ist aber aus einem noch weiteren Grund irreführend. Es will zeigen, dass Trennungskinder in zwei verschiedenen Welten leben und suggeriert damit, dass Kinder in Regelfamilien in einer einzigen, kohärenten Welt aufwachsen würden. Auch diese Annahme widerspricht jedoch der Wahrnehmung von Kindern und der Art und Weise, woran Erwachsene sich erinnern. Erwachsene sprechen wie selbstverständlich über ihre Mutter und ihren Vater als zwei unterschiedliche Personen. Sie nehmen die Stärken und Schwächen der beiden als Ausdruck ihrer Individualität war. Häufig berichten Erwachsene zum Beispiel, dass sie als Kinder mit einem Elternteil gut über persönliche Dinge sprechen konnten, mit dem anderen aber nicht. Oder: Beim Vater musste immer Ordnung im Kinderzimmer herrschen, bei der Mutter durfte es auch mal unaufgeräumt sein. Alle Kinder mit Kontakt zu beiden Elternteilen leben folglich in Dreiecksbeziehungen, keineswegs nur die Wechselmodell-Kinder. Die Annahme, bei Regelfamilien stehe das Kind einer Einheit aus Eltern gegenüber, ist also falsch. Das gebräuchliche Symbol für das Wechselmodell, zwei Welten und das Kind dazwischen, illustriert also die Lebenswelt aller Kinder.
Die Beziehungen zu den Eltern sind für Kinder die entscheidenden Räume ihres Lebens. Die Charakterzüge von Vater und Müttern sind die Adressen, ihre Eigenheiten die Wohnsitze der Kinder. Wenn man das Symbol des Ortes aufgreifen möchte, sollte man Vater und Mutter als Häuser malen. Die Fenster als Augen, das Dach als Haar, die Haustür als Mund. Arme und Beine hat das Haus nicht, denn die Eltern mit ihren Persönlichkeiten sind in der Wahrnehmung von Kindern ebenso unbeweglich wie ein Haus.

Sabine Zurmühl M.A., Autorin, Filmemacherin, Mediatorin (BAFM). Tätig als Familienmediatorin und Ausbilderin in Berlin. Studium an der FU Berlin – Germanistik, Romanistik, Pädagogik, Mitbegründerin der Frauenzeitschrift Courage, zahlreiche ARD-Film-Dokumentationen im Themenbereich Kulturgeschichte und Psychologie. Veröffentlichungen unter anderem „Was ist Mediation? - Einführung für Klient*innen"; „Rollenspiele - Ein Handbuch mit Übungsfällen für die Mediationsausbildung"; Redaktionsmitglied der Zeitschrift perspektive mediation", Wien.

Gastbeitrag Nummer zwei: von Sabine Zurmühl

Wechselstress und Wechselfreude

In den Möbeln hängen die Erinnerungen. Jedes Wechseln ist Anlass zu innerer erhöhter Aufmerksamkeit: hat er oder sie richtig aufgeräumt, ist etwas liegengeblieben, was ärgert oder schmerzt? Die Pfeife hat er wieder nicht weggeräumt, der Schal liegt da, den ich ihr geschenkt habe. War er etwa mit seiner neuen Freundin hier? Das Sofa ist umgestellt oder gar entsorgt. Darauf haben wir mit den Kindern als Babys gesessen, darauf haben wir uns auch gelegentlich geliebt, das war unsere hohe Zeit, jetzt ist es weg. Die Zimmernutzung ist geändert, hier jetzt das Arbeitszimmer für die Tochter, das Spielzimmer für den Sohn ganz hinten. Warum hat er das nicht mit mir abgesprochen. Oder sie wollte es absprechen: können wir nicht die Zimmer tauschen? Lass wenigstens die Wohnung so, wie sie war. Warum hast du gestern mit den Kindern gekocht? Wir hatten verabredet, dass ich nachmittags mit ihnen Pizza essen gehe und hatte extra einen Tisch bestellt.

Der Hund hat schon gewartet, Du warst wohl zu spät. Wenn du das nicht schaffst, sag es, dann organisieren wir das anders. Der Hund kann doch mal eine halbe Stunde warten. Der war total ruhig. Ich liebe die Spaziergänge mit ihm auch. Du wolltest weg sein, wenn ich komme. Du wolltest nicht mehr da sein, du hast es versprochen, ich war nicht vorbereitet auf die Begegnung mit dir.

Die bei Trennungen mit Kindern notwendigen Absprachen zwischen Eltern zeigen sich beim Wechselmodell vergrößert wie in einem Brennglas. Alles etwas deutlicher, etwas häufiger, etwas direkter, je nach Temperament und innerer Möglichkeit auch entspannter oder stressiger.

Das Wechselmodell ist unterschiedlich in seinen Auswirkungen für Eltern und Kinder. In der Regel können die Kinder nicht wirklich in die Entscheidung einbezogen werden, die Erwachsenen nehmen ihre Verantwortung wahr und wollen den Kindern bei dem möglichen Trauma der Trennung nicht auch noch einen Ortswechsel zumuten. Schule, Freundinnen, geliebte nahe Orte sollen bleiben dürfen.

Das bedeutet für die Kinder oftmals eine Erleichterung, ein Geschenk, eine Mühe, die die Eltern um ihretwegen zeigen und die ihnen guttun kann. Mit dem je unterschiedlich anwesenden Elternteil geht aber für die Kinder auch eine besondere Anforderung einher: das Verhältnis zu Vater und Mutter zeigt sich blanker, deutlicher, wohl manches Mal auch schmerzlicher. Schon zu „friedlichen" Zeiten neigen sich Kinder mehr dem einen oder dem anderen Elternteil zu. In Trennungszeiten gibt es meist eine/n, der/die den Schritt zur Trennung wollte und vollzog, aus Sicht der Kinder (und auch oft des Partners/ der Partnerin) eine „Schuld" auf sich lud. Mit beiden Eltern wollen/ sollen die Kinder nun im Alltag auskommen, beide als gleichermaßen wichtige Autorität akzeptieren, „gehorchen“. Die halbwüchsige Tochter ist der Mutter böse, dass sie auszog, weil sie eine „Auszeit“ brauche, sie nimmt dem Vater übel, dass der eine neue Partnerin hat, sie kann bei beiden Eltern sehr unterschiedliche Ergebnisse bei einer Taschengeldbitte erzielen, immer ist das „aktuelle“ Elternteil allein mit ihr, sie kann tricksen...Der Sohn strengt sich an, bei den Schularbeiten nur mit dem Vater sich helfen zu lassen, mit der Mutter ist es ihm zu nervös. Die Ausflüge mit der Mutter hingegen sind das Tollste, schade, wenn Papa am Sonntag dran ist, bei dem ist es anstrengender, wenn er überhaupt Zeit dafür findet. Diese Liste ist ausbaubar, mit dem Vergehen der Zeit wird sie sich ändern, die Kinder entwickeln sich, die Eltern dürfen beim Wechselmodell oft näher als bei Wochenendregelungen an diesem Prozess nah teilnehmen, sie erleben ihre Sprösslinge zeitnah und können sie in ihren Irrungen und Wirrungen in ihren Lernschritten und auch in ihren chaotischeren Phasen begleiten, für sie da sein, Liebe zeigen.

Für die Eltern bedeutet das Wechselmodell die Anstrengung, trotz Trennung ungetrennt zu sein. Sie müssen sich nicht unbedingt persönlich begegnen, aber sie werden sich der Anstrengung unterziehen müssen, in der Betreuung der Kinder auch immer mit ihrem früheren Vortrennungsleben konfrontiert zu sein. Diese Bewältigung zu leisten, dazu bedarf es eines stabilen Gerüstes in den Absprachen miteinander, in der Erfahrung der Grenzziehung zwischen Vertrautheit und Mitteilungsbedürfnis und der Notwendigkeit, eine Distanz für die Zukunft einzuüben. Die Regel ist ja eine Ungleichzeitigkeit, sich im neuen Leben einzurichten. Eine/r von Beiden geht wahrscheinlich früher eine neue Partnerschaft ein, trauert weniger, ist neugieriger auf das neue getrennte Leben, ist geschickter oder ungeschickter im Blick auf die Zukunft, auf die Lösungen im Alltag, auf den Umgang mit Erinnerungen, und auch ganz praktisch auf die finanziellen Notwendigkeiten. Es kann sich eine Schere entwickeln zwischen den Möglichkeiten, die der gut verdienende Vater im Erfüllen spontaner Wünsche der Kinder hat und den Ressourcen, über die die Mutter verfügt. Wann wird das besprochen? Gibt es einen regelmäßig angesetzten Termin, den das getrennte Paar dennoch wahrnehmen kann, um sich auszutauschen? Was fällt mir an dem Sohn, der Tochter, vielleicht negativ, auf und wäre möglichst ohne Vorwürfe von einer der beiden Seiten anzusprechen? Was ist mit den Großeltern? Welche Regel funktioniert, welche nicht? Was möchte ich neu etablieren, - immer am Sonntag eine bestimmte wiederkehrende Zeremonie – und was möchte ich an Etabliertem ändern?

Dies hinzubekommen, ist eine gewaltige Leistung. Und zwar nicht für ein paar Monate, sondern perspektivisch für lange Zeit, Monate, Jahre. Da braucht es unter Umständen eine begleitende Stimme, ein verständnis-

volles Ohr, sei es im Rahmen einer Mediation oder mit Gesprächen am Küchentisch mit solidarischem Freund und Freundin.
Was können die Vorteile des Wechselmodells sein, die Ressourcen, die aktiviert werden? Das Paar erhält die Chance, den Trennungsprozess in besonderer Weise zu bewältigen. Die gemeinsame Kommunikation will erlernt werden, auf welchem Wege Absprachen getroffen werden, ob schriftlich, telefonisch, per E-Mail – oder eben in der Königsdisziplin, direkt persönlich. Dabei ist durchaus noch zu unterscheiden zwischen den Niederungen der Ebene, beginnt der Unterricht um 4 oder um 5 Uhr? - und der Möglichkeit zu ruhigen, vielleicht regelmäßig verabredeten Gesprächen, einmal die Woche, einmal im Monat, miteinander. Gespräche, in denen es auch einmal zögernder, nachdenklicher zugehen darf, in dem beide sich jeweils äußern dürfen zu dem Erleben des Trennungsgeschehens. Was fällt besonders schwer, was erstaunlich leicht? Wie sind die Wechselbäder zu verkraften, in der alten gemeinsamen Wohnung sich aufzuhalten, die Entwicklung der Kinder zu erleben, vielleicht auch deren zunehmende Selbständigkeit, die als Distanzierung erlebt wird. Wie geht das mit der Situation, immer allein als Elternteil den Kindern zu begegnen, die Unterstützung durch den/ die Zweite/n entfällt, damit aber eben auch ein offener Konfliktbereich. Welche verborgenen Konfliktbereiche bleiben dennoch bestehen, in den Betreuungsentscheidungen, in der Schulwahl, bei Geburtstagsfeiern, im Kontakt mit den Großeltern etc. Es ist mit Sicherheit nicht für alle Paare der richtige Weg, bereits mit dem Beginn des Wechselmodells gemeinsame Gespräche zu suchen. Es kann aber ein gutes Vorhaben sein, irgendwann zu wagen.
Festzuhalten bleibt, dass das Wechselmodell bei allem Charme, den es für die Kinder zu haben scheint, an die Eltern besonders große Anforderungen stellt. Für die Stabilität, die den Kindern mit dem Erhalt nur eines Aufenthaltsortes geschenkt wird, ist von den Eltern ein hoher Preis zu zahlen. Konsens in der Bewältigung des Kinderalltags jeweils neu auszuhandeln, braucht Offenheit und ein gewisses Maß an Souveränität im Umgang mit dem Trennungsgeschehen. Für hochkonflikthafte Paare also, die sich in vielleicht auch in instabilen beruflichen, pekuniären, psychischen, familiären Situationen befinden, mag das Wechselmodell eine Überforderung mit sich bringen, die verschlimmert, statt eine gute Regelung für die Kinder bereitzustellen.
In meiner Mediationspraxis bin ich ebensolchen Paare begegnet, die dann eine andere Regelung für sich fanden, die „klassische“ des Pendelns der Kinder zwischen zwei „Zuhauses“. Ich habe aber auch Paare erlebt, die sich das Wechselmodell sozusagen abverlangten, weil es ihnen für die Kinder richtig schien, die aber damit umso mehr in konflikthafte, hilflose, unsolidarische, ja verzweifelte Situationen gerieten. Und ja, ich habe auch Eltern erlebt, für die das Wechselmodell genau das Richtige war.

So halte ich Vorsicht für geboten. Der Zeitgeist scheint in diesem Modell eine besonders passende heutige kindergerechte „Lösung“ für getrennte Paare anzubieten. Das Wechselmodell hält aber für die Beteiligten auch leicht den Wechselstress bereit, direkt für die Eltern, indirekt aber nicht weniger wirksam für die Kinder. Vielleicht empfiehlt es sich noch am ehesten als Übergangsregelung auf Zeit, die nicht den Ewigkeitsdruck aushalten muss, sondern als kreatives Provisorium gelten kann, in dem die Eltern auch die Option im Auge behalten, aus einem Wechselmodell, so es nicht „passt“, zwei Residenzmodelle zu machen. Es kann erleichternd sein, ein solches Provisorium zu gestalten, wenn das Rettungsnetz einer anderen Regelung auch besprochen ist.
Ermutigung zum Wechselmodell, ja, aber Vorsicht vor Überforderung. Die Kinder brauchen möglichst stabile Eltern, und jedes Paar sollte zu der Freiheit gelangen, eine eigene Regelung zu finden, auch wider den Zeitgeist.

IV. Ausgestaltungsmöglichkeiten

Haben Eltern sich nach der Trennung darauf verständigt, dass sie ihr Kind gleich verantwortlich und ungefähr hälftig in zwei Zuhause betreuen möchten, können sie ganz individuell und frei die Details gestalten, passend zu ihrem beruflichen und privaten Alltag sowie dem Tagesablauf und der Bedürfnisse des Kindes. Zu regeln sind vor allem die ZEITINTERVALLE und ÜBERGABEN. Welche konkreten Punkte für eine umfassende Umgangsvereinbarung zum Wechselmodell erforderlich sind, sehen wir im siebten Kapitel an, wo neben Checklisten auch Muster für Vereinbarungen zu finden sind.

1. Dauer

Als gängig gilt EINE WOCHE bei einem Elternteil, EINE WOCHE beim anderen Elternteil, einige Eltern wählen aber auch kürzere und andere längere Zeiträume, abhängig vom Alter des Kindes und dem Alltag aller Beteiligter. Als Faustformel lässt sich sagen: je kleiner das Kind, desto kürzer sollten die Abstände sein. Dies hat unter anderem mit dessen Zeitempfinden und Bindungsbedürfnisses zu tun. Bei Säuglingen kann stundenweise oder tageweise gewechselt werden, bei größeren Kindern im Zweiwochentakt oder monatlich; bei Jugendlichen im sogenannten „Free Access Model“, also ganz ohne elterliche Vorgaben. Manche Expertinnen schlagen pro Lebensjahr einen Tag vor, dann würde der Wochenwechsel ab Schulbeginn passend sein. Bei mehreren Kindern können diese in unterschiedlichen Rhythmen wechseln, gegebenenfalls wegen eines größeren Altersunterschieds und entsprechendem Zeitempfinden, aus organisatorischen Gründen, oder weil jedes Kind mit jedem Elternteil auch alleine Zeit haben soll. Es gibt auch Paare, bei denen ein Kind im Wechselmodell lebt und das andere im Residenzmodell.

Kommt einem Kind oder dem anderen Elternteil die Zeitspanne sehr lange vor, im Alltag oder in den Ferien, dann gibt es die Möglichkeit von Zwischendurchkontakten. Damit ist gemeint, dass das Kind und der nicht anwesende Elternteil in Kontakt treten, telefonisch, per Video - Call oder sich treffen. Manche Eltern handhaben dies spontan, andere beschließen hierfür klare Regelungen, zum Beispiel feste Termine, wie zum Beispiel jeden Abend vor dem Abendessen telefonieren oder immer mittwochs gemeinsam auf den Spielplatz gehen. Oder sie vereinbaren, dass die Initiative für Kontaktaufnahme vom Kind ausgehen kann, es aber nicht muss, und ansonsten nur Kontakte in besonderen Situationen erfolgen, zum Beispiel wenn das Kind krank ist, das Zeugnis bekommen hat oder Ähnliches.

Eltern-Tipp Nummer eins: Online-Kalender
Viele Eltern, die nicht wochenweise oder an festen Tagen wechseln können oder wollen, zum Beispiel, weil dies aufgrund freiberuflicher unregelmäßiger Tätigkeit nicht geht, führen gemeinsam einen Kalender, in den jeder rechtzeitig seine Betreuungsmöglichkeiten einträgt. Zusätzlich können dort auch andere wichtige Termine und Veranstaltungen des Kindes festgehalten werden, zum Beispiel Arztbesuche oder Schulfeste. Hierfür werden extra Elternkalender angeboten, es können aber auch allgemeine Online Kalender genutzt werden.

2. Dritte Person/Ort

Bei den meisten Trennungsfamilien wechseln die Kinder von einem Elternteil zum anderen, entweder durch direkte Übergaben oder über Kita/Schule/Hort. Letzteres hat den Vorteil, dass die getrennten Eltern nicht direkt aufeinandertreffen und den Nachteil, dass eine Lösung für etwaiges Gepäck gefunden werden muss, insbesondere wenn es sehr viel ist, zum Beispiel Musikinstrument und Haustier. Oder, wenn das Kind noch recht klein ist und ihm nicht allzu viel mitgeben werden kann. Und es muss eine verlässliche und funktionierende Regelung für die Tage gefunden werden, an denen der neutrale Übergabeort nicht zur Verfügung steht, weil geschlossen ist oder das Kind wegen Krankheit nicht hingehen kann. Manche Eltern übergeben persönlich aber lieber an einem dritten (neutralen) Ort. Dies kann ein Café sein oder im Park, eine Autobahnraststätte oder bei einer anderen Person, zum Beispiel gemeinsamen

Freunden oder Verwandten. Als Beweggrund steckt dahinter oft die Scheu beziehungsweise Abneigung, die Wohnung des anderen zu betreten, zum Beispiel, weil es sich um das ehemalige gemeinsame Zuhause handelt oder weil der andere Elternteil dort mit neuem Partner lebt.

Eine andere Möglichkeit besteht darin, zwischen der Zeit bei dem einen Elternteil und der Zeit beim anderen Elternteil noch einen Aufenthalt, mit oder ohne Übernachtung, bei einer dritten Person einzubauen. Gründe kann es hierfür ganz unterschiedliche geben: diese Person kann als eine Art „Puffer" dienen, um den Übergang zwischen den beiden Eltern - Welten zu erleichtern. Hierfür eignen sich beispielsweise Großeltern oder Paten. Diese können zugleich Betreuungslücken schließen für solche Tage, an denen die Eltern beide regelmäßig lang arbeiten müssen, zum Beispiel, weil beide Ärzte sind und ihre Praxen donnerstags bis 20 Uhr geöffnet bleiben. Betreuungslücken können auch bezahlte Personen wie Tagesmütter oder Babysitter überbrücken, mit oder ohne Übernachtung. Eine Familie, mit der wir gesprochen haben, wechselt immer Donnerstag von einem Elternteil zur Großmutter und am Freitag von der Großmutter zum anderen Elternteil. Wir wissen von zwei Müttern, die mithilfe einer künstlichen Befruchtung zwei Kinder bekamen, dass diese Kinder nach der Trennung im Wochenwechsel zwischen ihnen beiden wechseln und dazwischen den Sonntag beim leiblichen Vater verbringen.

Eine ungewöhnliche Ausgestaltung, die zur ganz besonderen Lebens- und Arbeitssituation einer Familie passt, schildern wir bereits hier (siehe › Seite 56): Der Vater arbeitet immer nachts und betreut wochentags tagsüber die Kinder, die er abends dann zur tagsüber arbeitenden Mutter bringt, wo sie übernachten. Bei einem anderen Elternpaar sind beide Filmschauspieler und im Jahr mehrere Wochen am Stück unterwegs wegen Dreharbeiten. Sie verabreden, ihre Film-Engagements so abzugleichen, dass sie nie gleichzeitig arbeiten und immer, wenn einer dreht, der andere die Kinder nimmt. Etwaiges zeitliches Ungleichgewicht wird in den Ferien ausgeglichen, sodass die Eltern über das Jahr verteilt auf eine zeitlich hälftige Betreuung kommen. Die Kinder sind diese Verteilung von klein auf gewohnt, auch schon aus der Zeit vor der Trennung, und kommen gut damit klar.

Solange Eltern sich EINIGEN, sind sie im Rahmen des Kindeswohls FREI IN IHRER AUSGESTALTUNG und können INDIVIDUELLE UND UNGEWÖHNLICHE UMGANGSMODELLE finden, die für ihre Familie, für beide Elternteile und das Kind, in der momentanen Situation ideal passen. Dazu möchten wir Eltern ausdrücklich ermutigen, denn passende Umgangsmodelle stellen das zentrale Fundament der Familie dar. Sie können die ohnehin schon herausfordernde Zeit nach einer Trennung erleichtern und ein neues, schönes Familienleben möglich machen.

Erfahrungsbericht Nummer neun

„Da unser Sohn erst 1 ½ und damit noch relativ klein war, entschieden wir uns für einen Wechsel alle zwei Tage. Das führte jedoch dazu, dass wir einander weiterhin mehrmals pro Woche bei den Übergaben sahen. Gerade in der ersten Zeit nach der Trennung ergab dabei oft ein Wort das andere und wir gerieten wieder in Streit. Außerdem empfanden wir es beide als schmerzhaft, uns in gewohntem Umfeld zu sehen, ohne weiterhin ein Paar zu sein. Was uns half, war, die externe Kinderbetreuung für die Übergaben zu nutzen. So brachte einmal ich unseren Sohn in die Kindertagesstätte und mein Ex-Partner holte ihn mittags dort ab oder umgekehrt. Ließ sich die persönliche Begegnung nicht vermeiden, trafen wir uns an neutralen Plätzen wie einem Supermarkt, in dem mein Ex-Partner als „Übergangsritual" noch eine Kleinigkeit mit unserem Sohn einkaufen ging. Strittige Themen schnitten wir bei der Übergabe möglichst nicht mehr an, sondern versuchten sie per Telefon oder Kurznachricht zu klären. Für unseren Sohn überlegten wir uns feste Rituale, die er bald mit „Mama-Haus" und „Papa-Haus", wie er unsere Wohnungen nannte, verband. Auch blieben wir weiterhin im Austausch über seine Erziehung und konnten uns dabei zum Glück auf grundlegende Werte einigen." Siehe › Seite 240.

3. Regelungspunkte: Wechseltag, Übergabe, Verantwortlichkeiten

WECHSELTAG

Wechseltag ist bei vielen Trennungsfamilien der Freitag oder Samstag, damit man sich über das Wochenende in Ruhe wieder aneinander gewöhnen kann, bevor der Alltag erneut am Montag beginnt. Manche Familien wechseln auch am Sonntag, das sind in aller Regel diejenigen, die eine persönliche Übergabe bevorzugen. An diesem Tag hat man viel Zeit und Ruhe und kann den Wechsel mit gemeinsamer Familienzeit verbinden, mit Kaffee und Kuchen, einem kleinen Ausflug oder einem gemeinsamen Abendessen.

ÜBERGABE/WECHSEL/ÜBERGANG
Vier Arten von Übergabe können unterschieden werden:

- persönliche Übergabe: abholen oder hinbringen
- an einem neutralen Ort (zum Beispiel Café, Großeltern)
- durch einen neutralen Ort (Kita, einer bringt hin und der andere holt ab)
- selbständiger Wechsel (größere Kinder).

Die Übergabe kann direkt zwischen den Eltern erfolgen, über Kita oder Schule beziehungsweise Hort oder über eine dritte Person, gegebenenfalls sogar, wie eben besprochen mit einem ganzen Tag beziehungsweise einer Übernachtung bei einer anderen Bezugsperson.

Erfolgt die Übergabe persönlich, dann kann es sinnvoll sein, bestimmte REGELN zu etablieren oder ROUTINEN festzulegen. So kann es hilfreich sein, dass beide Eltern sich auf den Wechsel des Kindes zum anderen fokussieren, nur kurz über Tagesaktuelles informieren (Kind hat keinen Mittagsschlaf gehalten, ist erkältet, hat heute noch nichts gegessen) und etwaige STREITTHEMEN und GRUNDSATZDEBATTEN VERMEIDEN. Als Routine wählen manche Trennungseltern, dass man gemeinsam Kaffee trinkt oder zu Abend isst, was den Übergang für das Kind vereinfachen kann und die weiterhin bestehende gemeinsame Basis als Familie betont. Dies ist aber nur sinnvoll, wie jede gemeinsame Familienzeit, wenn es für beide Eltern angenehm ist und harmonisch abläuft. Fühlt sich ein Elternteil in dieser Situation sehr unwohl, braucht er noch Abstand oder kommt es schnell zu Streitereien, dann ist eine Übergabe über einen neutralen Ort oder eine neutrale Person derzeit noch die passendere Variante und können persönliche Übergaben zu einem späteren Zeitpunkt erneut versucht werden.

Im Rahmen der Übergabe sollte auch besprochen werden, was mit dem Kind mitwandert und was es doppelt gibt. Mitwandern beispielsweise in aller Regel Schul- und Sportsachen, Musikinstrumente und bei manchen sogar Haustiere. Mitwandern sollten auch das Busticket und die Gesundheitskarte sowie andere wichtige Unterlagen, zum Beispiel der Allergiker-Pass. Eine Checkliste, was bei der Übergabe des Kindes von einem Elternteil zum anderen beachtet werden kann, finden Sie im siebten Kapitel.

Eltern-Tipp Nummer zwei: Umgangstagebuch
Eltern, die nicht direkt kommunizieren, können wichtige aktuelle Informationen mithilfe eines Buches übermitteln, das entweder mit dem Kind mitwandert, im Kinder-Rucksack oder in der Schultasche, oder online geführt wird. Darin steht beispielsweise, was das Kind die letzten Tage erlebt hat, Informationen zu Gesundheit und Ernährung, sowie wichtige Termine in der anstehenden Umgangszeit.

VERANTWORTLICHKEITEN
Manche Eltern teilen sich die Betreuung nicht (nur) strikt nach Zeit auf, sondern thematisch nach Verantwortlichkeiten. So wie sie es gegebenenfalls schon vor der Trennung gelebt haben, dass jeder Elternteil nach seinen Fähigkeiten und Neigungen in der Familie und mit den Kindern bestimmte AUFGABEN übernimmt. Dies kann nach einer Trennung fortgeführt oder mit trennungsbedingten Veränderungen neu aufgestellt werden. Solche Eltern einigen sich beispielsweise auf einen wöchentlichen Wechsel immer freitags, und zusätzlich geht die Mutter mit der Tochter jede Woche unabhängig vom Umgang zum Sport, der Vater mit dem Sohn immer zur Musikschule. Oder der eine Elternteil kümmert sich in allen Schulwochen um die Hausaufgaben in Mathematik und Naturwissenschaften und der andere immer um die sprachlichen und musischen Fächer.

Weitere Regelungspunkte stellen wir in einer Checkliste (siehe › Seite 248) zusammen und finden sich auch in den dortigen Mustervereinbarungen (siehe › Seite 255).

Zusammenfassung

Nach der Lektüre dieses Kapitels wissen Sie Folgendes:

- ☐ Was Umgang eigentlich ist
- ☐ Welche Umgangsmodelle es gibt
- ☐ Das Wechselmodell und seine Abgrenzung zu anderen Umgangsmodellen
- ☐ Vorteile und Nachteile des Wechselmodells
- ☐ Welche Regelungspunkte zu beachten sind, damit das Wechselmodell in der Praxis klappt
- ☐ Außergewöhnliche Konstellationen im Wechselmodell.

Fallbeispiele und Interviews

Dieses Kapitel stellt Beispiele aus der Praxis des Wechselmodells vor sowie Interviews mit Eltern und Kindern, die über ihre Erfahrungen mit dem Wechselmodell sprechen.

3. Fallbeispiele und Interviews

I. Einführung

Wie auch in unserem Ratgeber „Guter Umgang für Eltern und Kinder" begeben wir uns mithilfe von Fallbeispielen auf die Spur, um relevante Fragen zum Wechselmodell auszuloten und zur Diskussion zu stellen. Diese Fallbeispiele sind stark aus unserer beruflichen Praxis inspiriert. Wir nehmen uns an einigen Stellen die Freiheit, sie für unsere Zwecke so anzupassen, dass Sie bei der Lektüre den größten Nutzen haben - selbstverständlich stets auch mit Blick auf den Schutz der Privatsphäre der Trennungsfamilien. Ergänzend sammeln wir im siebten Kapitel selbst geschriebene Berichte von Trennungseltern, die uns während der Arbeit an diesem Buch zur Verfügung gestellt wurden. Mit unseren Fallbeispielen wollen wir geglückte Wechselmodell-Konstellationen in Familien nach einer Trennung darstellen, mit der Idee, dass diese Beschreibungen gelungener Trennungen und Umgangsmodelle Ihnen als Orientierung dienen, wie Sie es schaffen können, weder selbst unglücklich zu werden noch Ihre Kinder zu belasten. Zum Abschluss dieses Kapitels freuen wir uns, Ihnen ein komplettes Familieninterview vorstellen zu können, das wir acht Jahre nach der Trennung der Eltern führen durften.

Ein roter Faden durch die ersten vier Fallbeispiele ist das steigende Alter der Kinder, verbunden mit den entsprechend DIFFERENZIERTEN BEDÜRFNISSEN, die jeweils im Vordergrund stehen - und die Spiegelung an grundlegenden Bedürfnissen der Erwachsenen. Denn auch Eltern haben Bedürfnisse, und diese unterscheiden sich durchaus von den kindlichen. In einigen Interviews, die Fallbeispielen folgen, beschreiben Eltern sehr anschaulich, auf welche Weise sie versuchen, eine gute Bedürfnisbalance für die gesamte Familie zu finden.

II. Fallbeispiele

Fallbeispiel eins: der zweijährige Anton und das Thema Bindung
Regine und Michael Hansen trennen sich, als ihr Sohn Anton zwei Jahre alt ist. Nach einer kurzen Zeit, in der sie das Besuchsmodell ausprobieren, verständigen sie sich darauf, zusammen mit Anton das Wechselmodell zu leben. Beide sind berufstätig, Regine als freischaffende Schauspielerin, Michael als freier Architekt. Die Familie ist finanziell so weit abgesichert,

dass beider Einkommen dafür ausreicht, dass Michael ausziehen und eine zweite Wohnung finanzieren kann, finanziell und angesichts der Wohnungssituation in vielen Großstädten überhaupt keine Selbstverständlichkeit. Diese neue Wohnung ist nicht mehr als zwei Kilometer von der bisherigen gemeinsamen Wohnung entfernt, die jetzt weiterhin von Mutter und Kind bewohnt wird. Die Eltern einigen sich darauf, dass Anton wöchentlich von einer Wohnung in die andere wechselt - als grundlegendes Modell. Dazu vereinbaren sie, dass sie weitere Absprachen nach Bedarf treffen, zum Beispiel wenn Regine wegen eines Filmdrehs verreisen muss. Dann wollen sie spontan entscheiden, ob Michael für diese Zeit zurück in die alte Wohnung kommt und dort mit Anton lebt, oder ob Anton in dieser Zeit bei ihm wohnt. Manche Freunde sagen zu Michael, dass er sich von Regine ausnutzen lasse. Manche Freundinnen sagen zu Regine, dass sie egoistisch sei und jetzt mehr für ihr Kind da sein müsse, und daher weniger arbeiten solle. Anton kennt diese Art der Betreuung auch schon aus der Zeit vor der Trennung, also, dass ungefähr zur Hälfte Papa und zur Hälfte Mama für ihn da sind. Manchmal waren bisher auch seine Großeltern mütterlicherseits in der Wohnung, wenn beide Eltern arbeiten mussten.

Wir wollen mit diesem Beispiel vor allem den Aspekt Bindung untersuchen. Was bedeutet Bindung eigentlich für den zweijährigen Anton, und was ist für die Eltern in diesem Zusammenhang wichtig?

Bindung und Bedürfnisse im Kindesalter
Largo/Czerny, Seite 52:

„Das Kind bindet sich in den ersten Lebensmonaten an jene Personen, die seine Bedürfnisse befriedigen. Grundsätzlich kann sich das Kind an jede erwachsene Person binden. Nach einigen Monaten ist das Kind an seine Eltern so stark gebunden, dass sich ein ausgeprägtes Anhänglichkeitsverhalten entwickelt hat. Das Kind sucht bei ihnen Nähe, Schutz und Zuwendung. Trennungsangst und Fremdeln gegenüber unvertrauten Personen binden das Kind zusätzlich an die Eltern. Das Kind kann sich bereits im ersten Lebensjahr an mehrere Bezugspersonen binden....Nach dem fünften bis siebten Lebensjahr binden sich die meisten Kinder weit weniger stark als in den ersten Lebensjahren, beispielsweise wenn sie erst in diesem Alter adoptiert werden. In der Pubertät schließlich löst sich die kindliche Bindung so weit auf, dass der junge Erwachsene seine Eltern verlassen und seine eigene Familie gründen kann. Dabei binden sich nicht alle Kinder gleich stark. Manche Kinder haben ein größeres Bedürfnis nach Nähe und Geborgenheit als andere. Die Anforderungen, die an eine Bezugsperson gestellt werden, sind also von Kind zu Kind unterschiedlich...."

Regine und Michael haben sich dazu belesen, was ihr Sohn nach der Trennung braucht, und wie sie diese Bedürfnisse in einem Umgangsmodell am besten befriedigen können. Gleichzeitig ist beiden wichtig, dass sie weiterhin ihrer Berufstätigkeit nachgehen können, das heißt ihnen ist das eigene Bedürfnis nach Entwicklung bewusst. Regine verspürte darüber hinaus immer schon einen starken Drang nach Unabhängigkeit, was sich in ihren jungen Erwachsenenjahren darin ausgedrückte, dass sie alleine zwei lange Weltreisen unternahm. Bereits im Zusammenleben unter einem Dach konnten die Eltern erproben, wie die unterschiedlichen Bedürfnisse aller gleichermaßen Raum haben dürfen, wobei sich nach der Geburt Antons dessen grundlegenden Bedürfnisse in den Vordergrund schoben. Zum Beispiel verzichtete Regine für ungefähr ein Jahr darauf, Auslandsengagements anzunehmen, und Michael verzichtete darauf, am Wochenende zu arbeiten und reduzierte sein Auftragsvolumen als Architekt insgesamt. Zum Zeitpunkt der Trennung sah die Betreuungssituation für Anton so aus, dass beide Eltern ungefähr hälftig die Zeit mit ihm verbrachten. Im letzten halben Jahr, seit Anton in den Kindergarten geht, hat sich ein Verhältnis von 55 % zu 45 % eingependelt, Anton verbringt etwas mehr Zeit bei Michael. Die Eltern beschließen, dass sie dieses Verhältnis ungefähr beibehalten wollen. Angemerkt sei hier, dass dieses Betreuungsverhältnis nach wie vor untypisch in Deutschland ist. Michael ist ein äußerst präsenter Vater - der er auch sein will. Regine wiederum ist in der Lage, ohne schlechtes Gewissen, nur knapp die Hälfte der Betreuungszeit für Anton zu übernehmen. Trotz kritischer Stimmen von außen entscheiden sich die Eltern für dieses Modell und vereinbaren, dass sie dabei Anton gut im Blick behalten werden. Anton ist es gewohnt, dass selten beide Eltern gleichzeitig für ihn da sind. Das waren auch bereits vor der Trennung rare Momente, wenige Stunden am Wochenende. Für ihn ändert sich somit bezüglich der Betreuung nicht viel. Der entscheidende Unterschied besteht für ihn darin, dass er seinen Vater in einer neuen Wohnung sieht. Diese neue Wohnung findet er spannend. Michael hat ihm dort ein Kinderzimmer eingerichtet, in dem sich auch vertraute Spielsachen befinden. Die Wechsel finden in der Regel am Wochenende Sonntagmittag statt. Anton zeigt keine Irritation über seine beiden Wohnorte. Er erlebt eine ähnliche Betreuung wie vor der Trennung. Beide Eltern suchen seit der Trennung noch mehr Nähe zu ihrem Sohn, weil sie ihn beide manchmal sehr vermissen. Anton hat zu seinen Eltern eine gleichermaßen starke Bindung, daneben hat er auch noch eine solide Bindung zu den Eltern von Regine, vor allem zum Großvater. Die Großeltern sieht Anton ähnlich häufig wie vor der Trennung. Bezogen auf seine Bindungen bedeutet dies, dass ihm alle bis dahin wichtigen Bezugspersonen erhalten bleiben, und zwar in ähnlichem Umfang wie vor der Trennung. Dies ist ein entscheidender Aspekt für Antons Wohlergehen. Anton hat das Glück, dass beide Eltern es geschafft haben, eine tiefe Beziehung zu ihm einzugehen. Auf dieser Basis ist es Regine und Michael möglich, eine wechselnde Betreuung mit ihm zu organisieren, obwohl er noch sehr jung ist. Den Eltern glückt es auch, ihre eigenen Bedürfnisse erstens wahrzunehmen und zweitens in das Familienleben zu integrieren. Manche Leser mögen es egoistisch finden, dass Regine und Michael so sehr auf sich selbst achten. Anton jedoch genießt die konstante Nähe und Zuneigung durch seine Eltern, die sie eben auch deshalb aufbringen können, weil sie ihre eigenen Bedürfnisse NICHT MISSACHTEN und in der Folge ausgeglichener mit Anton umgehen können. Stellen Sie sich Regine und Michael in einem familiengerichtlichen Verfahren vor, welches sie nicht überschauen können. Trotz neuerer Tendenzen zu einer paritätischen Betreuung beschließen Gerichte überwiegend immer noch Residenzmodelle, das heißt das Kind soll überwiegend meist bei der Mutter leben, der Vater bekommt ein regelmäßiges Umgangsrecht. In diesem Fall würde also Regine Anton hauptsächlich betreuen, Michael würde zum Beispiel alle 14 Tage von Samstag bis Sonntag Anton sehen. Während eine gerichtliche Entscheidung für andere Eltern der einzig möglich erscheinende Weg einer Klärung sein kann, wäre hier ein Beschluss, der nicht zur Lebensrealität der Hansens passen würde, nicht hilfreich. Und das Wohl Antons wäre wahrscheinlich beeinträchtigt, weil er seinen Vater als konstante Bezugsperson, an die er stark gebunden ist, zeitweise verlieren und eine unzufriedene Mutter „gewinnen" würde. So wie Regine und Michael selbständig eine gute Lösung für ihr Leben nach der Trennung finden, so gelingt dies glücklicherweise der Mehrheit aller sich trennenden Eltern.

Fallbeispiel zwei: der vierjährige Max und das Thema Bezugspersonen
Antonia und Gregor Clausen trennen sich, als Max vier Jahre alt ist. Max geht seit zweieinhalb Jahren gern in die Kita. Während des elterlichen Zusammenlebens sah der Familienalltag so aus, dass Antonia überwiegend die Betreuung von Max übernommen hatte. Antonia ist Sozialarbeiterin bei einem Träger der Jugendhilfe und befand sich zuerst im Mutterschutz, dann in Elternzeit. Im Moment geht sie halbtags arbeiten. Gregor ist selbständiger Dolmetscher und bekommt häufig kurzfristige Aufträge, die sich über mehrere Tage strecken können, an denen er dann nicht zu Hause übernachtet. Zu den Großeltern mütterlicherseits hat Max eine starke Bindung, weil sie seit seiner Geburt sehr präsent in seinem Leben sind. Seine Eltern beschließen, dass sie das wöchentliche Wechselmodell ausprobieren wollen. Gregor findet eine Wohnung in der unmittelbaren Nähe, in der er ein Kinderzimmer für Max einrichtet. Gregor möchte nach der Trennung mehr Zeit mit seinem Sohn verbringen. Außerdem will er Antonia entlasten, damit sie wieder Vollzeit arbeiten gehen kann, was sie sich wünscht. Zu Beginn

klappt die Regelung für Max gut. Max hat viele Freunde und bringt diese oft mit - sowohl zu Antonia als auch zu Gregor. Nach einiger Zeit bemerkt Gregor jedoch, dass Max seine Mutter zunehmend vermisst. Max fragt immer häufiger und früher in der Woche, wann er wieder zu Mama gehen könne, die er als seine wichtigste Bezugsperson braucht. Obwohl Gregor sich sehr um Max bemüht und wirklich für ihn da ist, ändert das nichts daran, dass Max seine Mutter sehr vermisst.

In unserer Praxis sprechen wir oft von Bezugspersonen für Kinder. Doch was bedeutet dieser Begriff eigentlich genau? Und was folgt daraus für die Situation, in der sich Max und seine Eltern befinden?

Die Bindung eines Kindes hängt vor allem davon ab, wieviel Zeit eine Bezugsperson mit ihm verbringt. Das Wohlbefinden eines Kindes hängt davon ab, wie hoch die Qualität der Fürsorge ist, und was für eine Beziehung die Bezugsperson zu ihm hat.

Eigenschaften einer Bezugsperson

Eine Bezugsperson zeichnet sich durch folgende Eigenschaften aus (nach Largo/Czerny, Seite 51):

- Eine Bezugsperson muss die körperlichen Bedürfnisse eines Kindes befriedigen.
- Für das psychische Wohlbefinden gibt die Bezugsperson dem Kind Geborgenheit und Zuwendung.
- Eine Bezugsperson gestaltet die Umgebung, in der das Kind lebt, so, dass sich das Kind Fähigkeiten und Wissen aneignen kann.
- Eine Bezugsperson ist dem Kind durch gemeinsame Erfahrungen vertraut.
- Eine Bezugsperson ist verfügbar. Wenn das Kind ein Bedürfnis hat, ist die Bezugsperson da.
- Eine Bezugsperson ist verlässlich und geht mit dem Kind immer gleich um.
- Eine Bezugsperson geht auf die individuellen Bedürfnisse des Kindes feinfühlig ein.

Vorteilhaft ist es, wenn Kinder über mehr als eine Bezugsperson verfügen. So werden sie beziehungsfähiger, lernen von unterschiedlichen Vorbildern und bekommen mehr Erfahrungsmöglichkeiten. Wichtig ist darüber hinaus auch noch, dass ein Kind spürt, dass die Eltern einer anderen Bezugsperson (zum Beispiel der Großmutter, dem Erzieher in der Kita) vertrauen. In diesem Fall sind für Max die engsten Bezugspersonen seine Mutter, seine Großeltern mütterlicherseits, sein Erzieher im Kindergarten und dann erst sein Vater. Max ist es von vor der Trennung gewohnt, dass sein Vater lange Zeit nicht anwesend war, weil er arbeiten musste. Max ist sehr eng an seine Mutter gebunden und an seine Großeltern, die seit seiner Geburt konstant da waren. Max hat auch schon etliche Male bei den Großeltern übernachtet, ohne dass Antonia mit dabei war. Der Wunsch Gregors, nach der Trennung mehr Zeit mit Max zu verbringen, ist verständlich. Es wäre wünschenswert, wenn Gregor seine Beziehung zu Max vertiefen könnte, um zu einer STARKEN BEZUGSPERSON für ihn zu werden. Im Moment ist dies jedoch noch nicht der Fall. Gregor und Antonia tauschen sich über Maxs Situation aus. Sie überlegen, ob sie mit ihrem Sohn darüber sprechen sollten, entscheiden sich jedoch dagegen. Sie haben beide den Eindruck, dass Max noch nicht nachvollziehen kann, was eine Trennung bedeutet und wollen ihn nicht mit Erklärungen belasten, die er nicht versteht. Schließlich einigen sie sich darauf, dass Gregor Max zukünftig an jedem Wochenende betreut, indem er ihn freitags aus der Kita abholt und Sonntagabend zurück zu Antonia bringt. Diese Idee erzählen sie Max gemeinsam. Max gefällt die Idee vom „Papa-Wochenende". Außerdem vereinbaren die Eltern, dass Max seine Mutter anrufen kann, wenn er das Bedürfnis danach verspürt. Diese Vereinbarung wird von außen zum Teil kritisch betrachtet. Freunde von Antonia sagen, dass Gregor sich vor seiner Verantwortung als Vater drücke. Er solle einfach einen entsprechenden Kurs belegen, dann würde er schon lernen, was nötig wäre, um Max paritätisch zu betreuen. Freunde von Gregor sagen, er solle auch mal an das Thema Kindesunterhalt denken, den er zahlen müsse, wenn Max nicht mehr nahezu hälftig bei ihm wohne. Max gefällt die neue Regelung. Er entspannt sich sichtbar und akzeptiert nach und nach Gregor als dauerhafte Bezugsperson am Wochenende. Die Beziehung zwischen Vater und Sohn vertieft sich dadurch allmählich. Die Eltern vereinbaren, in einem Vierteljahr zu schauen, ob sie einen weiteren Versuch mit dem Wechselmodell starten können.

Fallbeispiel drei: der vierjährige Olaf, die siebenjährige Anna und das Thema Patchwork

Im ersten Kapitel beschreiben wir, dass der Familienbegriff sich in den letzten Jahren erweitert hat. Die gesellschaftliche Akzeptanz unterschiedlicher Lebensformen ist größer geworden. Besonders in den Großstädten praktizieren wir inzwischen sehr unterschiedliche Arten des Zusammenlebens, die friedlich nebeneinanderstehen können. Wir werden in der Regel nicht (mehr) schief angesehen, wenn wir erklären, dass wir mit unserem neuen Partner und dessen Kindern zusammenleben, und dass sich die „Großfamilie" mit sämtlichen Ex-Partnern und neuen Partnerinnen zweimal im Jahr zu einer Feier trifft. Beate und Thomas trennen sich, als Olaf drei und Anna sechs Jahre alt sind. Beide Eltern leben ein Jahr nach der Trennung mit neuen Partnern zusammen, die auch

Kinder haben. Der neue Partner von Beate, Peter, hat zwei Söhne im Alter von zehn und elf Jahren, die mit ihm zusammenleben und ihre Mutter alle 14 Tage am Wochenende sehen. Beate, Peter und die Söhne leben zusammen in Peters Wohnung. Der vierjährige Olaf und seine siebenjährige Schwester Anna wechseln alle 14 Tage von der Mutter zum Vater und umgekehrt. Anna und Olaf finden es aufregend, dass sie plötzlich neue Geschwister haben. Zwar interessieren sich die Jungs des neuen Partners von Beate wegen des großen Altersunterschieds nicht so sehr für sie und haben viele eigene Freunde, doch sie sind freundlich zu ihnen. Und Anna und Olaf mögen die großen Abendbrot-Runden, wenn alle gemeinsam am Tisch sitzen und viel (durcheinander) gesprochen wird. Wenn Anna und Olaf bei ihrem Vater sind, genießen sie hingegen die gesamte Aufmerksamkeit und intensive Betreuung, die Thomas ihnen bietet. Und seine neue Partnerin, Silke, finden sie auch sehr nett. Silke ist ihnen gegenüber eher zurückhaltend und mischt sich nicht ein, wie Thomas seine Kinder erzieht. Silke selbst hat einen 17-jährigen Sohn mit einer geistigen Behinderung, der in einer WG in einer anderen Stadt lebt. Dessen Vater ist vor zwei Jahren an einer Krankheit gestorben. Der Kontakt zu ihrem Sohn ist unregelmäßig, weil ihr Sohn das so will. Sie besucht ihn ungefähr alle 14 Tage am Wochenende für einen Tag in seiner WG, manchmal jedoch sieht sie ihn auch einen ganzen Monat lang nicht. Thomas hat den Eindruck, dass er durch die Trennung von Beate etwas gewonnen hat: bessere Zeit mit seinen Kindern. Das letzte Jahr vor der Trennung war für alle Beteiligten sehr anstrengend gewesen, es gab viel Streit. Jetzt freut Thomas sich sehr auf die Zeit mit seinen Kindern. Und er vermisst sie, wenn sie nicht da sind. Die Kinder dürfen ihn zwischendurch anrufen, wenn sie bei Beate sind, und umgekehrt. Anna fehlen manchmal ihre Freunde, wenn sie bei Thomas ist. Zwar liegen die Wohnungen nicht mehr als drei Kilometer voneinander entfernt, doch für die meisten Freundinnen Annas sind drei Kilometer zu weit. Außerdem treffen sich die Schulfreundinnen in der Regel bei Luise, und die wohnt noch ein Stück weiter weg von Thomas' neuer Wohnung. Thomas merkt, dass Anna ihre Freundinnen vermisst und bietet an, in seiner Wohnung eine große Freundinnen-Party zu veranstalten, damit Annas Freundinnen wissen, wo sie die Hälfte der Zeit lebt. Anna stimmt dieser Idee begeistert zu. Silke fragt Thomas, ob sie dann nicht in der Wohnung sein soll. Thomas und Anna verneinen dies und freuen sich im Gegenteil darauf, dass die Freundinnen auch Silke kennenlernen. Durch die behutsame Annäherung von Thomas' neuer Freundin gewinnt sie Annas Vertrauen und wird für sie mit der Zeit zu einer wichtigen WEITEREN BEZUGSPERSON. Olaf ist es manchmal zu viel, dass Silke ständig da ist. Er möchte seinen Vater immer wieder mal für sich allein haben - und sagt das auch. Das ist für Silke nicht einfach, weil sie gern mit Thomas und den Kindern zusammen ist. Olaf erzählt Regine davon. An einem „schlechten" Tag sagt er einmal, dass er die neue Freundin von Papa „doof" fände. Beate spricht daraufhin mit Thomas, und die Erwachsenen vereinbaren ein gemeinsames Gespräch zu diesem Thema - also auch zusammen mit den neuen Partnern. So könne man sich auch gleich mal kennenlernen, meint Beate. Dieses Gespräch verläuft gut und sie beschließen, dass Olaf extra „Papazeit" erhalten wird. Alle vier Wochen bekommt er das Wochenende für sich und seinen Papa reserviert. Anna kann entscheiden, ob sie in dieser Zeit bei Beate sein will oder mit Silke. Das verlangt von allen Beteiligten eine hohe FLEXIBILITÄT ab, sowie die Fähigkeit, spontane Absprachen zu treffen.

Die Eltern fühlen sich mit ihren neuen Partnern wohl, und auf dieser Basis gelingen die Gespräche entspannt und die Absprachen klappen. Nicht bei allen Trennungsfamilien verlaufen solche Veränderungsprozesse reibungslos. Würde zum Beispiel Anna die neue Freundin von Papa nicht mögen, wäre vieles komplizierter. Würde Beate massiv in die Erziehung der Söhne ihres neuen Partners eingreifen, würden die Jungs ihr vielleicht deutlich zu verstehen geben, dass sie das zu unterlassen habe. Wie wäre es, wenn nicht beide neue Partner hätten? Wenn Thomas 14 Tage ohne seine Kinder wäre - und ohne neue Partnerin? Alte Freunde von Thomas melden sich seit einiger Zeit nicht mehr, weil Thomas nie Zeit hat. „Entweder sind die Kinder bei dir oder die neue Freundin" werfen sie ihm vor. Thomas bedauert, dass sein Freundeskreis sich verändert. Er verliert alte Freunde, die nicht mehr zu seiner aktuellen Lebenssituation passen. Dafür versteht er sich mit dem neuen Partner Beates richtig gut und weiß seine Kinder bei ihm in guten Händen. Er hatte sogar schon einmal Lust, sich allein mit Peter zu treffen, hat dann jedoch im letzten Moment doch darauf verzichtet, weil es sich irgendwie seltsam anfühlte.

Beate arbeitet im Schichtdienst bei der Polizei. Das Zusammenleben mit Peter und die Umgangsregelung mit Thomas ermöglichen es ihr, Vollzeit zu arbeiten. Dies gilt auch für Thomas, der als Bauleiter einer großen Baufirma tätig ist. In Sachen Kindesunterhalt haben die beiden vereinbart, gegenseitig keine Ansprüche geltend zu machen; jeder trägt seine Kosten selbst. Diese Vereinbarung können sie treffen, weil sie ihre Trennung sehr gut organisieren und es schaffen, befreundet zu bleiben. Dass getrennte Eltern auf diese harmonische Weise mit den finanziellen Folgen der Trennung umgehen, ist gar nicht so außergewöhnlich. Wir erinnern gern noch einmal daran, dass die übergroße Mehrheit sich trennender Eltern den Trennungsprozess in vielen Punkten sehr gut meistert.

Ein wichtiger Aspekt, der in diesem Beispiel aufscheint, ist die Fähigkeit der Erwachsenen, mit den Bedürfnissen der Kinder FLEXIBEL umzugehen. Olaf braucht diese Flexibilität seiner Eltern, als er seinen Wunsch äußert, mehr Zeit (allein) mit seinem Vater verbringen zu wollen. Die Bedürfnisse heranwachsender Kinder sind einem permanenten Veränderungsprozess ausgesetzt. Eltern tun daher gut daran, das gewählte Umgangsmodell immer mal wieder kritisch zu überprüfen und bei Bedarf an die neue Situation anzupassen. Das kann nur dann gut gelingen, wenn beide Eltern in der Lage sind, die Bedürfnisse ihrer Kinder aufmerksam wahrzunehmen und zu achten. Eine andere Art von Flexibilität benötigt Beate im Zusammenleben mit Peter und seinen Söhnen. Denn die Jungs zeigen sich anfangs sehr zurückhaltend, fast kalt ihr gegenüber. Sie erzählen Peter, dass sie Beate nicht besonders mögen. Peter geht mit dieser Information besonnen um und bittet seine Söhne um Geduld. Beate leidet darunter, spricht darüber mit Peter und sie vereinbaren, abzuwarten und den Jungs Zeit zu geben, sich an die neue Situation anzupassen. Beate und Peter lesen in „Glückliche Scheidungskinder" von Largo/Czernin nach, dass ältere Kinder sich in der Regel nicht mehr so stark an (neue) Bezugspersonen binden, dass jedoch wiederum jede Form des Verlassenwerdens Verlustängste auslöst. Die Jungs vermissen ihre Mutter, doch ihnen ist klar, dass sie nicht bei ihr leben wollen. Und sie spüren gleichzeitig eine starke Verbundenheit mit ihrem Vater, die ihnen später helfen wird, Beate allmählich als für ihn wichtigen Menschen zu akzeptieren, ohne dass sie ihre Mutter und Beate in Konkurrenz stellen müssen. Für diesen komplexen Verarbeitungsprozess benötigen die Jungs ZEIT.

Fallbeispiel vier: Naomi und Eva und das Thema Autonomie und Mutterschaft

Vanessa und Kurt kennen sich seit der gemeinsamen Schulzeit. Lange haben sie sich als Freunde gesehen, nicht als zukünftige Partner mit Kindern. Sie verlieben sich mit Anfang 20. Beide studieren, als ihre erste Tochter Naomi geboren wird, und Eva kommt zwei Jahre später auf die Welt. Vanessa studiert nach der Geburt der Kinder weiter, während Kurt unterschiedliche Aushilfsjobs annimmt. Er verzichtet für einige Zeit darauf, sein Studium weiterzuführen. Zwar bekommt die junge Familie Unterstützung von den Eltern, doch reicht das Geld trotzdem nicht. Vanessa beantragt daher außerdem noch Sozialhilfe. Zwischen Studium, anstrengenden Jobs und kleinen Kindern versuchen Vanessa und Kurt, den Anforderungen des Familienlebens gerecht zu werden. Dabei erfolgt die Kinderbetreuung paritätisch, beide fühlen sich gleichermaßen dafür verantwortlich. Für beide ist das so selbstverständlich, dass sie darüber gar nicht reden müssen.

Als sie sich trennen, sind Naomi und Eva elf und neun Jahre alt. Die Trennung verläuft nicht ohne Komplikationen. Vanessa hat sich in einen anderen Mann verliebt, Kurt will nicht, dass sie sich trennen. In diesem emotionalen Spannungsfeld fällt es beiden nicht leicht, einen kühlen Kopf zu bewahren. Vanessa zieht schließlich zu einer guten Freundin, während Kurt in der ehemals gemeinsamen Familienwohnung bleibt. Worüber sich beide sofort einigen, ist, dass sie die Kinder im Wechselmodell betreuen werden. Sie beschließen einen wochenweisen Wechsel der Kinder. Den Kindern fällt die Umstellung auf die neue Lebensweise nicht so leicht. Und für Vanessa fühlt es sich lange so an, als würden sich ihre Töchter bei ihr nicht einleben, als würden sie ihre Mutter nur besuchen kommen. Naomi und Eva werden insgesamt sehr schweigsam. Einige Male kommt Vanessa der Gedanke, dass sie egoistisch gehandelt habe, dass sie ihre Familie, die Kinder (und Kurt) im Stich lasse. Ihr neuer Freund Hans hilft Vanessa, diese schwierige Zeit zu überstehen. Hans hat selbst keine Kinder und mischt sich auch nicht in das Familienleben ein. Manchmal denkt Vanessa, dass sie lieber keine „halbe Mutter" sein wolle, sondern die Kinder Kurt ganz überlassen solle. Diese Gedanken teilt sie nur mit ihrer guten Freundin, mit der sie und die Kinder zusammenleben. Diese erweist sich als große emotionale Stütze für Vanessa und wird von den Kindern sehr gut angenommen. Kurt hat lange Zeit Schwierigkeiten, die Trennung zu akzeptieren. Kurt ist das Bedürfnis nach AUTONOMIE, dass Vanessa ihm beschrieben hat, fremd. Seine Vorstellung eines Familienlebens liegt auf einmal in Trümmern. Einige Male zeigt er seine Gefühlslage vor den Kindern, die ihren Vater sehr lieben. Eva und Naomi fällt es nicht leicht, ihren Vater so traurig zu erleben. Sie sind manchmal wütend auf Vanessa, zeigen dies jedoch nicht. Der Ausdruck ihrer Hilflosigkeit ist Schweigen. Freunde von Vanessa sagen ihr, dass sie einen Fehler mache. Dass sie ihre Kinder im Wechselmodell verlieren werde. Dass eine gute Mutter sich nicht so verhalte. Das sagen ihr auch andere Menschen, die keine Freunde sind. Vanessa plagt sich mit ihrem schlechten Gewissen und mit dem Gefühl, dass sie nichts wirklich richtig machen kann in dieser verfahrenen Situation. Sie stellt sich viele Fragen zur Mutterschaft. Die wichtigste Frage für sie ist: Was macht eine gute Mutter aus? Um dem nachzugehen, lohnt ein nochmaliger kurzer Ausflug in die Geschichte der Mutterschaft.

Geschichte der Mutterschaft

Die Psychotherapeutin Gaby Gschwend schreibt dazu (Seite 14):

„Noch bis weit ins 18. Jahrhundert hinein war Mutterliebe mit keinem speziellen sozialen und moralischen Wert verbunden. Mutterschaft lag fern jeder Idealisierung und mütterliche Aufgaben erfuhren keine besondere Beachtung oder Wertschätzung. Auch um Kinder wurde nicht viel Aufhebens gemacht...Im Allgemeinen zählten Kinder, insbesondere in der Kleinkindphase, nicht viel; vor allem von Frauen, die für ihren Lebensunterhalt arbeiten mussten, wurden sie nicht selten als Unglück betrachtet. Frauen aller Gesellschaftsschichten waren mehr oder weniger ständig schwanger und hatten oft sechs, acht oder mehr, natürlich nicht geplante Kinder. Und selbstverständlich arbeiteten die meisten Frauen schwer... Die Säuglingssterblichkeit war hoch und das nicht nur in den ärmeren Bevölkerungsschichten... Das Verhältnis zwischen Eltern und Kind hatte nichts Sentimentales. Die meisten Kinder wuchsen auch gar nicht zu Hause auf... Ein Gefühl für die Eigenart oder gar den Wert der Kindheit existierte in dieser Zeit nicht."

Im 19. Jahrhundert ändert sich dann das Bild der Mutterschaft entscheidend. Bedingt durch die rasante industrielle Entwicklung trennten sich Arbeitswelt und Wohnwelt. Dies passierte in den verschiedenen Gesellschaftsschichten auf jeweils unterschiedliche Weise. Besonders interessant sind die sich verändernden Lebensumstände der sich herausbildenden bürgerlichen Mittelschicht. Die Väter sind außer Haus und arbeiten.

„Heim und Familie, nie zuvor als abgesonderter, privater, gefühlsbetonter Lebensbereich verstanden, sollen nun unter der Obhut und Leitung der Mutter ein Ort der Menschlichkeit und der Zuflucht sein..." angesichts einer (Seite 17): „als kalt und unmenschlich empfundenen Außenwelt. Neu und reich an Konsequenzen ist auch die Verknüpfung von biologischer Mutterschaft (Kinder gebären) und sozialer Mutterschaft (Kinder pflegen und aufziehen) sowie die Zuweisung der langjährigen Alleinverantwortung für die Kinder an die leiblichen Mütter." ... „ Und weiter (Seite 18): „Die neue (bürgerliche) Mutter ist die Mutter im Heim und am Herd. Ihre Aufgaben und Pflichten liegen in Haushalt und Kinderpflege, der Mann hat die seinen in der Arbeitswelt...Die wahre Berufung und auch das wahre Bedürfnis der Frau sei es, so heißt es nun, für das Wohlergehen von Männern und Kindern zu sorgen. Die Mutter wird zur idealisierten Figur...ihre Mutterliebe besteht in Selbstlosigkeit, Aufopferung und Pflichterfüllung."

Aus eigener Erfahrung kann der Autor dieses Ratgebers berichten, dass sich diese Konstellation tief in seinem eigenen ideologischen System eingenistet hatte, als er Vater wurde. Oberflächlich hielt er sich für einen modernen Vater, der sich die Erziehung und Fürsorge für seine beiden Kinder selbstverständlich mit seiner Frau teile. In der Praxis sah es jedoch vollkommen anders aus. Während seine Frau neben ihrer Studientätigkeit und späteren Berufstätigkeit die Kinder erzog, ging er vor allem seinen beruflichen Beschäftigungen nach. Und erst spät, schon als die Kinder fast erwachsen waren, ist er sich selbst und dieser tief verankerten Ideologie auf die Spur gekommen. Zwar spielten im Familienleben auch ökonomische Faktoren eine wichtige Rolle, in Bezug darauf, wer arbeiten geht und wie viel Geld verdient. Doch wäre er früher schon in der Lage gewesen zu erkennen, dass er unbewusst Anhänger eines Rollenmodells des 19. Jahrhunderts ist, hätten seine Frau und er vielleicht eine andere Rollenverteilung gefunden, die ihr mehr gerecht geworden wäre.

Trennungserfahrungen

Lisa Frieda Cossham hat ein beachtliches Buch über ihre Trennungserfahrungen geschrieben: „Plötzlich Raben Mutter". Sie beschreibt darin sehr anschaulich, von welchen Ängsten dieser Trennungsprozess bei ihr begleitet war. Als Journalistin berichtete sie über ihre Situation in einer Kolumne der Süddeutschen Zeitung (SZ), mit dem Ziel, einen Austausch über das Thema Trennung und Mutterschaft zu führen. Diese Kolumne löste heftige Reaktionen aus, von denen sie einige in ihrem Buch vorstellt (Seite 78):

„… Es sind fast nur Frauen. Sie bezeichnen mich als „spaßbefreite Heulboje", als „abschreckendes Negativbeispiel" und verpassen mir den Hashtag „Jammermama". Meine Beobachtungen empfinden sie als „unreflektiertes Dauergenöle" und vergleichen mich mit einem „Verkehrsunfall", bei dem man nicht hin- aber auch nicht wegschauen könnte. Eine der Kommentatorinnen möchte mich schütteln, eine andere findet, ich sei als Frau „verlassenswert". Wiederholt wird mir ein „selbstmitleidiger Tonfall" vorgeworfen, ein „Umsichselbstkreisen", das „Toleranz" und „Flexibilität vermissen" lasse. "

Woher rühren diese starken Reaktionen? Zu vermuten ist jedenfalls, dass wir alle mehr oder weniger starke Ideologien zur Mutterschaft in uns tragen, die uns nicht immer bewusst sind.

Seit Mitte des 20. Jahrhunderts wird es uns nicht leichter gemacht, einen nüchternen Blick auf Mutter- und Vaterschaft beizubehalten. Denn jetzt beginnt die Phase der Psychologisierung der Mutter-Kind-Beziehung.

Psychologisierung der Mutter-Kind-Beziehung

Noch einmal Frau Gschwend (Seite 20):

„Ab Mitte des 20. Jahrhunderts erweiterte sich der Pflichtenkatalog der Mutterliebe beträchtlich…Neben den Ärzten waren es nun auch Pädagogen und Psychologen, die die Szene der Mütterlichkeit betraten und den Müttern Erziehungsregeln und Handlungsanweisungen mit auf den Weg gaben. Die Verantwortung der Mutter eskalierte um eine weitere Stufe, denn nun wurden nicht mehr nur körperlich gesunde und gehorsame, sondern auch seelisch ausgeglichene, „glückliche" Kinder gefordert."

Vor allem in den USA wurde viel zu diesem Thema geforscht und publiziert. In Deutschland verzögerte sich die beschriebene Entwicklung hingegen um einige Jahre.

„Im Deutschland der Nachkriegszeit..., in den 1950er und 1960er Jahren, waren affektive Zuwendung und kognitive Stimulierung (der Kinder-Anmerkung der Autoren) noch kein Qualitätsmerkmal der Mutterliebe. Bedingt durch den Krieg und die Gefangenschaft der Männer hatten die Frauen an Selbständigkeit und auch an Autorität in der Familie gewonnen. Nun sollten die alten Rollen und Positionen innerhalb von Familie und Gesellschaft wieder eingenommen....werden."

Das heißt, dass die Mütter nicht (mehr) erwerbstätig sein sollten, sondern dies den Männern überlassen werden sollte.

Mittlerweile leben wir im 21. Jahrhundert und verfügen über eine Vielfalt an Vorstellungen, wie Mutterliebe und Vaterliebe lebbar sein können. Wir verstehen die Not Vanessas besser, wenn wir uns vor Augen führen, welch ein hoher gesellschaftlicher DRUCK besonders auf Müttern lastet, auch in nicht getrennten Familien. Trennen sich diese Mütter von ihren Partnern, löst das immer wieder heftige Reaktionen aus. Vanessa bereut es nicht, Mutter geworden zu sein, ganz im Gegenteil, sie wollte immer eine eigene Familie mit Kindern. Und sie versucht, mit der neuen Lebenssituation gut umzugehen. Es gibt Mütter, die bedauern, dass sie Mutter geworden sind. In einer Gesellschaft, die trotz aller Gleichstellungsfortschritte von Vätern und Müttern ihre alten, tief verankerten Bilder, was eine gute Mutter ausmacht, nicht ausreichend reflektiert, werden solche mutigen Bekenntnisse immer wieder auf Ablehnung stoßen.

„Die Mutter-Glück-Lüge"

Der erste Satz in Sarah Fischers Buch „Die Mutter Glück Lüge" lautet:

„Ich bereue es, Mutter geworden zu sein, und ich liebe mein Kind über alles."

Vanessa vermisst ihre Kinder während der Woche, in der sie bei Kurt leben, die ganze Zeit. Sie überlegt sich ständig, was sie alles mit ihren Töchtern machen möchte, sobald sie wieder bei ihr sind. Sie merkt, dass die Zeit mit den Kindern sehr kostbar ist und möchte sie optimal nutzen. Sie versucht, ihre Kinder mit neuen Augen zu betrachten und bemerkt, dass sie die Beziehung zu den Kindern allmählich bewusster zu gestalten beginnt. Naomi und Eva benötigen mehrere Monate, um ihrer Mutter wieder entspannt zu begegnen. Hilfreich bei diesem Prozess ist, dass Kurt sich verliebt hat und seine neue Freundin Lyn sehr oft zu Besuch ist. Und die Kinder mögen Lyn. Vor allem jedoch merken sie, dass ihr Vater anfängt, sich von der Trennung zu erholen. Er ist nicht mehr so traurig und überwindet seine Wut auf Vanessa. Vanessa findet dann auch einen guten Zeitpunkt, um den Töchtern Hans vorzustellen. Sie wartet damit bis einige Wochen, nachdem Kurt den Kindern seine neue Freundin vorgestellt hatte. Naomi und Eva mögen Lyn und Hans. Mit der Zeit genießen sie das „Angebot" so vieler Erwachsener, die sie mögen und umgekehrt, von denen sie gemocht werden. Die Beziehung zwischen den Geschwistern ist durch die Trennung noch sehr viel enger geworden; sie unterstützen sich gegenseitig in schwierigen Phasen. Vanessa fühlt sich mit der Zeit weniger SCHULDIG, ihrem Streben nach einem autonomen Leben, das über die Mutterschaft hinausgeht, nachgegangen zu sein. Zwar bekommt sie immer mal wieder unangenehme Kommentare zu ihrem Entschluss zu hören, Kurt „und die Kinder" verlassen zu haben. Doch mit der Zeit stellt sie fest, dass eine Familie eben auf unterschiedliche Weise eine Familie bleiben kann. Unter einem Dach mit einem Mann zu leben, den sie nicht mehr liebt, gehört zu ihrem Konzept nicht dazu. Kurt braucht seine Zeit, um über den Verlust Vanessas als Partnerin hinwegzukommen. Mit den Monaten erkennt er, dass sie als Vater und Mutter trotz der Trennung eine Familie bilden, deren Lebensumstände sich geändert haben.

Beide verlieren in diesen aufreibenden Monaten etliche Freunde. Einfach, weil keine Zeit bleibt, Freundschaften zu pflegen. Oder, weil Freunde sich von ihnen abwenden. Als Eltern gewinnen sie die Erfahrung, dass aus der Trennungskrise Chancen entstehen, sich selbst und den Kindern neu zu begegnen.

So, wie wir uns von und mit Ihnen einen konstruktiv-kritischen Umgang mit diesem Buch vorstellen, hatte es sich wahrscheinlich auch Frau Cossham gewünscht, als sie ihre Kolumne begonnen hatte. Wir hatten die Möglichkeit, Frau Cossham zu ihrer Kolumne und ihrer Trennung zu interviewen.

Interview mit Frau Lisa Frieda Cossham, Journalistin und Autorin des Buches „Plötzlich Raben Mutter"

Wie alt waren Ihre Kinder, als Sie sich getrennt haben?
Meine Töchter waren neun und elf Jahre alt und ich war 33.

Was hat Sie bewogen, Ihre persönliche Geschichte öffentlich zu machen?
Ich bin Journalistin und denke somit jedes Mal, wenn ich etwas entdecke, dass ich es aufschreiben muss. In diesem Fall habe ich mich gewundert,

dass niemand erzählt, wie hart es ist, von einer Vollzeitmutter zu einer Teilzeitmutter zu wechseln quasi. Uns wird überall beigebracht, wie wir Nähe zu den Kindern stärken, nicht wie wir sie lockern. Ich wusste, dass viele Menschen das Wechselmodell leben und fand es erstaunlich, dass keine Frau über den Schmerz der Loslösung geschrieben oder gesprochen hat. Dass Männer nach einer Trennung ihre Kinder vermissen, ist ein bekanntes Thema. Und ich wusste, dass mein Kummer vielen anderen aus der Seele sprechen würde.

Waren Sie überrascht über die harschen Reaktionen auf Ihren Blog in der Süddeutschen Zeitung (SZ)?
Ja, sie haben mich erstaunt. Ich hatte bisher nichts geschrieben, das solche Reaktionen hervorgerufen hatte – online, das ist ja immer noch etwas anderes als eine Diskussion in der analogen Welt. Ich habe die Kommentare gar nicht gelesen, bis mich die Chefs vom SZ-Magazin darauf hingewiesen haben. Wenn ich einen Text abgebe, lasse ich ihn los und verfolge meist nicht, wer was wann dazu sagt.

Warum reagieren so viele Menschen so stark darauf, wenn eine Frau sich von einem Mann trennt und darüber öffentlich spricht?
In meinem Umfeld hat niemand so reagiert. Ich denke manchmal, da draußen, außerhalb der Großstädte, ist Deutschland eben eher noch so, wie ich mir Texas vorstelle. Konventioneller. Bürgerlicher. Die Leute leben dort keine Ambivalenz, sondern brauchen Gut und Böse, um durch ihren Alltag zu kommen. Aber auch rund um Wuppertal gibt es Frauen, die sich trennen. Der Hass, der hochgeschwappt ist, entspringt einer krass konservativeren Denke, und wo die herkommt, weiß ich nicht. Ich kann in diesen Kommentaren keinen Trend ausmachen. Ich sehe sie als unreflektiertes Getippe weniger, vereinzelter und frustrierter Menschen. Aber was darunter liegt, ist eine patriarchalische Haltung, die das Webmuster unserer gesamten Gesellschaft bestimmt, immer noch. Es wird noch sehr lange dauern, bis wir gleichberechtigt zusammenleben.

Wie haben Ihre Freunde auf die Trennung reagiert?
Gut, niemand hat Partei ergriffen. Sie sind getaumelt wie ich. Haben mich aufgefangen, wenn es nötig war, nur ein Nachbar sagte: Das muss ja ein ganz toller Typ sein, dass du für den deine Familie aufgibst. Er ist älter als ich, noch mal eine Generation weiter, Orchestermusiker. Ich verstehe ihn samt seiner Haltung, angegriffen hat mich sein Kommentar trotzdem. Aber das ist ja nichts gegen das, was andere Frauen woanders aushalten müssen.

Würden Ihre Kinder heute sagen, dass Sie als Eltern die Trennung gut gemeistert haben?
Für eine abschließende Beurteilung ist es, glaube ich, noch zu früh. Wird es wahrscheinlich immer zu früh bleiben. Ich weiß es nicht. Die Trennung an sich war drei Monate lang schwierig. Es kam zu schlimmen Szenen. Was wir gut gemeistert haben, ist das Leben seitdem. Das würden sie glaube ich auch so sehen. Wir Eltern stehen einander wertschätzend gegenüber, und das spüren sie.

Was sind die wichtigsten Fähigkeiten von Eltern, um eine Trennung gut zu meistern?
Wertschätzung. Und Respekt. Es hat mir sehr geholfen, dass ich meinen Ex-Mann als guten Menschen und Vater wertschätzen kann. Im Trennungsprozess liegt es so oft so nahe, Wut und Hass auszuleben, aber das, wissen wir ja, fällt alles auf die Kinder zurück. Ich glaube auch nicht, dass irgendjemand auf dieser Welt keine Hilfe im Trennungsprozess braucht. Der eigene Schmerz verzerrt. Unsere Eigenwahrnehmung, mag sie auch noch so geschult sein, ist in dieser Zeit getrübt. Deshalb empfehle ich jedem Paar, einen neutralen Dritten hinzuzuziehen, jemand, der das professionell macht. Und Geduld braucht man, mit der Zeit gewinnt man Abstand, das neue Leben an Kontur, eigene Bedürfnisse kristallisieren sich heraus, das dauert alles: Jahre.

Vielen Dank für das Gespräch.

Fallbeispiel fünf: Anja und Viola und das Thema gemeinsame Aktivitäten direkt nach der Trennung

Heike und Lutz trennen sich, als ihre Kinder vier und sieben Jahre alt sind. Relativ schnell ziehen die Eltern aus der gemeinsam genutzten Wohnung aus und jeder bezieht eine eigene Wohnung. Anja und Viola wechseln jede Woche von einem Elternteil zum anderen Elternteil. Zusätzlich treffen sich Eltern und Kinder einmal in der Woche zu einem gemeinsamen Abendessen, abwechselnd in der Wohnung der Mutter oder des Vaters. Diese Regelung hatten Heike und Lutz direkt nach der Trennung beschlossen, weil sie die Idee hatten, dass den Kindern diese gemeinsame Zeit wichtig sei und guttue. Heike bekommt anschließend jedoch immer wieder Zweifel. Zwar gibt es keinen Streit zwischen den Kindern (und zwischen den Eltern) doch lastet manchmal eine BEDRÜCKENDE ATMOSPHÄRE über diesen Treffen. Zumindest Heike nimmt dies so wahr. Die Trennung von Heike und Lutz liegt erst weniger als ein Jahr zurück. Bestimmte Nachtrennungs-Routinen müssen sich noch einspielen. Und auch die Gefühlswelten der Eltern sind immer wieder starken Schwankungen unterworfen. Können sich Heike und Lutz bei den gemeinsamen Mahlzeiten aufeinander und gut auf die Kinder beziehen, kann also ein spannungsfreier Austausch stattfinden, werden die Kinder das Zusammensein in dieser Form genießen. Schaffen es die Eltern nur unter Aufbietung aller Kräfte auf diese Weise zusammen zu sein, werden die Kinder das spüren und darauf reagieren. E. Mavis Hetherington, eine 75-jährige emeritierte Professorin für Psychologie der Universität von Virginia hat ein Buch darüber geschrieben, wie es Scheidungskindern nach einer Trennung geht: „Scheidung. Die Perspektiven der Kinder". Basis ist die bisher wohl umfassendste Studie über Scheidungsfamilien in den USA. Sie erstreckt sich von Mitte der 70er Jahre bis Mitte der 90er Jahre des letzten Jahrhunderts. 1.400 Familien mit über 2.500 Scheidungskindern werden über einen Zeitraum von 30 Jahren befragt. Als erfahrene Familienforscherin galt das Interesse von Mavis Hetherington dabei vor allem den Langzeitfolgen von Trennung und Scheidung für die betroffenen Kinder. Ein Fazit dieses Buches ist, dass ungefähr 75 % der Kinder und Jugendlichen genauso gut zurechtkommen wie Kinder aus nicht getrennten Familien. Studien in Europa treffen eine ähnliche Aussage; ausführlicheres dazu finden Sie im sechsten Kapitel.

Die Studie bestätigt, dass die ersten beiden Jahre für die Eltern die schwierigsten sind. Bezogen auf unser Fallbeispiel frisch getrennter Eltern bedeutet das, dass Heike und Lutz gerade in der Zeit kurz nach der Trennung besonders sensibel darauf achten sollten, wie sie miteinander umgehen - vor allem, wenn die Kinder mit dabei sein. Immer wieder wird deutlich, nicht die Trennung an sich muss schädliche Auswirkungen auf die Kinder haben, sondern der Umgang der Eltern mit dieser Situation. Dies zeigt auch, dass unglücklich zusammenlebende Paare unter Umständen ein größeres Risiko für das Wohl ihrer Kinder darstellen, als Paare, deren Trennung gut glückt. Was eine geglückte Trennung ausmacht, ist dabei nicht so einfach zu beantworten. Ist eine Trennung beispielsweise geglückt, wenn sie friedlich abgelaufen ist? Was bedeutet in diesem Zusammenhang „friedlich"?

„Friedliche" Trennung
Elizabeth Marquardt hat ein Buch geschrieben, in dem sich 71 Interviews mit heute erwachsenen Scheidungskindern befinden: "Between Two Worlds". Die Autorin, die selbst die Erfahrung gemacht hat, dass ihre Eltern sich scheiden ließen, spricht von der interessanten Erkenntnis, dass 50 % der Kinder, die sich an friedliche Scheidungen erinnern, damals sehr unglücklich gewesen seien.

So wie Kindern der Raum für ihre Emotionen gegeben werden sollte, um gerade auch mit den schwierigen Gefühlslagen nach der Trennung der Eltern gut umgehen zu können und zum Beispiel die Erlaubnis zu haben, sie ausdrücken zu dürfen, sollten auch Heike und Lutz genau auf ihre eigene Gefühlswelt achten. In diesem Fall wäre es wichtig, sich zu befragen, ob unterdrückte Spannungen das gemeinsame Abendessen begleiten und es zu einer schwer verdaulichen Angelegenheit machen. Die Vorstellung, den Kindern etwas Gewohntes zu erhalten sollte abgewogen werden mit der Erkenntnis, dass entspannter Abstand emotional weniger belastend sein kann als gespannte Nähe.

Fallbeispiel sechs: Henry und das Thema Behinderung

Dana und Jens trennen sich direkt nach der Geburt ihres Sohnes. Ein wesentlicher Grund dafür ist aus der Sicht von Jens, dass sie sich nicht einigen konnten, wie sie mit der Risikoschwangerschaft Danas umgehen sollten. Dana leidet unter einer chronischen Blutkrankheit, die sie vor Jens geheim gehalten hatte. Einige Wochen vor dem Geburtstermin kommt es zu Komplikationen. Jens will, dass Dana zur Beobachtung in ein Krankenhaus geht, Dana lehnt das ab, weil sie lieber zu Hause bleiben möchte. Kurz vor dem Geburtstermin gibt es erneute Komplikationen bei Dana, und Jens bringt sie ins Krankenhaus. Dort angekommen muss die Geburt eingeleitet werden und verläuft unter schwierigen medizinischen Umständen für Mutter und Kind. Durch mangelnde Sauerstoffversorgung während der Geburt kommt Henry mit einer geistigen Behinderung auf die Welt und verschiedenen körperlichen Einschränkungen. Die chronische Blutkrankheit Danas wird „aufgedeckt" und sorgt für einen weiteren Schock bei Jens. Als Ergebnis trennt sich Jens sofort von Dana und zieht aus der gemeinsamen Wohnung aus. In der Folge lebt Henry bei seiner Mutter und Jens besucht seinen Sohn einmal in der Woche. Nach einem Jahr nimmt Jens Elternzeit und die Eltern einigen sich, dass Henry bei ihm leben soll für die Dauer der Elternzeit und danach zur Mutter zurückkehren solle. Über diese Absprache der Rückkehr geraten Jens und Dana später in Streit und finden keine Lösung. Sie beginnen eine Beratung in einer Erziehungs- und Familienberatungsstelle (EFB) und einigen sich darauf, dass Dana perspektivisch wieder Henry zu sich nehmen könne und die Eltern ein Wechselmodell für ihren Sohn realisieren. Jens und Dana schaffen es jedoch nicht, sich über grundlegende gesundheitliche Belange ihres Sohnes zu einigen, auch die Wechselmodell-Regelung wird immer wieder von Jens infrage gestellt, weil er findet, dass Dana Henry nicht gut versorgt. Schließlich beantragt Jens eine Klärung vor einem Familiengericht - und zwar bezogen auf das Aufenthaltsbestimmungsrecht (ABR), weil er sich wünscht, dass Henry bei ihm leben soll und bezogen auf Umgangskontakte, die dann im Rahmen des Wechselmodells stattfinden sollen. Das Gericht überträgt das Aufenthaltsbestimmungsrecht und die Gesundheitssorge als Teil des Sorgerechts auf Jens. Das bedeutet, dass Henry bei Jens wohnen bleibt und Jens von diesem Zeitpunkt an allein bestimmen kann, wie Henry medizinisch versorgt wird, ohne dass Dana mitentscheiden darf. Denn nach wie vor besteht keine Einigkeit zwischen den Eltern bezüglich der medizinischen Versorgung ihres Sohnes. Dieses Thema ist vielmehr ein ständiges Konfliktfeld zwischen ihnen. Henry benötigt zum Beispiel aus Sicht des Vaters bestimmte Medikamente, die Dana wegen deren Nebenwirkungen ablehnt. In Sachen Umgang wird entschieden, dass Dana das Kind 14-tägig am Wochenende (Freitag bis Sonntag) sehen darf. Das Gericht geht davon aus, dass in dieser Situation das Residenzmodell besser als das Wechselmodell für Henry ist. Um die Möglichkeit offen zu halten, zu einem späteren Zeitpunkt das Wechselmodell leben zu können, verpflichtet das Gericht Dana und Jens zu Beratungsgesprächen bei einem freien Träger der Jugendhilfe.

Im Rahmen eines dieser beratenden Gespräche mit den Umgangsbegleitern dieses freien Trägers sagen sowohl Jens als auch Dana, dass sie gerne Henry im Wechselmodell betreuen würden. Dafür müssten jedoch grundlegende Dinge besprochen werden und ein Konsens erzielt werden, zum Beispiel über die konkrete medizinische Betreuung. Stellen Sie sich zum Beispiel unter diesen Umständen zu diesem Zeitpunkt ein Wechselmodell vor, in dem Henry eine Woche lang ein grünes Medikament bekommt gegen seine Spastik und die nächste Woche dann ein rotes Medikament, dessen Wirkstoff kontraindiziert ist für das grüne Medikament. Oder stellen Sie sich vor, dass Henry nach Jens' Meinung nachts Armschienen tragen muss, während Dana das ablehnt, weil sie es für eine unnötige Quälerei hält.

Eltern dürfen eigene Lösungen finden und ausprobieren, wenn das Wohl des Kindes dadurch nicht gefährdet wird. Das heißt, Dana und Jens können im Rahmen der Gespräche mit den Umgangsbegleitern des freien Trägers einen Konsens in medizinischen Fragen finden und in der Folge die Möglichkeit nutzen, sich in Richtung eines Wechselmodells zu bewegen, was ja erklärter Wunsch beider ist.

Das folgende Interview beschreibt, wie es Eltern geschafft haben, trotz enormer emotionaler Belastungen durch die Trennung und des Umgangs mit einem mehrfach schwerst behindertem Kind, Regelungen für ein funktionierendes Wechselmodell zu finden und mit Leben zu füllen.

Interview mit Z., 53 Jahre, Gesundheitsberater, Vater von W.

In welchem Jahr habt Ihr euch getrennt?
Das war 2005. Wir sind noch mit W. zu den Delphinen nach Florida geflogen. Das war im Mai 2004.

War es ein längerer Prozess, bis es zur Trennung gekommen ist?

Wir hatten schon eine Vorgeschichte. Mit einem behinderten Kind ist die Belastung für ein Paar vergleichsweise groß. Und entweder es schweißt zusammen, mit einem behinderten Kind zu leben, was die wenigsten schaffen, oder man zerbricht als Paar daran. Das war natürlich ein Prozess, das geht nicht von heute auf morgen. Aber ich habe gemerkt, dass wir in unterschiedliche Richtungen gegangen sind. Es geht ja um die Sorge für das Kind. Jeder hat seine Ideen, wie man damit umgehen kann. Ich wollte immer das Beste für meinen Sohn, was die Ernährung angeht zum Beispiel. Die Mutter hat immer gesagt, dass die Ärzte schon wissen, was sie tun. Er hat Sondennahrung bekommen, die ihm nicht gut bekommen ist zum Beispiel. Ich habe dann angefangen, selbst für ihn zu kochen. Und es gab immer Stress deswegen. Sie ist geflüchtet in Fernsehen schauen, sie brauchte das für sich... ich sehe das heute auch mit ganz anderen Augen als damals. Ich hätte sie auffangen müssen. Bei einer Trennung sind ja immer beide verantwortlich. Ich war damals noch nicht soweit. Wenn ich damals Begleitung gehabt hätte für uns als Paar, wäre das sicher gut gewesen. Das merke ich jetzt bei der Hospizarbeit: gute Hospizarbeit nimmt immer die gesamte Familie mit rein. Unterstützt auch die Eltern. Das war damals noch anders, als W. ins Hospiz eingezogen ist. E. ist in eine Richtung gegangen, ich habe mein Leben komplett für meinen Sohn ausgerichtet. Wir als Eltern sind also anders damit umgegangen. Aber mit der Liebe zum Kind hat das nichts zu tun. E. liebt unseren Sohn mindestens genauso wie ich. Und W. liebt seine Mutter über alles. Das ist schön zu sehen. Aber damals war es schwer, bestimmte Sachen zu ertragen für sie. Die Blicke der Anderen auf der Straße. Sie hat sich dann erst einmal eingeigelt. Heute kann ich sagen, sie ist eine der besten Mütter, die ein schwerkrankes Kind haben kann. Damals gab es viel Wut. Wir haben uns einfach auseinandergelebt.

Kannst Du kurz etwas zur Art der Behinderung Deines Sohnes sagen?

W. hat eine Mehrfachschwerbehinderung, und dabei zu 100 % sowohl auf geistiger als auch auf körperlicher Ebene. Er kann nicht laufen, nicht sprechen und wird über eine Magensonde ernährt. Er kann nichts allein entscheiden. Das ist etwas, was mich noch heute ziemlich traurig macht, diese Fremdbestimmung. Er kann sich nicht einmal selbst kratzen. Und jetzt zu Coronazeiten sind ja auch sämtliche Kontakte eingeschränkt. Wir dürfen gar nicht mehr hin.

Habt Ihr vor der Geburt gewusst, dass W. eine Behinderung haben wird?

Nein. Im Gegenteil. Bei den Voruntersuchungen war alles in Ordnung. Bei der Geburt hat es eine lange Zeit gebraucht, bis er herausgekommen ist. Danach hat er sich super entwickelt und alles war normal. Nach einem halben Jahr ging es dann mit der Impferei los. Er hatte daraufhin einen epileptischen Anfall und hohes Fieber. Wir sind mit ihm ins Krankenhaus gefahren. Von dem Moment an stagnierte seine Entwicklung. Die ersten anderthalb bis zwei Jahre waren wir noch voller Optimismus, weil man ja noch nicht so genau sehen kann, wie genau die Entwicklung läuft.

Stellst Du einen Zusammenhang zu den Impfungen her?
Ja. Wir haben viele Jahre geklagt. Weil sich die Zusammenhänge immer mehr verdichtet haben. Ich habe zwei verschiedene Gutachten anfertigen lassen. Das erste war ganz klar, dass es kein Impfschaden sei. Dann habe ich aber rausgefunden, dass der Gutachter von der Stiko (ständige Impfkommission) war. Dann habe ich einen zweiten Gutachter bekommen, der dann festgestellt hat, dass ein Impfschaden sehr naheliegend sei. Jedoch sei es nach so langer Zeit schwer zu beweisen, dass die Impfungen dafür verantwortlich seien. Nach fünfeinhalb Jahren Klage habe ich es dann sein lassen und habe auf die Berufung verzichtet. Ich hatte ja zu dem Zeitpunkt mit meiner neuen Partnerin zwei kleine Kinder bekommen, um die ich mich kümmern wollte. Für mich ist klar, dass es ein Impfschaden ist, dafür sprechen alle Laborbefunde, die ich habe, weil sie zeigen, dass es im Gehirn eine Verarbeitungsstörung gab, die durch die Impfstoffe hervorgerufen werden kann. Das war schon sehr interessant und hat viel Geld gekostet! Aber ich habe es nicht anerkannt bekommen als Impfschaden.

Ohne es vertiefen zu wollen: da sprichst Du ja ein hochaktuelles Thema an, wenn es ums Impfen geht. Würdest Du sagen, dass die Behinderung der ausschlaggebende Punkt war für die Trennung?
Ja. Wir waren ja als Paar vorher schon ein paar Jahre zusammen gewesen und haben uns gut verstanden. Das sieht E. manchmal noch etwas anders, auch weil ich es war, der sich getrennt hat. Aber es war schon ein Ausnahmezustand mit einem schwerstkranken Kind. Wir haben auch Diagnosen bekommen, dass er höchstens drei oder vier Jahre alt werden würde. Und mit so einer Diagnose als Eltern zu leben ist auch nicht so einfach. Das war schon eine harte Zeit. Ich denke für eine Mutter ist noch härter, so etwas zu erleben. Ich war davor so aufgeregt vor der Geburt, dass ich nach 11 Jahren wieder angefangen hatte zu rauchen....

Wie alt war W. als Ihr euch getrennt habt?
Vier Jahre. Die wir auch zusammengelebt haben.

Wie habt Ihr das mit W. am Anfang nach der Trennung organisiert?
E. hat sich eine nahe Wohnung gesucht für kurze Wege. Wir hatten erst so ein Modell vier Tage, drei Tage im Wechsel. Später haben wir dann einen zweiwöchigen Wechsel gemacht.

Ich kenne das aus meiner Praxis eher so, dass die Eltern es oft nicht schaffen, eine paritätische Betreuung beziehungsweise ein Wechselmodell zu realisieren und sich zum Beispiel auch die medizinische Versorgung zu teilen?

Ganz einfach: keiner wollte auf W. verzichten. Wir haben das gut hinbekommen. Die Mutter hatte mal einen Freund, zu dem sie hätte ziehen können, in 600 Kilometer Entfernung zu Hamburg. Das wäre für mich schwierig geworden. Da hat E. aber gesagt, dass sie mir und W. das nicht antun könne. Das war schon stark.

Konntet Ihr bei den Übergaben früher sehen, dass und wie W. darauf reagiert hat?

Ja. Das haben wir ziemlich schnell gemerkt. W. hat zum Beispiel darauf reagiert, dass meine anderen Kinder da waren und er Papa nicht mehr allein beanspruchen konnte. Wir haben damals in Übergabebücher geschrieben, sehr empfehlenswert übrigens, und da konnte ich sehen, dass die Mama zum Beispiel geschrieben hatte, dass W. gut gelaunt war, während ich oft einschreiben musste, dass er autoaggressiv war oder schlechte Laune hatte. Und das hatte eben damit zu tun, dass nicht meine ganze Aufmerksamkeit für W. da sein konnte und er das gemerkt und darauf reagiert hat. Meine Kleinen waren ein und zwei Jahre und W. sieben Jahre. Nach und nach haben wir gelernt, die körperlichen Reaktionen W.s zu deuten.

Wie ist Eure Regelung jetzt?

W. ist ja inzwischen erwachsen und lebt ja in einer Einrichtung. Alle 14 Tage habe ich ihn am Wochenende, alle 14 Tage hat ihn die Mutter. Wobei ich W. nicht mehr zu mir nach Hause nehme, sondern ihn vor Ort betreue. Ab und zu fahre ich auch unter der Woche zu ihm, was die Mutter so nicht schafft, wegen ihrer Arbeit. Manchmal fahre ich auch mit W. zur Mutter; sie hat ein schönes Haus. Das hat sich wirklich toll entwickelt zwischen uns. Wir helfen uns gegenseitig.

Wie habt Ihr es geschafft, das zu erreichen?

Ich brauchte dafür viele Gespräche mit Ordensschwester L. Sie hat mir öfter die Leviten gelesen. Sie kennt W. seit vielen Jahren. Am Anfang, als es schlimm war zwischen uns als Eltern, hat die Ordensschwester mir öfter die Meinung gesagt und mich wieder geerdet. Wir mussten als Eltern beide kämpfen. Wir haben versucht, dass W. immer im Mittelpunkt steht.

Ist es Dir leichtgefallen, W. und damit Verantwortung an andere Menschen abzugeben?

Wir mussten ja eh lernen loszulassen. Über die Jahre, wo wir nicht wussten, wie lange W. lebt. Ich habe mir einfach gedacht, dass ein 17-Jähriger eben loszulassen ist von seinen Eltern. Ich kann jetzt auch das Alleinsein genießen. Ich war und bin ja ein Vollblutpapa, aber inzwischen kann ich auch mal entspannt mit mir allein sein.

In anderen Ländern in Europa wird das Wechselmodell als Leitmodell eingesetzt, manchmal auch vom Gericht beschlossen sogar gegen den Willen beider Elternteile. Wie siehst Du das?
Ich finde das gut prinzipiell. Für mich persönlich war es immer wichtig, mindestens gleichberechtigt Papa sein zu können. Das Kind hat ein Anrecht auf beide. Wer darf da etwas Anderes festlegen? Und bei uns war es ja so, dass ich quasi die Mama war für W. Für mich wäre eine andere Regelung schlimm gewesen. Im Übrigen finde ich es sehr interessant, dass, wenn W. nach der Trennung uns beide hatte, er immer fröhlich war und das genossen hat. Das ist auch interessant. Das war zum Beispiel bei Geburtstagen so, dass wir als Eltern das zusammen gemacht haben. Und jetzt ist es so, dass ich letztes Weihnachten bei der Mutter war mit W. und ihr neuer Mann war auch vor Ort und alles war super entspannt. Und W. mag auch den neuen Mann von E. sehr. Das berührt mich sehr, wenn ich das sehe, wie der Mann mit W. umgeht. Als die beiden sich erst kurz kannten, sind sie mit W. nach Griechenland geflogen. E. war skeptisch, aber ihr neuer Mann hat gesagt, dass W. natürlich mitkommen könne, dass sie das schon organisiert bekämen. Da hatte ich Hochachtung.

Wie habt Ihr das Finanzielle nach der Trennung geregelt?
Das haben wir unter uns geregelt. Alles wurde einfach geteilt. Da war E. immer sehr akkurat. Da haben wir immer zusammengearbeitet.

In der Rückschau: würdest Du etwas anders machen?
Es gibt immer Dinge, die man anders machen könnte. Im Großen und Ganzen haben wir das jedoch sehr gut hinbekommen. Was man immer besser machen kann: mehr reden. Und die eigenen Befindlichkeiten zurückstellen zugunsten des Kindes. Bestimmt hätten wir schneller sein können dorthin zu kommen, wo wir heute sind. Die Ordensschwester, von der ich vorhin gesprochen habe, ist so meine Mentorin gewesen, und ich habe es auch angenommen, wenn sie mir Dinge gesagt hat. Sie hat auch kein Blatt vor den Mund genommen. Sie hat wie ein Coach mit mir gearbeitet. Ich nutze meine Erfahrungen jetzt im Hospiz, wenn ich mit den Menschen rede.

Vielen Dank für das Gespräch.

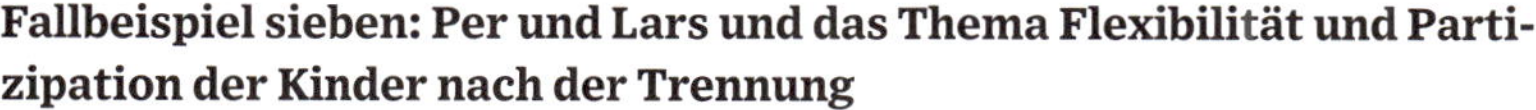

Fallbeispiel sieben: Per und Lars und das Thema Flexibilität und Partizipation der Kinder nach der Trennung

Claudia und Vincent haben sich in Frankreich kennengelernt und dort zunächst auch gelebt. Im Jahr 2000 ziehen sie gemeinsam nach Berlin. Claudia ist Architektin und Vincent arbeitet als Therapeut. Beide Kinder werden in Berlin geboren, Per 2001, Lars 2005. Vincent ist Franzose und spricht französisch mit den Kindern, Claudia ist Deutsche und spricht deutsch mit den Kindern. Die Trennung 2011 verläuft ohne Streit zwischen den Eltern, und immer ist klar, dass keiner von beiden mehr „Anspruch" auf die Kinder haben solle als der andere. Die Eltern entscheiden, dass die Kinder in der ehemals gemeinsamen Wohnung bleiben, während die Eltern sich jeweils eine andere Wohnung suchen. Claudia und Vincent wohnen abwechselnd für drei oder vier Tage mit den Kindern (Nestmodell). Diese Entscheidung wird bald modifiziert, weil die Kinder deutlich machen, dass ihnen die Wechsel zu häufig stattfinden und sie dadurch gestresst sind. Die Eltern einigen sich auf das Modell eines wochenweisen Wechsels. Der siebenjährige Lars ist damals seit einem Jahr in der Schule und befindet sich an der Schwelle, ein klares Raum- und Zeitgefühl zu entwickeln, welches sich über die nächsten Jahre dem Zeitgefühl eines Erwachsenen annähern wird. Beide Kinder, selbst der bereits zehnjährige Per sind noch nicht in der Lage, wirklich zu begreifen, was partnerschaftliche Liebe und Trennung bedeuten.

Gedankenwelt der Kinder

Largo/Czerny schreiben dazu: (Seite 36):

„Es braucht etwa 15 Jahre, bis sich aus dem Denken der Kinder die Gedankenwelt der Erwachsenen entwickelt hat. Wer einmal beginnt, die Welt durch Kinderaugen zu sehen, realisiert plötzlich, wie unmöglich das Unterfangen ist, einem Kind das Weltbild der Erwachsenen überstülpen zu wollen. Welche Eltern denken schon daran, dass ein Kind eine Vorstellung von der Liebe zwischen Erwachsenen und der Ehe haben müsste, um zu verstehen, dass Mama und Papa sich früher geliebt haben, heute aber nicht mehr, und dass es zudem eine entsprechende Zeitvorstellung bräuchte, um ihre Worte überhaupt zu verstehen. Doch ein Wissen darüber, dass Menschen geboren werden, sich entwickeln, erwachsen werden, einen Partner finden und Kinder bekommen, stellt sich frühestens im Laufe des Schulalters ein..."

„Ein Kind liebt seine Eltern aus einer inneren Notwendigkeit heraus, weil es von ihnen psychisch und körperlich abhängig ist. Außerdem ist seine Liebe bedingungslos....Auch der größte Streit stellt die Eltern als wichtigste Personen im Leben des Kindes nicht infrage. Selbst Kinder, die von ihren Eltern misshandelt werden, verlassen ihre Eltern nicht....Bis ins mittlere Schulalter haben Kinder keine Wahl."

Wie und wann können Kinder in den Trennungsprozess mit einbezogen werden? Was sollte ihnen erklärt werden? Wie offen können die Eltern gegenüber ihren Kindern sein?

Einbeziehung der Kinder in den Trennungsprozess
Dazu noch einmal Largo/Czerny (Seite 37):

„Dieses Offenheitsgebot gilt sicher nicht im Vorschulalter. Im Schulalter wächst, auch durch Erlebnisse außerhalb der Familie - langsam eine Vorstellung davon - wenn auch noch kein Verständnis dafür - dass es Eltern gibt, die getrennt leben. Erst in der Adoleszenz wird ein echtes Verstehen möglich."

Claudia und Vincent erzählen den Kindern, dass sie getrennt leben werden und wie sie sich das Leben mit den Kindern nach der Trennung vorstellen. Per und Lars dürfen am Anfang in der Wohnung bleiben und wollen das auch. Als die Kinder deutlich machen, dass ihnen die elterlichen Wechsel zu häufig stattfinden, reagieren die Eltern entsprechend darauf und passen das Modell an. Mit der Zeit merkt Vincent, dass es ihm emotional immer schwerer fällt, in die ehemals gemeinsame Wohnung zurückzukehren. Er findet eine Wohnung mit zwei Zimmern, in der er ein Zimmer für seine Söhne gestaltet. Vincent sagt seinen Kindern, dass er sie liebt und dass es nichts mit ihnen zu tun habe, dass er nicht mehr in die Wohnung kommen will. Er erklärt ihnen knapp, was es mit ihm zu tun hat. Seine neue Wohnung ist nicht mehr als drei Kilometer entfernt von der alten Wohnung. Die Eltern vereinbaren einen wochenweisen Wechsel der Kinder. Sie vereinbaren auch, dass sie weiterhin sehr sensibel auf die Wünsche und Bedürfnisse ihrer Kinder achten wollen. Im Laufe der nächsten Monate und Jahre variieren Vincent und Claudia das Umgangsmodell mehrmals. Wöchentliche Wechsel weichen einem 14-tägigen Modell. Nicht immer wechseln beide Kinder, das heißt, dass beide Kinder auch mal einzeln mit ihrer Mutter und ihrem Vater leben. Je älter die Kinder werden, desto spontaner reagieren die Eltern auf deren Wünsche. Per hat als 16-jähriger Jugendlicher eine Freundin, bei der er öfter übernachtet. Auch Lars hat als 13-Jähriger eine Freundin, mit der er regelmäßig Zeit verbringt. Die Eltern versuchen, ihren Söhnen das Gefühl zu vermitteln, dass ihre Türen für sie immer offenstehen. Dieses sehr offene Umgangsmodell (free access modell) braucht ein sehr hohes Maß an VERTRAUEN zwischen den Eltern sowie gute Absprachen. Claudia und Vincent selbst verzichten dadurch zugunsten der Kinder auf bestimmte eigene Freiräume. Manche Freunde sagen, dass sie sich zu sehr nach den Bedürfnissen der Kinder richten würden. Sie unterstellen den Eltern, dass sie reflexhaft aus einem schlechten Gewissen heraus ihre eigenen Bedürfnisse weit zurückstellen und die Kinder zu sehr bestimmen lassen.

Claudia hat bereits seit kurz nach der Trennung einen neuen Partner, mit dem sich Vincent schnell gut versteht. Als Per 18 und Lars 15 Jahre alt sind, ziehen Claudia und ihr Partner in eine neue, große Wohnung. In dieser Wohnung hat jedes Kind sein eigenes Zimmer. Die Kinder erklären ihrem Vater, dass sie sich dort einleben wollen und deshalb für mehrere Wochen nicht zu ihm kommen werden. Per ist in der Lage, dies gut zu verstehen. Er kennt die neue Wohnung und sieht ein, dass seine „Bude" mit dieser Wohnung nicht „mithalten" kann. Er hat auch keine Schwierigkeiten damit, die Zeit ohne Kinder gut für sich zu nutzen. Für ihn fühlt es sich so an, dass er seine Kinder gerade weniger oft sieht, dafür jedoch die Qualität der Begegnungen steigt. Inzwischen haben beide Kinder eine Idee davon, was partnerschaftliche Liebe bedeutet - und deren Ende. Darüber müssen die Kinder nicht mit ihren Eltern reden, doch das Bewusstsein dafür, wie kostbar die gemeinsame Zeit ist, wächst stetig.

Wir sind in der erfreulichen Lage, dass wir alle vier Mitglieder dieser Familie ungefähr acht Jahre nach der Trennung interviewen durften. Wir haben Mutter und Vater einzeln face to face gesprochen und die beiden Söhne einzeln am Telefon, geschuldet der Krisensituation wegen der Corona-Pandemie.

DAS FAMILIENINTERVIEW: VATER, MUTTER, ZWEI SÖHNE

a) Interview mit F. G., 45 Jahre, Vater von P. und T., Therapeut

Wann habt Ihr euch getrennt?
Ich muss kurz überlegen. 2013 war ich in Australien, das war also 2011/2012. Wir haben noch in Paris gelebt, als C. schwanger wurde und sind 2000 nach Berlin gezogen.

Dann sind Eure Söhne beide in Berlin geboren?
Ja.

Wie alt waren die Kinder als Ihr euch getrennt habt?
P. ist 2004 geboren, er war also knapp 10 Jahre alt. Sein Bruder T. war damals 7 Jahre alt.

Wie habt Ihr die erste Zeit nach der Trennung geregelt bezogen auf das Wohnen der Kinder?
Wir haben die Entscheidung sehr schnell getroffen, dass die Kinder erst einmal in unserer ehemals gemeinsamen Wohnung bleiben sollen. Wir haben uns jeder eine eigene Wohnung gesucht beziehungsweise einen Platz zum Wohnen. Und dann haben wir wechselweise mit den Kindern in der Wohnung gelebt. Zuerst haben wir so alle 3,4 Tage gewechselt.

Dieses Umgangsmodell wird auch Nestmodell genannt, wenn die Kinder in der ehemals gemeinsam bewohnten Wohnung bleiben und die Eltern abwechselnd in die Wohnung kommen. Das war bestimmt nicht einfach zu organisieren, auch finanziell?
Das war schon eine Belastung finanziell, aber ich glaube, die emotionale Belastung war wesentlich größer. Mir fiel es irgendwann schwer, in die alte Wohnung zu gehen, wo der andere seine Sachen hat, auch in dieser Energie zu sein fand ich schwierig. Für uns als Erwachsene war das alles wahrscheinlich schwieriger als für die Kinder, die ja in ihrer vertrauten Umgebung blieben. Unabhängig auch von den finanziellen Mitteln - ich brauchte einfach meinen eigenen Platz- und deshalb musste ich mir eine Wohnung finanzieren.

Wie kamt Ihr auf die Idee das so zu machen mit den Kindern, wie Ihr es am Anfang gemacht habt?
Das war mehr aus der Not geboren, weil wir die Entscheidung getroffen hatten, um uns zu trennen. Für das Wohnen konnten wir nicht so schnell eine andere Lösung finden. Wichtig war uns, dass die Kinder nicht unter der Trennung leiden sollten. Deshalb mussten wir schnell eine Lösung finden. Wir haben beide nicht so schnell eine andere Wohnung gefunden, sondern haben erst einmal bei Freunden gewohnt.

Über welche Dinge habt Ihr mit den Kindern gesprochen zu diesem Zeitpunkt?
Ich weiß nicht mehr genau, was wir erzählt haben. Aber ich kann mich erinnern, dass wir gemeinsam darüber gesprochen haben mit den Kindern. Für uns war wichtig, dass wir den Kindern dasselbe sagen. Bei einem Freund zu wohnen war dann auch die schnellste Lösung, wobei immer klar war, dass dies ein Provisorium sein wird.

Könnte man sagen, dass Ihr euch im Konsens getrennt habt?
Ja. Wir waren auch bei einem Therapeuten und haben über unsere Beziehung gesprochen. Eigentlich hatten wir die Idee, unsere Beziehung zu retten. Im Laufe der Gespräche habe ich dann gemerkt, dass der Therapeut uns auch keine Lösungen anbieten kann.

Habt Ihr euch prinzipiell zu Eurer Beziehung beraten oder ging es schon um die Trennung?
Innerlich war ich schon getrennt. Aber ich wollte schon versuchen, die Beziehung zu retten.

Wie haben Deine und Eure Freunde darauf auf die Trennung reagiert?
Naja letztendlich waren die Freunde traurig, aber sie haben es auch einfach akzeptiert und uns unterstützt. Ich habe ein Zimmer bei einem Freund bekommen, C. ein Zimmer bei einer Freundin. Wir hatten viele gemeinsame Freunde und haben die immer noch. Es gab nicht wirklich Streit und Stress in unseren Freundschaften. Es gab Unterstützung und gute Gespräche.

Wie lange habt Ihr denn dieses anfängliche provisorische Modell gelebt?
Ich kann mich nicht mehr so ganz gut erinnern aber ich glaube das ging schon ein paar Monate so. Ich schätze so zwischen drei und fünf Monaten, aber um es ehrlich zu sagen, ich kann mich nicht so ganz gut erinnern. Schließlich hat C. deutlich gemacht, dass sie dieses hin und her nicht mehr ertragen konnte. Ich habe die Entscheidung getroffen, dass die Mutter mit den Kindern in der Wohnung bleibt und ich etwas Anderes suche.

Habt Ihr diese Veränderung den Kindern gemeinsam mitgeteilt?
Ja. Für die Kinder hat sich ja nicht so viel verändert, sie sind in der Wohnung geblieben. Es wäre vielleicht anders gewesen, wenn ich in eine andere Stadt umgezogen wäre. Aber ich bin in der Nähe geblieben.

Was für eine Art von Umgangsmodell habt Ihr danach praktiziert?
Ich hatte anfangs keine Möglichkeit, einfach die Kinder bei mir zu haben, weil es gab schlicht nicht genug Platz. Ich wohnte bei einem Freund, der auch frisch getrennt war und ein Kind hat. Ich habe in dieser Zeit meine Kinder in der alten Wohnung besucht. Wir haben also in dieser Zeit improvisiert. Irgendwann habe ich dann gemerkt, dass es so nicht mehr geht. Ich habe einen Freund angesprochen, dessen Wohnung frei wurde und konnte dort einziehen - das ist die 2-Zimmer-Wohnung, in der ich heute noch lebe. Wir haben dann zuerst einen wöchentlichen Wechsel der Kinder organisiert. Später haben wir die Frequenz auf 14 Tage erhöht, weil den Kindern der wöchentliche Wechsel zu schnell war. Wir wohnen nicht mehr als fußläufig 25 Minuten auseinander, sodass wir immer gut auch spontane Entscheidungen treffen konnten und können, wenn die Situation dies verlangt hat. Ich hätte schon Lust gehabt, in einem anderen Bezirk zu wohnen, aber für die Kinder habe ich das nicht gemacht.

Wie habt Ihr die Trennung finanziell geregelt - mit Blick auf Unterhaltszahlungen zum Beispiel?
Wir haben das immer unter uns geregelt, ohne Hilfe von außen- und das soll auch so bleiben. Für mich kam das überhaupt nicht infrage, dass wir das nicht selbständig regeln. Die Kinder können nichts für die Trennung ihrer Eltern und sollten nicht finanziell unter der Trennung leiden.

Wie habt Ihr Urlaube und Feiertage geregelt?
Wir haben diese Sachen immer abgesprochen und einen Konsens gefunden. Es gab da auch keine Rechnungen nach dem Motto, dass jeder die exakt selbe Anzahl von Urlaubstagen mit den Kindern hat oder Weihnachtstage. Wir haben immer wieder Rückmeldungen von den Kindern bekommen, wie es für sie schön sein könnte - und wir haben versucht, dies dann umzusetzen. Dabei mussten wir oft sehr flexibel sein. Jetzt haben wir einen volljährigen Sohn und unser anderer Sohn ist 15 Jahre. Da brauchen wir sowieso eine hohe Flexibilität, weil Freundinnen mit im Spiel sind und Freunde.
Jetzt sind die Kinder ja in eine neue Wohnung mit ihrer Mutter und dem Lebensgefährten gezogen. Die Kinder haben mir gesagt, dass sie erst einmal dort ankommen wollen für einen Monat und nicht wechseln wollen. Danach werde ich sehen, ob sie überhaupt noch zu mir kommen wollen, in meine kleine Wohnung mit dem gemeinsamen Zimmer....Ich finde das alles völlig in Ordnung. Ich habe auch das Vermögen, meine freie Zeit wirklich zu genießen und für mich zu nutzen. Das ist für mich tatsächlich ein Vorteil der Trennung, dass ich auch Zeit ohne die Kinder haben kann.

Was glaubst Du ist das Wichtigste gewesen und für die Kinder und ist es auch vielleicht noch jetzt, was die Kinder von Euch als Eltern bekommen haben - mit Blick auf die Trennung?
Mit Abstand das Wichtigste ist, dass wir uns als Eltern nicht schlechtmachen. Unabhängig von unseren persönlichen Streitigkeiten haben wir immer versucht, den anderen Elternteil niemals schlecht zu machen. Dann war es uns wichtig, dass wir Entscheidungen für die Kinder gemeinsam getroffen haben und auch gemeinsam kommuniziert haben.

Habt Ihr als Eltern auch ähnliche Erziehungsvorstellungen?
Grundsätzlich ja, allerdings war immer klar, dass es bei Mama so ist und bei Papa so. Also, dass es durchaus im Detail Unterschiede geben kann in der Erziehung. Die Kinder können damit gut umgehen. Ob bei Mama oder Papa gibt es immer unterschiedliche Dynamiken. Außerdem kam ja bei der Mutter dazu, dass sie schnell einen neuen Partner hatte, mit dem sie auch schnell zusammengelebt haben.

Hat sich die geschwisterliche Beziehung zwischen P. und L. verändert?
Die beiden hatten immer schon eine gute Basis miteinander. Sie lieben sich.

Apropos Liebe - wie ist es mit neuen Partnern?
Auch als getrennte Familie bleiben wir eine Familie. Natürlich haben wir auch Konflikte miteinander. Wir bilden schon nach meiner Sicht so etwas wie eine Einheit. Wenn dann eine dritte Person dazu kommt, ändert sich schon einiges. C. hat ja schnell wieder einen neuen Partner gefunden, was für mich schon etwas komisch war zu Beginn. Ich bin immer noch allein und fühle mich noch nicht so lange bereit für eine neue Partnerschaft. Ich weiß nicht, ob ich das verallgemeinern kann, aber ich habe bei uns und in meinem Umkreis beobachtet, dass die getrennten Frauen schnell wieder neue Partner hatten, während das bei den Männern nicht so war. Für mein Ego war es schon schwierig, dass so schnell ein neuer Partner mit C. zusammenlebte, der ja dann auch mit meinen Kindern zusammenlebte. Vielleicht war ich auch strenger in dieser Zeit mit den Kindern als Kompensation für mein Ego. Trotzdem war es mir immer wichtig, nicht schlecht über den neuen Partner der Mutter zu reden - und auch die Kinder sollten das nicht tun. Denn das haben sie manchmal getan, vielleicht als Loyalität mir gegenüber. Ehrlicherweise muss ich gestehen, dass mir solche Gedanken wie: Was will der Idiot jetzt mit meiner Ex und den Kindern auch durch den Kopf gingen. Entscheidend ist es dann, diese Gefühlslagen zu reflektieren und trotzdem wertschätzend mit ihm umzugehen - gerade auch vor den Kindern.

Das Wechselmodell ist ja in Ländern wie Frankreich, Belgien oder in den skandinavischen Ländern das Leitmodell. Das bedeutet, dass dieses Modell im Regelfall von den Gerichten angeordnet wird - unter Umständen auch gegen den Willen eines Elternteils. Was denkst Du darüber?
Ich denke, dass diese Vorgehensweise bei hochstrittigen Eltern durchaus sinnvoll sein könnte. Manchmal sind Eltern eben nicht in der Lage, das Wohl ihrer Kinder gut im Blick zu behalten, wenn sie emotional aufgewühlt sind. In solchen Fällen ist eine Anordnung von außen gar nicht schlecht. Dass also die Möglichkeit einer solchen richterlichen Entscheidung besteht, fände ich gut. Aber ich glaube, dass die meisten Eltern ihre Trennung und die Kinderbetreuung danach gut allein regeln können ohne Unterstützung von außen. Diese Eltern sollten dann nicht von außen in ein System gepresst werden, was gar nicht zu ihnen passt.

Rückblickend betrachtet über den Zeitraum von 10 Jahren: gibt es Dinge, die Du anders machen würdest?
Ich glaube, wir haben das schon ganz gut hinbekommen. Wir haben als Familie diese Krise überstanden, unsere Beziehungen untereinander sind

gut. Klar gäbe es Details, die wir anders machen könnten. Doch grundsätzlich war es gut so.

Vielen Dank für das Gespräch.

b) Interview mit C. D., 47, Mutter von P. und T., Architektin

Kannst Du dich erinnern, wann Ihr euch getrennt habt?
Das war 2012 im Sommer, also vor acht Jahren ungefähr.

Und wie lange habt Ihr vorher zusammengelebt?
Also ich glaube, wir sind 1998 zusammengezogen. Wir haben zuerst in Paris gelebt, dann bin ich 1999 nach München gezogen. Dann haben wir uns getrennt, kurz, dann bin ich schwanger geworden, dann waren wir wieder zusammen. 2000 sind wir dann nach Berlin gezogen. Zu dem Zeitpunkt war ich im 5. Monat schwanger. Wir haben dann von 2000 bis 2012 in der Wohnung in Köpenick gewohnt, bis wir uns getrennt haben.

Kannst Du dich noch an die Umstände der Trennung erinnern?
Was meinst Du mit Umständen?

Ich meine, wie Ihr die Trennung organisiert habt?
Ganz am Anfang haben wir es so gemacht...es war ein Prozess. Es war nicht immer klar, ob wir uns jetzt endgültig trennen oder nicht. Wir haben noch eine Paartherapie zusammen gemacht. Die Therapeutin hat gesagt, dass wir eigentlich alles wissen und nun eine Entscheidung treffen müssen. Und ein Aspekt von ganz vielen war: Wir trennen uns, um wieder Bewegung in unserer Familie möglich zu machen. Wir fühlten uns festgefahren. Also haben wir uns getrennt. Am Anfang haben wir das Besuchsmodell probiert, also die Kinder sind in der Wohnung geblieben und wir sind abwechselnd in die Wohnung gekommen zu den Kindern. Die andere Zeit haben wir erst einmal bei Freunden übernachtet. Manchmal waren wir auch beide in der Wohnung. Das war also noch nicht so ganz klar. Wir habe das so lange gemacht, bis wir beide nicht mehr konnten. Es stellte sich natürlich die Frage nach der Wohnung. Wir brauchten also beide eine Wohnung, die die Kinder auch aufnehmen konnte. Und auch die finanziellen Aspekte waren nicht zu unterschätzen. Schließlich ist F. in eine WG gezogen, zusammen mit dem frisch getrennten Vater des Kindes meiner besten Freundin. Die hatten sich kurz vor uns getrennt. Ab dem Zeitpunkt konnten wir das Wechselmodell praktizieren. Es war klar, dass F. nicht in der Wohnung bleiben wollte, in der wir zusammengelebt

haben. Für die Kinder war wichtig, dass wir diese Konstante erhalten, deshalb habe ich gesagt, dass ich in der Wohnung bleibe.

Habt Ihr euch zum Wechselmodell beraten lassen?
Nein. Das ergab sich eher auf natürliche Art und Weise. F. und ich konnten immer noch gut miteinander sprechen. Es war nicht von Anfang so gut, wie es jetzt ist. Aber wir konnten uns immer gut über die Belange der Kinder verständigen. Wir ziehen da immer an einem Strang. Wir haben also aus dem Bauch heraus entschieden, dass den Kindern die alte Wohnung als Konstante erhalten bleibt. F. lebte in der WG mit dem Freund, der auch ein Kind im selben Alter wie P. hat - das erschien uns auch als gute Konstellation für die Kinder.

Eure Jungs waren 11 und 8 Jahre zum Zeitpunkt der Trennung?
Genau. Wir haben den Kindern gesagt, dass wir sie immer von einem zum anderen bringen. Wir wollten nicht, dass die Kinder darunter leiden, weil wir so doof sind und uns getrennt.

Wie habt Ihr die Kinder miteinbezogen?
Wir haben die Kinder bezüglich der alten Wohnung gefragt. Sie haben klar gesagt, dass sie weiter dort wohnen wollen. Ich selbst war auch nicht so erpicht darauf, in dieser Wohnung zu bleiben. Aber wir haben dem Wunsch der Kinder entsprochen. Der Wechsel ergab sich dann einfach, weil es zwei Orte gab, wo die Kinder sein konnten, als F. in die WG gezogen war. Es stand nie zur Diskussion, dass die Kinder nur bei einem Elternteil sein könnten. Das war ein zentraler Punkt der Gespräche über die Trennung: Dass wir den Kindern gesagt haben, dass wir beide ihre Ansprechpartner und Bezugspersonen bleiben, ihre Eltern bleiben. Dadurch war klar, dass auch beide Elternteile Kontakt mit ihren Kindern haben, sollen, wollen...Was wir immer angepasst haben war der Rhythmus der Wechsel.

Zum Beispiel von wöchentlich auf 14-tägig und zurück?
Genau. Am Anfang hatten wir, glaube ich, einen wöchentlichen Wechsel. Immer mit beiden Kindern zusammen. Die Kinder haben irgendwann gesagt, dass es ihnen zu häufig ist, dass es sie nervt. Was ich persönlich am stressigsten fand, war die ständige Packerei von Sachen. Wir haben und sie dann mit Gepäck mit öffentlichen Verkehrsmitteln unterwegs sein müssen. Und weil es den Kindern irgendwann zu viel Wechsel war, sind wir dann auf ein 14-tägiges Modell gegangen. F. ist dann auch aus der WG in eine eigene Wohnung gezogen, wo die Kinder ein Zimmer zusammen hatten- wie auch in meiner Wohnung. Die Zimmer waren recht klein, und die Jungs sind sich manchmal auch auf die Nerven gegangen. Mit Blick darauf haben wir entschieden, dass die Kinder einzeln wechseln. Generell

kann man sagen, dass wir zuerst die Bedürfnisse der Kinder beachtet haben, danach unsere Bedürfnisse. Also, wenn jemand mal Urlaub brauchte oder einfach Zeit für sich.

Wenn man die Kinder heute fragen würde, ob Ihr es gut gemacht habt, würden sie das bejahen?
Ja. Würden sie. Das haben sie mir schon gesagt. Ich glaube, das Nervigste war für sie das ständige Packen und Umziehen. Klamotten, Schulsachen....Natürlich hätten sich die Kinder gewünscht, dass wir zusammenbleiben, keine Frage. Manchmal haben die Kinder gesagt, dass sie keine Lust haben, zu mir oder zu F. zu gehen, nicht, weil sie den Anderen nicht sehen wollten, sondern eben, weil sie nicht schon wieder ihre Sachen packen wollten. Aber dafür, dass wir uns getrennt haben, glaube ich, haben wir es gut gemacht.

Wie weit lagen damals Eure Wohnungen auseinander?
Nicht sehr weit. Mit dem Fahrrad 7 Minuten. Entscheidend ist aber meiner Erfahrung nach die Frage: Wie bewegst Du dich von einem Ort zum anderen. Wir hatten am Anfang kein Auto. Ab dem Zeitpunkt, als mein neuer Partner, der ein Auto hatte, mit dabei war, hat sich zumindest der Transport vereinfacht.

Zu welchem Zeitpunkt kommt der neue Partner ins Spiel?
Kennengelernt haben wir uns 2013. Er ist Mitte 2015 eingezogen.

Hat sich etwas an der Familiendynamik verändert dadurch?
Ja. Wir arbeiten da gerade dran...Am Anfang war es schwierig. Vor allem für F. war es schwierig. Ich denke das lag daran, dass es von seiner Seite ein stärkeres emotionales Abhängigkeitsgefühl gab als von meiner Seite. Was dazu geführt hat, dass er verletzter war als ich. Das wiederum hatte die Konsequenz, dass ich verstanden habe, dass ich mehr Rücksicht auf F. nehmen muss. Er hatte am Anfang Schwierigkeiten mit meinem neuen Partner. Sicher hatte er Sorgen um seine Vaterrolle und darum, dass mein neuer Partner mehr Einfluss gewinnt, außerdem war F. ja selbst ohne neue Beziehung. Die anfänglichen Spannungen haben sich dann aber glücklicherweise gelegt.

Einfach durch die Zeit?
Ich weiß noch, dass es einmal einen Eklat gab. Es ging ums Kartfahren. Mein neuer Partner hat dann diese Aktion abgesagt. Ich weiß nicht mehr, ob die beiden Männer miteinander gesprochen haben. Ich weiß nur, dass wir uns immer bemüht haben transparent zu sein, wie es uns geht, auch emotional. Ich weiß also nicht mehr, ob es direkte Gespräche

zwischen den Männern gab, oder ob diese Gespräche über mich liefen. Auf jeden Fall war klar, dass es eine sensible Zeit ist. Ich habe in dieser Zeit immer versucht, Rücksicht auf die Gefühlswelt von F. zu nehmen. Es gab eine wirklich schwierige Situation, als F. und ich das erste Mal ganz unterschiedlicher Meinung in Bezug auf die Kinder waren. Unsere Söhne waren in der Schule etwas abgestürzt, und sowohl sie als auch wir wollten daran etwas ändern. Bei dem jüngeren war es noch dramatischer. T. wollte die Schule wechseln. Von einer freien Schule an ein Gymnasium. Also ein Systemwechsel, wo es natürlich auch andere Arbeitsstrukturen gibt. F. war dagegen, ich war dafür. Das Problem: es musste schnell entschieden werden, da es kurz vor den Sommerferien war. Das war eine ungünstige Konstellation und ein sehr schwieriger Moment. Wir haben das offen besprochen, alle Argumente ausgetauscht und keinen Konsens gefunden. Letztendlich hat F. die Frage des Schulwechsels noch einmal mit T. besprochen und sich dann an L. Wunsch orientiert. Als dieser Prozess dann gut über die Bühne gegangen war und sich gezeigt hat, dass es die richtige Entscheidung war, hat sich auch nach meinem Gefühl emotional etwas in unserer Familiendynamik geändert. Es gab dann mehr Kontakte zwischen F. mir und meinem neuen Partner. Bis hin zu Treffen zu dritt. Mit der Zeit wurde es immer entspannter und wir verabreden uns bis heute zu gemeinsamen Abenden. Wir sitzen dann zusammen und beglückwünschen uns, wie toll wir das alles geschafft haben...

Es gibt so einen Spruch: „Eigenlob stimmt".

...Ja. Ich bin da auch immer wieder perplex, dass es so gut ist. Wir sprechen jetzt sogar mit F. über unsere Patchwork-Probleme und er uns berät dazu. Wir sind tatsächlich zusammengewachsen. Um zurück zur Frage zu kommen: Für meinen neuen Partner ist es aktuell nicht so einfach, seine Rolle in der Familienkonstellation zu finden. Wir haben zum Beispiel unterschiedliche „Schmerzgrenzen" für bestimmte Dinge des täglichen Lebens. Da wird er als Neuankömmling schnell zum Buhmann, den etwas stört. Meine größte Sorge war immer, dass F. Probleme hat mit dem neuen Partner oder die Kinder.

Mit der Rolle des neuen Partners bezieht sich das auf seine Vaterrolle oder Partnerrolle oder beides?

Einmal gibt es die praktischen Fragen des Zusammenlebens, wir wohnen eben alle zusammen hier. Dazu hat er definitiv was zu sagen. Bei Erziehungsfragen, die ihn nicht direkt betreffen, bin ich die Autorität, die das letzte Wort hat. Oder F. da hat mein neuer Partner eher eine beratende Funktion. Es gab in der Vergangenheit manchmal Streit, weil ich mich in seinen Augen wie eine Löwin vor die Kinder gestellt habe und er mir das vorgeworfen hat. Das versuchen wir gerade zu klären und zu ändern. Ich habe deutlich gemacht, dass ich das nicht mehr aushalte, ich bin wie eine Art Puffer und Vermittlerin zwischen den Kindern und meinem neuen Partner. Das Paradoxe ist, eigentlich sind sich die Kinder und mein neuer Partner sympathisch - sie scheinen es nur manchmal selbst nicht zu sehen! Deshalb haben wir dazu das Gespräch gesucht miteinander und binden auch die Kinder mit ein.

Die ja inzwischen 19 und 15 Jahre alt sind.
Genau. Ich habe in dieser Situation also Gegenwind bekommen, den ich nicht erwartet hätte. Ich denke im Moment, dass es noch nicht ausgestanden ist, aber wir in die richtige Richtung unterwegs sind.

Wie würdest Du die Beziehung zwischen Euren Söhnen beschreiben?
Die beiden sind Pat und Patachon. T. wurde zu Hause geboren und das erste was P. gesagt hat, als er ihn zum ersten Mal gesehen hat war: Endlich habe ich einen neuen Freund! Er war total begeistert. Die beiden sind bis heute sehr eng miteinander. Auch praktizieren sie ähnliche Hobbys. Charakterlich sind sie allerdings unterschiedlich. P. ist, nach seiner Schulkrise zu einem Überflieger geworden, der sich gut organisieren und strukturieren kann. Wenn T. mit einem super Zeugnisdurchschnitt von 1,8 nach Hause kommt und P. gleichzeitig mit 1,0, dann gibt es natürlich immer die Gefahr von Vergleich. Dazu gehört aber eben auch, dass T. für die Schule kaum arbeitet, weil es ihm einfach nicht so wichtig ist, während für P. auch die Zahlen hinter dem Komma relevant sind. Ich denke, dass es für T. manchmal nicht so einfach ist, aus dem Schatten des älteren Bruders herauszutreten und nicht mehr als der „Kleine“ zu gelten wobei P. zugleich eine große Vorbildfunktion für ihn hat.

Noch einmal ein Blick zurück: Gab es bei Eurer Trennung Reaktionen aus Eurem Umfeld, die Dich erstaunt haben?
Die, die den Prozess mitbekommen haben, waren nicht erstaunt. Die, die nicht so nahe dran waren, waren schon zum Teil erschüttert. Für die waren wir eigentlich das „Dreamteam“. Es war auch nicht so einfach zu erklären.

Gab es Unterstützung aus dem Freundeskreis?
Ja. Ich habe einen sehr konstanten engen Freundeskreis. Da habe ich viel Unterstützung bekommen.

Habt Ihr als Eltern viele gemeinsame Freunde gehabt und habt sie noch?
F. zum Beispiel ist auch heute noch mit Freundinnen von mir befreundet. Was ich immer schwierig fand, war, dass F. einen viel kleineren Freundeskreis hatte als ich. Als F. zum Ex-Partner meiner Freundin damals in die WG ziehen konnte, empfand ich das zu dem Zeitpunkt sehr erleichternd.

Thema Finanzen und Unterhalt: Wie habt Ihr das behandelt?
Wir haben das immer fair geteilt. Erst haben wir noch Abrechnungen gemacht. Wir hatten immer den Konsens, dass wir uns nie wegen Geld in die Haare kriegen werden. Kurz nach der Trennung in der „Eiertanz-Zeit", als alles noch frisch war und wir sehr sensibel, da haben wir alles klar verrechnet und aufgeschrieben. Das haben wir dann später gelassen. Wir haben es ja mit den Kindern 50:50 gemacht und entsprechend haben wir auch einfach nur die Kosten geteilt. Größere Dinge wie eine gute Winterjacke oder ähnliches - das haben wir anfangs auch noch ungefähr verrechnet, später dann auch nicht mehr.

Was denkst Du über ein Leitmodell Wechselmodell, wie es das in Frankreich oder in Skandinavien gibt?
Prinzipiell finde ich gut, wenn alle Beteiligten gut in Kontakt miteinander bleiben. Aber wenn ein Kind irgendwo nicht hingehen will zum Beispiel - das dann über die Köpfe zu entscheiden macht in meinen Augen überhaupt keinen Sinn. Aus dem Bauch heraus würde ich sagen, dass so etwas nicht funktionieren kann. Außer vielleicht, wenn dazu eine Unterstützung kommt, zum Beispiel therapeutischer Art oder ähnliches. Denn es muss ja einen klaren Grund dafür geben, wenn jemand nicht betreuen will oder jemand nicht betreut werden will. Das kommt ja nicht von ungefähr. Was für mich viel eher Sinn machen würde wäre eine therapeutische Unterstützung von Familien, die sich trennen. Es geht ja im Kern immer um Kommunikation. Das heißt jemanden in einer extremen Krisensituation zu etwas zu zwingen, wozu er gerade nicht in der Lage ist, halte ich für nicht sinnvoll.

Was ist das Wichtigste was Dir und Euch geholfen hat, die Trennung und das Leben danach gut zu meistern?
Dass wir keine persönliche Fehde ausgetragen haben. Dass wir respektvoll miteinander umgegangen sind und rücksichtsvoll. Wir hatten wohl auch den Vorteil, dass wir uns nicht im akuten Streit getrennt haben, sondern, weil wir nicht mehr glücklich zusammen waren. Ich denke, eine Trennung aus einer starken Verletzung heraus wäre eventuell anders verlaufen, nicht ohne Sticheleien oder Ähnliches. Wir konnten immer gut miteinander sprechen und die Dinge trennen. Und ganz banal: Zeit. Dass Zeit vergeht. Entscheidungen unter zeitlichem Druck waren immer schwierig. Herausfordernd war die Anfangszeit in der alten Wohnung, wir mussten uns, ohne viel Geld, darum organisieren. Ich hatte nach der Trennung ein Burnout. Und das zu dem Zeitpunkt, wo ich gerade den perfekten Job hatte an der Uni. Ich hab alles hingeschmissen. Oft habe ich daran gedacht, dass man die Wirkungen einer Trennung gar nicht genau messen kann, beziehungsweise empirisch erfassen. Ich hatte damals ein

Vorstellungsgespräch, kurz vor der Trennung und ich habe tatsächlich gedacht: Vielleicht sollten wir uns trennen, um das Muster von Stagnation zu durchbrechen. Und ich hab wirklich den Job bekommen. Und 3 Jahre später musste ich mich für 1,5 Jahre krankschreiben lassen, weil ich fertig war. Das meine ich mit Wirkungen, die nicht genau empirisch auf bestimmte Ursachen evident zurückzuführen sind...Es ist schwer zu ermessen, was mit was zu tun hat.

In der Rückschau: Würdest Du etwas anders machen?
Ich glaube ich würde versuchen, dass wir noch mehr miteinander sprechen. Auch mit den Kindern. Das hätten wir mehr machen können. Vielleicht haben wir das aus Angst bestimmte Fragen der Kinder nicht beantworten zu können nicht gemacht. Oder aus Angst durch ein Aufmachen bestimmter Themen die gerade gewonnene Harmonie zu gefährden.

Hat der Umzug in die aktuelle Wohnung vor nicht allzu langer Zeit noch einmal etwas verändert - bezogen auf die Umgänge?
Ja. Es gibt im Moment eigentlich keine klare Regel.

Die Ihr aber auch nicht braucht, weil die Kinder 15 und 19 Jahre alt sind?
Das ist nicht mit einem Satz zu beantworten. Die Kinder haben jetzt zum ersten Mal jeder ein eigenes Zimmer. Vor dem Umzug beziehungsweise während der Baumaßnahme waren sie lange bei F. Wir haben jetzt vereinbart, dass die Kinder erstmal hier sind. Wenn P. oder T. Sehnsucht nach ihrem Vater haben, gehen sie einfach zu ihm. Wir hatten gedacht, dass sich einige Probleme des Zusammenlebens, die wir auf den mangelnden Platz zurückgeführt haben, sich jetzt auflösen. Das ist leider nicht so, d.h. wir müssen uns dem jetzt stellen. Es hat sich gezeigt, dass die Patchwork-Konstellation selbst bestimmte Probleme generiert, die jetzt den Raum hat an die Oberfläche zu kommen. Also hat sich von daher die totale Entspannung mit dem Umzug nicht eingestellt. Es ist für mich eher eine neue Phase von Anstrengung erreicht, weil klar ist, dass wir etwas zu klären haben.

In der Politik spricht man von der 100-Tage-Frist, in der sich etwas einruckeln sollte. Da habt Ihr noch einen Moment Zeit.
Ja. Tick tack...Ich habe das Gefühl, als hätten sich gerade einige Sachen zugespitzt. Mit P. fand ich es richtig anstrengend die letzten Monate. Es haben sich nach dem Umzug, der äußerlich vieles komfortabler macht, andere Sachen Bahn gebrochen, die jetzt bearbeitet werden sollen. Wie sieht eigentlich unser Zusammenleben aus- das ist so eine grundlegende Frage. Ihr solltet auch ein Buch über patchwork schreiben...Das finde ich gerade extrem schwierig, die unterschiedlichen Rollen, Erwartungen

aneinander. Wir sind also mittendrin, das neue Zusammenleben harmonisch zu gestalten. Mir ist noch eine Frage eingefallen, die ich selbst total spannend finde.

Jetzt bin ich gespannt?
Und zwar: Hat sich in der Beziehung der Kinder zu uns Eltern etwas verändert mit Blick darauf, dass die Kinder ja auch einzeln gewechselt sind?

Die Frage finde ich auch interessant!
Wir haben irgendwann auf Wunsch der Kinder nach mehr Platz und Ruhe, jeder einen Sohn zu Hause gehabt. Durch diese „Einzelbetreuung" haben sich die Beziehungen zu unseren Kindern nochmals verändert und vertieft. Es gab dadurch mehr Raum für den Einzelnen, man konnte das jeweilige Kind „besser sehen". Das hatte ich so nicht erwartet und habe mich im Nachhinein sehr darüber gefreut.

Vielen Dank für das Gespräch.

c) Interview mit P., 19 Jahre, Sohn von F. und C.

Wie hast Du es erlebt, als Eure Eltern Euch gesagt haben, dass sie sich trennen?
Wir haben uns das angehört und ich war geschockt. Wir sind dann mit meinem Bruder erst einmal in unser Zimmer gegangen und haben dort geweint.

Habt Ihr gar keine Ahnung davon gehabt, dass sich Eure Eltern trennen könnten?
Das war eine Überraschung. Das habe ich überhaupt nicht erwartet. Ich habe davor nichts mitbekommen. Sie haben sich auch nicht gestritten davor.

Gab es dann noch ein Nachgespräch?
Daran kann ich mich nicht erinnern.

Im Zimmer zusammen als Geschwister nach der Nachricht – habt Ihr da was besprochen miteinander?
Ich kann mich nur noch an das Gespräch davor erinnern.

Was ist danach passiert in Eurem Leben, auf der praktischen Ebene?
Ich glaube es war so, dass meine Eltern zu uns ins Zimmer kamen, und dann haben wir uns ausgeweint. Aber das weiß ich nicht mehr richtig.

Wann habt Ihr dann pragmatische Sachen besprochen, zum Beispiel zum Thema Wohnen?
Es war nicht so ein schneller Übergang, es war eher fließend. Mein Vater war ab und zu noch da, hat auch geschlafen bei uns. Woran ich mich dann erinnere, ist, dass mein Vater dann bei einem Freund war. Und dann waren mein Bruder und ich immer die halbe Woche dort und die halbe Woche bei unserer Mutter. Irgendwann hat es mich genervt, dass wir so oft die Sachen hin und her tragen mussten, dann haben wir Woche – Woche gemacht.

Und Ihr habt auch später noch einmal zu anderen Zeitpunkten gewechselt?
Genau.

Und später habt Ihr die Wechsel auch so im freien Raum gemacht?
Ja. Es war ja so, dass meine Eltern nie Streit hatten deswegen. So war alles immer sehr flexibel und man konnte über alles sprechen.

Zum Zeitpunkt der Trennung und für die unmittelbare Zeit danach – was hat Dir am meisten gefehlt?
Zum Zeitpunkt der Trennung kann ich das gar nicht sagen. Ob ich etwas vermisse? Ich habe mich schnell daran gewöhnt. Ich habe es so verstanden, dass die Lösung sich zu trennen die beste Lösung für alle ist. Ich möchte ja auch das Beste für meine Eltern, und deshalb bin ich damit zufrieden.

Wie beschreibst Du Deinen Kontakt zu Deinen Eltern kurz nach der Trennung?
Ganz kurz danach war ich schon enttäuscht. Aber ich habe es relativ schnell verstanden.

Hast Du dich einem Elternteil näher gefühlt als dem Anderen?
Eigentlich nicht, aber es gab mal Phasen. Da war mir meine Mutter näher und dann wieder mein Vater. Wenn man zwei Wochen beim Vater war und es gab Streit, dann dachte ich, ich bin jetzt froh, wieder zu meiner Mutter zu gehen oder umgekehrt. Das war aber eine relativ kurze Phase, als ich sehr pubertär war.

Hast Du dir damals gewünscht, dass Eure Eltern zusammenbleiben?
Ja und nein. Ich habe irgendwann verstanden, dass es so besser ist (getrennt) und konnte das akzeptieren. Eine Zeitlang war ich damit im Zwiespalt.

Auf einer Skala von 1–10, wie gut haben Eure Eltern die Trennung gemeistert, Stand heute?
Ich würde sagen: Eine 10.

Was hast Du in den letzten Jahren mit Blick auf die Trennung am meisten gelernt?
Ich habe gesehen, wie man mit so einer Situation umgehen kann. Bei anderen habe ich zum Beispiel gehört, dass ein Elternteil das Andere schlecht geredet hat. Wenn ich dann so etwas höre, dann bin ich einfach nur glücklich, dass es bei uns nicht so war. Dass sie die Kraft hatten, nicht in Streitigkeiten zu enden. Und ich habe auch gelernt, dass man über alles sprechen kann. Auch einer extremen Situation. Ich habe das gemerkt bei meiner Exfreundin, als wir uns getrennt haben. Da war für mich klar, es ist nicht so plötzlich einfach so vorbei. Sondern dass man über Sachen sprechen muss. Und da habe ich gedacht, das hängt bestimmt auch damit zusammen, dass ich das so von meinen Eltern mitbekommen habe. Dass eben nach einer Trennung nicht gestritten werden muss, sondern dass sogar eine Freundschaft erhalten werden kann.

Hat sich Deine Einstellung zum Thema Beziehung und Familie durch die Trennung verändert?
Habe ich noch nie darüber nachgedacht. Ich kann das nicht beurteilen, weil ich nicht weiß, wie es wäre, wenn sie sich nicht getrennt hätten. Ich denke, wenn sie sich gestritten hätten, hätte sich meine Einstellung gegenüber Beziehungen vielleicht verändert. Dann wäre ich vielleicht misstrauischer oder feindseliger.

Fühlst Du dich jetzt noch auf irgendeine Weise beeinträchtigt?
Ja, aber im positiven, was ich gerade gesagt habe.

Was ist der Gewinn, den Du aus der Trennung nimmst?
Der größte Gewinn ist, dass ich ein Beispiel bekommen habe, wie man zwischenmenschlich so einen Konflikt lösen kann. Ich habe verstanden, dass Gespräche essentiell sind. Dass es möglich ist, die Kinder gemeinsam an die erste Stelle zu stellen. Wenn ich mir vorstellen würde, ich würde mich als erwachsener Mann mit Kindern dann trennen, dann wäre für mich auf jeden Fall klar, dass ich nicht das andere Elternteil vor den Kindern schlechtmache.

Wie wäre es für Dich, wenn Eure Eltern jetzt wieder zusammenkommen würden?
Ich fände es nicht passend so richtig. Ich kann mir das nicht vorstellen. Meine Mutter hat sich in eine neue Richtung entwickelt, hat einen neuen

Partner zum Beispiel Meine Eltern haben ja immer noch eine Beziehung miteinander, nur eben keine sexuelle Beziehung, keine romantische Beziehung. Die Beziehung hat sich einfach nur verändert, und das ist abgeschlossen. Das würde ich so einschätzen. Aber natürlich im Paradies, in dem alles möglich wäre, wäre auch eine schöne Vorstellung.

Vielen Dank für das Gespräch.

d) Interview mit T., 15 Jahre, Sohn von F. und C.

Wie hast Du den Moment erlebt, als Eure Eltern Euch gesagt haben, dass sie sich trennen?
Für mich kam die Trennung sehr plötzlich. C. und F. haben sich mit uns zusammengesetzt und haben gesagt, dass sie mit uns reden wollen. Sie haben uns gesagt, dass sie sich nicht mehr lieben und sich trennen möchten. Man hat nie vorher etwas gemerkt davon, ich zumindest nicht. Dann habe sie uns das in einem kleinen Familiengespräch mitgeteilt.

Wie alt warst Du zu dem Zeitpunkt?
Das war so vor sieben Jahren ungefähr, ich war also acht Jahre alt.

Kannst Du dich noch erinnern, was Eure Eltern genau gesagt haben in dem Moment?
Sie haben versucht zu erklären, dass es nicht schlimm ist, dass sie sich trennen. Und dass wir uns auch nicht für eine Seite entscheiden müssten. Dass es ganz normal ist. Sie haben versucht zu erklären, dass sie sich nicht mehr lieben.

Was hat Dir kurz nach der Trennung am meisten gefehlt?
Am meisten gefehlt hat mir, dass wir nicht mehr alle zusammengewohnt haben. F. ist ja dann ausgezogen. Wir mussten dann immer hin und her pendeln, eine Woche zu meiner Mutter, eine Woche zu meinem Vater.

Was hast Du aus der Trennung und der Zeit danach gelernt?
Dass es nicht wichtig ist, ob sich Deine Eltern trennen, sondern wie sie sich trennen. C. und F. haben sich ja sehr gut getrennt. Sie sind immer noch befreundet, sprechen sich ab. Es wäre ganz anders gewesen, wenn sie sich immer gestritten hätten und wenn sie sich jetzt immer streiten würden. Und wichtig ist auch, wie der Kontakt nach der Trennung ist. Meine Eltern sind ja immer noch befreundet.

Wie ist Dein Kontakt zu Deiner Mutter und zu Deinem Vater kurz nach der Trennung gewesen?
Der Kontakt hat sich großartig verändert, das war alles normal. Außer, dass man alles zweimal erzählen musste. Das war das Einzige, was ein bisschen nervig war, manchmal.

Und Dein Kontakt jetzt zu Deinen Eltern, hat sich da etwas verändert zu damals?
Nein. Da hat sich nichts verändert. Er ist auf jeden Fall nicht schlechter geworden.

Auf einer Skala von 1 bis 10, wie haben Eure Eltern die Trennung gemeistert?
Da würde sich sagen: eine 10. Die haben das richtig gut gemacht. Da kann man sich eigentlich nicht beschweren.

Hast Du dir trotzdem manchmal gewünscht, dass Deine Eltern zusammenbleiben?
Ganz am Anfang natürlich schon so ein bisschen. Jetzt würde ich sagen, ich wünsche mir eigentlich nicht, dass sie wieder zusammenkommen, denn es ist alles gut so. Das würde sie nur unglücklich machen und dann wäre das auch blöd für uns. Deswegen würde ich sagen, dass es besser so ist, dass sie sich getrennt haben.

Was glaubst Du, ist der größte Gewinn für Dich aus der Trennung?
Es ist eigentlich ganz gut zwei Zuhause zu haben. Das ist nicht so schlecht, weil wenn ich einen Rückzugsort haben möchte, kann ich immer entweder zum Vater oder zur Mutter gehen. Und es ist auch ganz entspannt, dass ich allein bei meinem Vater sein kann und mein Bruder ist bei meiner Mutter, sodass man mal Abstand haben kann.

Würdest Du sagen, dass Du zwei gleichwertige Zuhause hast?
Ja. Auf jeden Fall. Ich finde das wirklich sehr gut. Was halt wichtig ist, zum Beispiel für Jugendliche wie mich, ist, dass es einen Rückzugsort gibt. Wenn ich Auseinandersetzungen mit meinem Bruder habe oder mit meiner Mutter oder meinem Vater, dass ich dann zu meinem Vater gehen kann. Dafür ist ein zweites Zuhause total gut. Wo man hingehen kann, wenn man mal niedergeschlagen ist.

Das besteht natürlich auch die Gefahr, dass man auf der Flucht von einem Elternteil zum anderen sein kann, wenn man Auseinandersetzungen hat?
Das ist schon richtig. Das kann natürlich ein Nachteil sein, wenn man von der Konversation wegläuft. Es ist schon wichtig, dass man die Sachen

früher oder später klärt. Sonst ist es für alle unangenehm. Die Gefahr sich zu verkriechen besteht natürlich schon, da muss man aufpassen.

Fühlst Du dich heute von der Trennung auf eine bestimmte Art beeinträchtigt?
An sich würde ich sagen, auf jeden Fall nicht negativ beeinträchtigt. Ich würde sagen, dass ich aus der Trennung stärker rausgegangen bin als vorher. Ich habe viel gelernt darüber, wie sich Eltern trennen können. Da kann man dann zum Beispiel auch Freunden helfen, die das Gleiche durchmachen müssen.

Hat sich Deine Einstellung zum Thema Familie und Paarbeziehung verändert?
Nein. Für mich sind wir immer noch eine Familie. Meine Mutter hat jetzt einen Freund, der versteht sich auch super mit meinem Vater. Für mich ist die Familie einfach nur größer geworden.

Ich meinte die Frage darauf bezogen, wenn Du später eine Familie gründen willst...?
Nein. Da hat sich nichts verändert.

Hat es eine Rolle gespielt, dass Ihr als Geschwister zu zweit wart beim Umgang mit der Trennung?
Ja, ich glaube schon. Man hat eine Person, die genau das Gleiche erlebt, da kann man gut miteinander sprechen und sich austauschen.

Hättest Du eine Frage, die Du gern gestellt bekommen würdest von mir zu diesem Thema?
Ich weiß noch, dass Du mir letztes Mal eine Frage gestellt hast, die Du diesmal nicht gestellt hast.

Interessant, welche war das?
Da ging es darum, ob man nach einer Trennung das Pendeln immer direkt einführen sollte oder nicht.

Stimmt, ob Wechselmodell eine Art Leitmodell sein sollte, was sagst Du dazu?
Dazu kann ich nur sagen: ich finde das gut. Ich glaube, dass es wichtig ist, dass man beide Elternteile sieht. Aber es kommt schon darauf an, wie die Familienverhältnisse sind. Wenn zum Beispiel es Probleme gibt mit Gewalt oder so etwas, dann würde ich das anders regeln. Man sollte schon schauen, dass die Eltern Ahnung haben von dem, was sie machen.

Fachleute sprechen von der grundsätzlichen Erziehungsfähigkeit der Eltern.
Genau ja. Das ist wichtig.

Vielen Dank für das Gespräch.

Diese Familie ist ein leuchtendes Beispiel dafür, dass ein Wechselmodell als Umgangsmodell frühzeitig nach einer Trennung und dauerhaft realisiert werden kann, mit den beschriebenen Anpassungen in der konkreten Ausgestaltung. Nicht für alle Familien zu jeder Zeit ist das Wechselmodell jedoch per se das Umgangsmodell, welches zur Lebenssituation am besten passt. Wie Eltern und Kinder das für sie passende Umgangsmodell finden und mit Leben füllen, wie sie Übergänge meistern und welche Hilfen Dritter zur Verfügung genutzt werden können, zeigen wir im vierten Kapitel.

Zusammenfassung

In diesem Kapitel zeigen Ihnen Beispiele aus der Praxis, wie Wechselmodelle gelebt werden können. Ein roter Faden bei der Auswahl der Beispiele ist das Alter der Kinder und deren entsprechende spezifische Bedürfnisse und die Bedürfnisse von Eltern:

- Kleinkinder und das Thema Bindung
- Kinder und das Thema Bezugspersonen
- Patchworkfamilien
- Autonomie und Mutterschaft
- pubertierende Kinder
- Kind mit Behinderung
- großes Familieninterview.

Wege zum passenden Umgang

Dieses Kapitel beschäftigt sich damit, wie Sie das für Sie passende Umgangsmodell finden, welche Übergangslösungen Sie nutzen können, welche Ausgestaltungsmöglichkeiten das Wechselmodell bietet und wo Sie Unterstützung finden können.

4. Wege zum passenden Umgang

Eltern, die sich trennen, möchten eine Umgangspraxis finden, die gut zu ihnen, zum Kind, zum Alltag als Familie passt. In diesem Kapitel überlegen wir, welches Umgangsmodell für eine Trennungsfamilie das passende sein kann, welche FAKTOREN beim Finden zu beachten sind und woran Eltern erkennen, dass ein Weg gut für sie passt. Wann ist Wechselmodell naheliegend und wann andere Umgangsmodelle sinnvoller? Wie setzen Eltern das gewählte Modell um, wann machen Übergangslösungen, Probezeiten und Befristungen Sinn?

Sollten Sie bei Ihrer Trennung noch keine konkreten Vorstellungen haben, fehlen Ihnen Informationen oder sind Sie sich nicht einig, dann zeigen wir Ihnen hier die unterschiedlichen Wege auf, die zu einem gemeinsamen Umgangsmodell für Ihre Familie führen können.

Viele besprechen sich und finden auf diese Weise eine gute Lösung, die für alle Beteiligten gleichermaßen gut passt. Andere erkennen, dass ihnen dies in der aktuellen Situation nicht gelingen mag. Für eine eigenverantwortliche Entscheidungsfindung brauchen sie weitere Handlungsmöglichkeiten und mehr Informationen, oder sie wünschen sich eine Begleitung auf ihrem Lösungsweg. Dann können sie Unterstützung in Anspruch nehmen: rechtliche, psychologische oder andere fachliche Beratung, sowie Mediation. Wieder andere fühlen sich in der gegebenenfalls sehr belastenden und beängstigenden Trennungssituation nicht zu einer eigenverantwortlichen und einvernehmlichen Regelung imstande, aus ganz unterschiedlichen Gründen, und rufen die Familiengerichte an.

Wie im ersten Kapitel erläutert, bedeutet die Trennung der Eltern für Kinder zunächst einen tiefgreifenden Umbruch. In dieser Zeit sind Geborgenheit, Kontinuität und liebevolle Beziehungen ganz besonders wertvoll. Die nicht immer leichte Aufgabe der Eltern ist es, neben all den anderen Herausforderungen der Trennungszeit, Voraussetzungen zu schaffen und zu erhalten, genau dies zuzulassen. Nach Möglichkeit sollten Eltern alles vermeiden, was dem Kindeswohl entgegenwirkt. Eltern, die sich im Nachtrennungs-Dschungel verloren fühlen, fällt das nicht immer leicht. Als besonders belastend berichten Kinder, wenn sie in den Streit der Eltern einbezogen werden, bei größeren Kindern als Partnerersatz, bei dem das Herz ausgeschüttet wird, bei kleineren Kinder, wenn mehr oder weniger offen schlecht über den anderen Elternteil geredet wird. Wenn beim Kind der Eindruck entsteht, es dürfe den anderen Elternteil nicht lieben und vermissen, es dürfe beim anderen Elternteil keine schöne Zeit erleben, es müsse sich zwischen beiden Eltern entscheiden. Wenn es glaubt, dafür verantwortlich zu sein, dass es einem oder beiden Eltern gut geht. Nicht die Trennung an sich ist zwingend für ein Kind belastend, sondern vor allem die Umstände der Trennung. Wie seine Eltern damit umgehen, mit Herausforderungen, Konflikten, mit gemeinsamer Erziehungsverantwortung, wie es ihnen gelingt, die Umbruchphase als Familie zu meistern. Unserer Erfahrung nach stehen Eltern hier im Verlauf der Trennung und der Zeit danach immer wieder an einem gemeinsamen Scheideweg, können zusammen entscheiden, wie die Trennung verläuft und auf welche Weise die Familie erhalten bleibt.

Die überwiegende Mehrheit der Trennungseltern findet in Eigenverantwortung eine für die gesamte Familie passende Regelung. Trotz der Herausforderungen der Umbruchsituation, neben dem Gefühlschaos als Trennungspaar sowie persönlicher Sorgen und Ängste, gelingt es ihnen, sich konstruktiv auszutauschen, sowohl das Wohl des Kindes als auch die eigenen Bedürfnisse und Vorstellungen anzusehen. Sich darüber zu verständigen, ein gemeinsames Modell zu etablieren, das zum Alltag aller Beteiligten passt, für das Kind am besten zu sein scheint und von den Erwachsenen gut zu bewältigen ist. Der konstruktive Austausch erfolgt meistens „am Küchentisch", entweder zu zweit oder mithilfe von Familienmitgliedern oder gemeinsamen Freunden, die dem Trennungspaar beratend oder vermittelnd zur Seite stehen. Inwieweit Kinder und deren Meinungen und Vorstellungen berücksichtigt werden, sehen wir uns in einem Gastbeitrag von Marianne Nolde an (siehe › Seite 142).

Merken Trennungspaare, dass es ihnen derzeit nicht gut gelingt, gemeinsam ein einvernehmliches Umgangsmodell auszuarbeiten, dann gibt es zahlreiche BERATUNGSMÖGLICHKEITEN und HILFSANGEBOTE, auf die sie zurückgreifen können. Bei Jugendämtern, Beratungsstellen, Verbänden und Vereinen können sie sich inhaltlich beraten lassen, allgemein zu Trennung, zu Umgang oder speziell zum Wechselmodell. Für rechtliche Fragen rund um das Thema Umgang sowie andere Trennungsfolgen, wie zum Beispiel Unterhalt, können Trennungseltern Rechtsanwälte und Rechtsberatungsstellen konsultieren. Fehlen Eltern nicht nur Informationen und Einschätzungen, sondern gelingt es ihnen nicht, sich auf ein Umgangsmodell zu einigen, dann kann eine Mediation der passende Weg sein. Mediation ist ein Verfahren der eigenverantwortlichen Konfliktlösung mithilfe einer allparteilichen Mittlerin, in dem Umgangsmodelle erarbeitet, aber auch andere Fragen der Trennung und Scheidung, wie zum Beispiel die Finanzen besprochen werden können. Mediation bieten neben freiberuflichen Mediatorinnen auch Beratungsstellen, Jugendämter, Vereine, Verbände und kirchlichen Organisationen an. Im siebten Kapitel stellen wir einige dieser Beratungsangebote und Anlaufstellen vor.

Merkt zumindest einer von beiden, dass er oder sie sich in der belastenden Situation der Trennung nicht in der Lage fühlt, mit dem anderen Elternteil eine eigenverantwortliche Lösung zu finden, dann können mithilfe eines Rechtsanwaltes die Familiengerichte angerufen werden. Ein vor Gericht abgeschlossener Vergleich oder ein gerichtlicher Beschluss, wenn er von beiden akzeptiert werden kann, bedeutet dann eine erste Klärung und kann zumindest übergangsweise für Ruhe und Entlastung sorgen.

Alle Wege haben ihre Berechtigung und wir können froh sein, dass es bei uns in Deutschland so vielfältige Angebote und Möglichkeiten gibt. Allein entscheidend ist, dass Eltern für sich den passenden Weg finden. Dass Sie Ihre Elternverantwortung wahrnehmen und erkennen, was Sie im Moment gut leisten können und wo Ihre Grenzen sind. Auf welche Weise Sie eine gute Lösung finden können, die allen Beteiligten die Zeit nach der Trennung erleichtert; die einen Weg ebnet, in gutem Kontakt zu bleiben und als Familie unter neuen Vorzeichen weiterzuleben.

I. Das passende Umgangsmodell

Nach der Trennung der Eltern stellt das Umgangsmodell als Gerüst sicher, dass die Familie erhalten bleiben kann, und damit all die liebevollen Beziehungen, die Bindungen, Strukturen, Routinen und Rituale, die ein Familienleben ausmachen. Daher ist es gerade für diese besonders fordernden erste Monate nach der Trennung wichtig, ein für alle passendes und gut funktionierendes Modell für den Umgang zu etablieren. Dies bedeutet nicht, dass Eltern sofort die perfekte Umgangsregelung für die nächsten Jahre finden müssen, sondern ein sinnvoller Weg kann auch darin bestehen, ein vorübergehendes Modell zu leben, einen Umgang für mehrere Monate auszuprobieren, dabei das Kind gut im Blick zu halten und sich dann zu besprechen, offen Erfahrungen auszutauschen, um anschließend entsprechend nachzujustieren. Auch für die Eltern ist die Trennung eine belastende Situation: Zukunftsängste, Überforderung, Ungewissheit, finanzielle Engpässe, ein schlechtes Gewissen beim trennenden Elternteil sowie Enttäuschung, Verletzungen und Trauer beim verlassenen Elternteil treffen zusammen. Der zentrale Wunsch, dass es dem Kind trotz Trennung gut geht, kann leicht dazu führen, dass Eltern nicht mehr auf sich selbst achten, dass sie sich zu sehr belasten, EMOTIONAL ÜBERFORDERN, sich keinen Raum für Trauer und Enttäuschungen nehmen. Kinder brauchen es nicht, dass im Alltag alles perfekt ist, vor allem nicht, wenn der Preis dafür gestresste, dauer-erschöpfte

Eltern sind. Besser nehmen sich Eltern für die Monate nach der Trennung weniger vor und suchen dafür nach Möglichkeiten der Entspannung, mit ihrem Kind, und auch ohne. Und es ist wichtig, dass Eltern Alltagsregelungen für den Umgang finden, die nicht nur optimal für das Kind passen, sondern auch durch die Eltern gut zu bewältigen sind. Einschließlich Ausnahmeregelungen und Notfallplänen, für den Fall, dass ein Kind oder ein Elternteil krank wird, oder Betreuungseinrichtungen geschlossen haben. Überfordernd kann es kurz nach einer schmerzhaften Trennung sein, auf den ehemaligen Partner zu treffen, zum Beispiel bei der Übergabe des Kindes. Dann sind Übergaben durch Kita beziehungsweise Schule oder über andere Bezugspersonen eine gute Idee. Und dann sollten Kindergeburtstage und Weihnachten eben erst einmal nicht zusammen gefeiert werden, selbst wenn das Kind es sich wünscht. Auch Diskussionen und Streitereien belasten Trennungspaare; Unterstützung beim Finden eines Umgangsmodells und zur Klärung anderer Konfliktthemen, wie zum Beispiel der oft sehr belastenden finanziellen Fragen, kann Entlastung bedeuten.

Eltern beschäftigt nicht nur, was sie regeln sollten, sondern ihnen ist oft auch unklar, wie eine solche Regelung sinnvollerweise aussehen kann. Genügt, es, ein Umgangsmodell einfach zu leben oder brauchen Sie umfangreiche schriftliche Vertragswerke? Sind Absprachen oder Verträge im Konfliktfall überhaupt belastbar, notfalls sogar gegen den Willen des anderen Elternteils durchsetzbar? Solchen rechtlichen Fragen widmen wir uns im fünften Kapitel und stellen zusätzlich praktische Checklisten und Musterverträge im siebten Kapitel vor.

Einigen Eltern genügt es, die vereinbarte Umgangspraxis einfach zu leben, andere fühlen sich sicherer mit einer schriftlichen Fixierung; dadurch sind für sie die Regelung klarer und verbindlicher. Inhaltlich kann als Faustregel gesagt werden, dass, je schlechter sich Eltern momentan verstehen, desto detaillierter und strikter eine Regelung sein sollte. Dadurch kann der Raum für Missverständnisse, Diskussionen und Streitereien erheblich reduziert werden.

1. Übergangslösungen und Übergänge

Trennungen sind Umbrüche und gehen einher mit Ungewissheiten für die Zukunft. Woher sollen Sie heute wissen, wie es die nächsten Jahre weitergeht, wenn Sie noch gar nicht abschätzen können, was die nächsten Wochen und Monate mit sich bringen? Wenn zum Beispiel Ihre Frau sich von Ihnen trennt und Sie davon völlig überrascht werden? Wie können Sie eine gute Lösung für eine Situation finden, die Sie eigentlich gar nicht möchten? Trennungseltern können oft noch gar nicht so weit planen, weil zumindest einer noch nicht langfristig denkt, oder weil die äußeren Umstände, beispielsweise der Wohnungsmarkt oder die berufliche Entwicklung, viele Unwägbarkeiten mit sich bringen. Als Entlastung und Möglichkeit der akuten Klärung kann in der herausfordernden ersten Zeit der Trennung eine Übergangslösung etabliert werden, kann es von den Beteiligten als beruhigend und hilfreich empfunden werden, erst einmal nur die nächsten drei oder sechs Monate zu regeln. Und zu verabreden, sich rechtzeitig erneut zusammenzusetzen, um weiter zu planen. Solche möglichen Übergangslösungen sehen wir uns im Folgenden an:

ELTERN-WG

Zahlreiche Eltern leben die erste Zeit nach der Trennung in einer sogenannten Eltern-WG. Sie sind als Paar getrennt, leben aber als Familie weiterhin zusammen. Entweder „freiwillig", weil sie den Kindern räumliche Umbrüche zunächst ersparen möchten, oder weil sie sich noch nicht einigen können beziehungsweise noch gar nicht besprochen haben, wie die Wohnsituation weitergeht. Ob die bisherige gemeinsame Familienwohnung erhalten werden kann und einer von beiden auszieht, oder ob die Wohnung aufgegeben werden muss und alle umziehen werden. Auch kann der Wohnungsmarkt eng sein, auf die Schnelle keine zweite passende und finanzierbare Wohnung in der Nähe gefunden werden. Für das Kind ändert sich zunächst äußerlich nicht viel, gegebenenfalls werden gemeinsame Unternehmungen weniger und die Eltern teilen sich die Betreuungszeit, zum Beispiel die Mahlzeiten, Ausflüge oder das Zubettbringen, untereinander auf. Einige WG-Eltern behalten die bisherigen Gewohnheiten weitestgehend aufrecht und trennen nur die elterliche Schlafsituation, soweit möglich. Bei großzügigen Wohnverhältnissen kann das Haus oder die Wohnung auch geteilt werden, sodass zwei separate Bereiche entstehen.

In einigen Statistiken und Untersuchungen taucht die Eltern-WG gar nicht erst auf. Sie wird als Zeit vor der Trennung betrachtet, da äußerlich für viele noch gar nicht erkennbar ist, dass die Eltern sich getrennt haben. Familie und Freunde sind oft noch gar nicht informiert. Für die Eltern selbst wird die WG-Phase meist als besonders intensiv erlebt, hier mischen sich schönes Familienleben mit Trauer über das Ende der Beziehung. Trotz Wunsch nach Abstand zumindest eines Elternteils wird weiterhin gemeinsam gelebt, sich über die Betreuung des Kindes abgesprochen und die Familie so zusammengehalten, dass es dem Kind gut geht. Den Eltern verlangt dieses Modell so einiges an KOOPERATION und KOMPROMISSBEREITSCHAFT ab und umso beeindruckender ist es, wie viele Trennungspaare die Eltern-WG unter schwierigen Umständen sehr gut meistern. Diese WG-Phase kann Wochen aber auch Jahre andauern, funktioniert für manche

Paare sehr gut und ist für andere enorm belastend. Spätestens wenn neue Partner und weitere Kinder hinzukommen, wird dieses Modell in aller Regel nicht weiter fortgeführt. Manche Eltern bleiben sich dann räumlich erhalten, in dem sie Wohnungen im selben Haus oder in derselben Straße beziehen. Ideal für das Kind, das dank kurzer Wege freier zwischen den beiden Zuhause wechseln kann, belastend gegebenenfalls für einen oder beide Eltern, wenn sie dem anderen häufig zufällig begegnen, und damit vielleicht auch dessen neuen Partnern und Kindern.

NESTMODELL

Auch beim Nestmodell teilen sich die Eltern eine Wohnung, meistens die bisherige gemeinsame Familienwohnung, aber zeitversetzt. Die Kinder bleiben, wo sie sind, für sie ändert sich räumlich also zunächst nichts, und die Eltern PENDELN abwechselnd zwischen der Familienwohnung und einer anderen Unterkunft. Entweder auch einer gemeinsamen Wohnung oder zwei getrennten, zum Beispiel bei Freunden, beim neuen Partner, bei den eigenen Eltern, in einer WG oder einer weiteren Wohnung. Auch wenn Trennungseltern hier nicht direkt miteinander leben, so teilen sie sich doch dieselbe Wohnung. Daher ist es für das Nestmodell förderlich, dass Eltern sich weiterhin gut verstehen und ähnliche Vorstellungen teilen, was zum Beispiel Ordnung, Füllung des Kühlschrankes und andere häusliche Themen anbelangt. Das Nestmodell leben manche Eltern Wochen oder Monate, andere über Jahre hinweg. Einige machen damit sehr gute Erfahrungen, für andere ist es sehr anstrengend und fordernd. Das Privatleben der Eltern tritt hier in den Hintergrund, der Lebensrhythmus dreht sich vor allem um das Kind. Für einige ist die große räumliche Nähe zum Ex-Partner (vor allem, wenn man sich beide Wohnungen teilt) nicht einfach. Finanzielle Aspekte können außerdem gegen diese Konstellation sprechen, da es sehr kostspielig ist, zwei bis drei Wohnungen gleichzeitig zu unterhalten. Oft kommt nach einiger Zeit, wenn die Trennung länger her ist oder das Kind schon größer und unabhängiger wird, der Wunsch zumindest eines Elternteils nach Abstand und einem auch räumlichen Neuanfang auf. Hauptgrund für die Beendigung des Nestmodells sind spätestens neue Partner, die dieses Modell in aller Regel nicht so ohne weiteres mittragen, insbesondere, wenn weitere Kinder hinzukommen.

Wenn Trennungseltern dann auch räumlich auseinanderziehen, entweder indem einer auszieht oder beide sich eigene Unterkünfte suchen, ist zu klären, wie zukünftig die Elternverantwortung zeitlich, räumlich und inhaltlich verteilt wird, wer sich um was kümmert, wo das Kind wann lebt und wann es den jeweils anderen Elternteil sieht. Eltern besprechen dann, wie es mit der Familie unter neuen Vorzeichen weitergehen kann, wie liebevolle Beziehungen gelebt und Geborgenheit vermittelt werden können. Das gewählte Umgangsmodell bildet hierfür das Fundament der Familie.

BEFRISTUNGEN/BEDINGUNGEN/ÜBERPRÜFUNGSTERMINE

Die Zeit nach der Trennung ist bei vielen Familien geprägt von UNGEWISSHEIT, da noch nicht absehbar ist, wie Dinge sich entwickeln, zum Beispiel wo der eine Elternteil eine Wohnung finden wird oder auf welche Weise der andere seine beruflichen Aktivitäten ausweiten kann. In solchen Situationen bieten sich ZWISCHENLÖSUNGEN an, durch Befristung von Übergangsregelungen, zum Beispiel auf drei oder sechs Monate. Kombiniert mit der Vereinbarung, sich rechtzeitig vor Fristablauf erneut auszutauschen, die Lage zu sondieren und die aktuelle Regelung entweder zu verlängern oder aufgrund der neu gewonnenen Erfahrungen anzupassen beziehungsweise zu verändern. Oder es werden Bedingungen vereinbart, bei deren Eintritt ein neuer Austausch stattfindet, zum Beispiel die Einschulung des Kindes. Dadurch ändern sich die zeitlichen Eckpfeiler und Anforderungen an die Kinderbetreuung, durch neue Schulwege, andere Zeiten der Fremdbetreuung und andere inhaltliche Begleitung in der Schule im Vergleich zur Kita.

Kinder werden außerdem älter und es ändern sich deren BEDÜRFNISSE und ihr ZEITVERSTÄNDNIS. Dies hat unmittelbaren Einfluss auf die elterliche Betreuung und damit auch auf das praktizierte Umgangsmodell. Kinder werden unabhängiger, werden weniger engmaschig persönlich betreut und dafür nimmt die Bedeutung von Freunden und Freizeitaktivitäten stetig zu. Daher kann es auch bei unbefristet angelegten Vereinbarungen sinnvoll sein, regelmäßige Überprüfungstermine zu etablieren, zum Beispiel halbjährlich oder jährlich, zu denen sich beide Eltern zusammensetzen und miteinander besprechen, welche Erfahrungen sie in den letzten Monaten gemacht haben, wie sie das Kind wahrnehmen, was sich verändert hat, beziehungsweise ändern wird, und wie damit umzugehen ist. Was am Umgangsmodell beibehalten und was angepasst werden kann, um die gemachten Erfahrungen zu berücksichtigen und neuen Entwicklungen, beim Kind aber auch bei den Eltern, gerecht zu werden. Wie sich solche Befristungen und Bedingungen vertraglich implementieren lassen, zeigen wir im siebten Kapitel. Eltern können darüber hinaus regeln, wie sie mit Unstimmigkeiten und Meinungsverschiedenheiten umgehen möchten, zum Beispiel, indem sie eine Mediationsabrede schließen. Dann werden im Konfliktfall nicht die Gerichte angerufen, sondern zunächst der außergerichtliche Weg der Mediation gewählt.

AUSWEITUNGEN/EINSCHRÄNKUNGEN/VERÄNDERUNGEN
Auch bei zunächst unbefristet vereinbarten Umgangsmodellen kann es dazu kommen, dass nach einigen Wochen, Monaten oder Jahren ein Elternteil oder beide Veränderungen wünschen, eine Ausdehnung der gemeinsamen Zeit mit dem Kind oder eine Verkürzung und Mehrbetreuung durch den anderen. Aus privaten Gründen, zum Beispiel wegen einer neuen Beziehung, Wegzugs, weiterer Kinder oder aus beruflichen Gründen, neuer Arbeitsstelle, weiterer/kürzerer Arbeitswege, Ausdehnung auf Vollzeit oder Verkürzung auf Teilzeit. In einem ersten Schritt spricht der Elternteil idealerweise seinen Wunsch nach Veränderungen gegenüber dem anderen Elternteil direkt an, in einer ruhigen Situation, nicht bei der Übergabe des Kindes oder einer gemeinsamen Familienfeier. Vielleicht ist der andere mit den Vorschlägen einverstanden, vielleicht hat er Bedenken oder ist sogar strikt dagegen und kommt es zu Diskussionen und Streit. Auch hier gibt es einvernehmliche und gerichtliche Möglichkeiten, zu einem neuen Umgangsmodell zu finden oder das bisherige Modell, gegebenenfalls mit Modifikationen, beizubehalten. Ob und inwieweit eine früher geschlossene Umgangsregelung bindend bleibt und sogar vollstreckbar ist, sehen wir uns im fünften Kapitel genauer an.

WECHSEL VON EINEM UMGANGSMODELL ZUM ANDEREN
Nicht alle Paare entscheiden sich von Anfang an für das Wechselmodell und nicht alle bleiben dabei; Wechsel von einem Modell zum andern sind nicht selten, da ja Eltern direkt nach einer Trennung auch selbst noch gar nicht so genau wissen, wie es weitergehen kann und welches Modell am besten passen wird. So beginnen manche Eltern wie oben dargestellt mit einer Eltern-WG oder dem Nestmodell als Übergangslösung, danach wählen dann entweder das Residenzmodell oder das Wechselmodell. Selbst wenn dieses gewählte Umgangsmodell zunächst auf mehrere Jahre angelegt wird, kann es vorkommen, dass ein Elternteil früher merkt, dass es ihm damit nicht gut geht oder bei ihm der Eindruck entsteht, das Kind fühle sich damit nicht wohl. Oder es können berufliche oder private Veränderungen dazu führen, dass die ursprünglich auf längere Zeit angesetzte Umgangslösung nicht mehr passt, wegen Wegzugs beispielsweise, neuer Beziehung, weiterer Kinder, beruflicher Veränderungen. Dann kann er dies dem anderen Elternteil mitteilen und es kann besprochen werden, wie eine Anpassung an die neue Situation stattfinden kann. Oder, wie dieser das Kind wahrnimmt und was getan werden kann, damit es dem Kind wieder bessergehe. Es können Ängste und Sorgen ausgetauscht und gemeinsam überlegt werden, wie das Fundament der Familie zukünftig aussehen kann. Vielleicht wird das Umgangsmodell auch grundsätzlich beibehalten und es erfolgen MODIFIKATIONEN: Übergaben werden anders organisiert, Wechselsequenzen verkürzt oder verlängert, neue Wechsel-

tage etabliert oder zusätzliche Betreuungsmöglichkeiten hinzugezogen. Ebenso kann es zu einem Wunsch nach Wechsel von einem Umgangsmodell zum anderen kommen, vom Residenzmodell zum Wechselmodell oder umgekehrt. Eltern können frei von einem Umgangsmodell zum nächsten wechseln, sofern sie sich einig sind. Was rechtlich geschieht, wenn ein Elternteil ein anderes Modell gerichtlich durchsetzen möchte, sehen wir uns im fünften Kapitel an.

WUNSCH BEZIEHUNGSWEISE SIGNAL DES KINDES

Der Wunsch nach einer Veränderung, entweder der Modifikation innerhalb eines Umgangsmodells oder der Wechsel zu einem anderen Umgangsmodell, muss nicht von den Eltern ausgehen. Auch das Kind kann den Anstoß für eine Veränderung geben. Möglicherweise sagt es gegenüber einem oder beiden Eltern offen, es möchte kürzere oder längere Intervalle, es möchte überwiegend bei einem Elternteil leben und im Alltag gar nicht mehr wechseln, oder es möchte umgekehrt gleichberechtigt bei beiden Eltern leben.

Erfahrungsbericht Nummer vier

„Anderthalb Jahre später bin ich zu meinem zweiten Mann gezogen. Seine beiden Söhne lebten bis dahin im klassischen Residenzmodell und besuchten ihn jedes zweite Wochenende und jeden Montag. Kaum war ich mit meinen Kindern eingezogen, stellte der jüngere Sohn fest, dass er ja nun auch hin- und her wechseln könne, denn nun sei ja immer jemand zu Hause. Hier kam der Wunsch also nicht von den Eltern, sondern von dem damals 12-Jährigen.“ Siehe › Seite 231.

Kinder sprechen UNZUFRIEDENHEIT mit dem Umgangsmodell häufig allerdings nicht direkt an, weil sie keinen Elternteil verletzen möchten, weil sie in der ohnehin schon belastenden Zeit nach der Trennung niemanden zur Last fallen wollen. Haben die Eltern ihre Kinder gut im Blick, dann nehmen sie gegebenenfalls Signale wahr, die auf BELASTUNGEN bei den Kindern hinweisen. So schlafen kleinere Kinder nachts nicht mehr durch oder nässen wieder ein, andere zeigen sich in der Kita aggressiv. Ältere Kinder ziehen sich zurück oder die schulischen Leistungen nehmen plötzlich ab. Grund dafür kann ein nicht so gut passendes Umgangsmodell oder Belastungen bei der Durchführung sein, aber auch Konflikte der Eltern. Oder der Eindruck, das Kind müsse für das Wohlergehen eines Elternteils sorgen und dürfte diesen nicht alleine lassen und habe keine Erlaubnis, eine schöne Zeit beim anderen Elternteil zu verbringen. Der Veränderungswunsch von Kindern kann vielerlei Gründe haben. Auch können neue Umstände bei den Eltern ausschlaggebend sein, der Umzug in eine neue, woanders gelegene Wohnung, veränderte Arbeitssituation, neue Partner und weitere Kinder. Patchwork-Konstellationen bedeuten ganz besondere Anpassungsleistungen, die nicht für alle Kinder gleichermaßen einfach sind.

Erfahrungsbericht Nummer zehn

„Ich machte eine Zeit lang die Beobachtung, dass gerade der Wechseltag auch eine gewisse Anspannung mit sich brachte – und man förmlich die Anstrengung greifen konnte, die es Florian kostete, sich an das aktuelle System „anzupassen". Der Schritt vom Einzelkind bei einer „alleinerziehenden" Mutter zum Bruder in einem Familienverbund ist ein Spagat. Dem versuchten wir entgegenzuwirken, in dem wir an diesem Tag möglichst keine außergewöhnlichen Dinge unternahmen, sondern eine möglichst normale, routinierte Situation „herstellten", die ihm das Einleben erleichtern sollte, also beispielsweise keinen Besuch einluden. Um diese Wechseltage zu minimieren, schlug ich Florian und seiner Mutter vor, die Wechsel nun vierzehntägig vorzunehmen, aber das wollte mein Sohn nicht. Seine klare Meinung in diesem Punkt war überzeugend und ausschlaggebend. Auch jetzt gibt es Konflikte: Mit zunehmenden Alter wuchs auch eine Eifersucht Florian und seiner kleinen Schwester. Florian mag meine Frau, aber er beschwerte sich auch eine Weile darüber, dass wir seine kleine Schwester bevorzugt behandeln würden. Wenn man in einer solchen Patchworksituation und Wechselmodell lebt, stellt man sich die Frage noch mal anders: Inwiefern fühlt sich ein Kind dann doch vielleicht außen vor, im schlimmsten Fall nicht zugehörig? Ist das ein normales Verhalten des größeren Geschwisterkindes oder Ausdruck eines komplexeren Unwohlseins? Ich glaube schon, dass Florian seinen Platz gesucht hat. Aber ist das nicht auch ein normaler und auch altersbedingter Prozess?" Siehe › Seite 246.

Es kann aber auch sein, dass sich beim Kind der Eindruck verfestigt, ein Elternteil sei mit der aktuellen Praxis nicht glücklich und es ihn unterstützen möchte. Dies kann sogar bis zum Umgangsabbruch mit dem anderen Elternteil führen, auch ohne bewusste Beeinflussung. Oder das Kind erlebt mit Beginn der Pubertät schmerzhafte Grenzziehungen sowie Diskussionen bei einem Elternteil und möchte diesen durch Umzug zum anderen Elternteil ausweichen. Bei Jugendlichen kommt es häufiger vor, dass sie das Wechselmodell beenden und bei einem Elternteil leben möchten. Grund dafür ist die STEIGENDE UNABHÄNGIGKEIT und zunehmende BEDEUTUNG VON FREUNDSCHAFTEN, die einfacher zu pflegen sind, wenn man im Alltag permanent an einem Ort lebt. Inwieweit Wille und Neigungen von Kindern in Umgangsangelegenheiten zu beachten sind, wird unterschiedlich beurteilt und hängt von ganz vielen Faktoren ab, zum Beispiel dem Alter des Kindes und seinen Möglichkeiten, die Tragweite seines Wunsches samt Konsequenzen abzuschätzen. Und es ist wichtig zu prüfen, inwieweit der Änderungswunsch autonom aus dem Kind heraus erwächst oder vielmehr Folge eines Loyalitätskonfliktes ist; dem Wunsch, es einem oder beiden Eltern recht zu machen. Laut Rechtsprechung der Familiengerichte ist der Wille eines Kindes dann zu beachten, wenn dieser intensiv, stabil und zielorientiert ist und über eine gewisse Zeit andauert. Und der Wunsch des Kindes sollte erkennbar autonom sein, also eigene Bedürfnisse ausdrücken und nicht Reaktion auf die Wünsche der Eltern sein.

Marianne Nolde ist Diplom-Psychologin und Fachpsychologin für Rechtspsychologie. Sie war viele Jahre hauptberuflich als Gutachterin für Familiengerichte tätig und hat selbst eine Scheidung mit Kindern erlebt, kennt die Thematik also sowohl aus fachlicher Sicht wie auch als Betroffene. In ihrem leicht verständlichen, informativen und Mut machenden Buch „Eltern bleiben nach der Trennung" gibt sie Tipps und Anregungen, wie Eltern die Reaktionen ihrer Kinder besser verstehen, mit den eigenen gekränkten Gefühlen umgehen und ein für ihre Familie individuell passendes Betreuungsmodell für die Zeit nach der Trennung entwickeln können.

Gastbeitrag Nummer drei: von Marianne Nolde

Der Wunsch des Kindes

Wenn Eltern sich trennen, müssen weitreichende Entscheidungen getroffen werden. Wie soll es weitergehen? Wie kann das künftige Betreuungsmodell aussehen? Wie finden sie eine Lösung, wenn sie sich im Moment gar nicht mehr gut verstehen und vielleicht sogar gründlich misstrauen? Manche Eltern fragen in dieser Lage ihre Kinder nach ihren Wünschen. Das machen schließlich sogar Gerichte und Gutachter, wenn sie ins Spiel kommen, warum sollten dann Eltern nicht gleich selbst so verfahren. Die Idee klingt erst einmal nicht schlecht. Ich möchte aber doch auf ein paar Aspekte hinweisen, die Eltern dabei mitbedenken sollten.

Der Wunsch des Kindes ist keine so feste Größe, wie es zunächst erscheinen mag. Er ist mitgeprägt durch das, was das Kind, das Bindungen an seine Eltern hat, als deren Bedürfnisse wahrnimmt. Womöglich solidarisiert es sich mit dem Elternteil, den es gerade als entsprechend bedürftiger wahrnimmt oder den es bei Auszug eines Elternteils spontan als den mehr Sicherheit bietenden erlebt, weil er oder sie ja nicht weggegangen ist. Was ist wirklich ureigenstes Bedürfnis des Kindes und was sein Versuch, sich an oft gar nicht ausgesprochene Wünsche der Eltern anzupassen? Mal abgesehen von den Kindern, die mehr oder weniger offen beeinflusst werden.

In was für eine Lage bringen wir das Kind, wenn es sich zwischen den Eltern entscheiden soll – wenn auch heute meistens nur noch in der Variante, mit wem es mehr oder weniger Zeit verbringen will, weil es in den meisten Fällen nicht mehr um „Alles oder Nichts" geht? Aber hat es nicht dennoch den Charakter, dass man einen Elternteil ein bisschen abwählt und es so wirken könnte, als ob man ihn weniger liebhat? Bis zur Trennung war das für das Kind in der Regel alles keine Frage. Es hatte beide Eltern lieb und war mit demjenigen zusammen, der gerade da war, beziehungsweise mit beiden.

Was wäre, wenn die Eltern nach der Trennung Eltern bleiben würden und es weiter so halten wie zuvor, dass sie miteinander herausfinden, wer wann Zeit hat, die Betreuung zu übernehmen, und das miteinander regeln würden? Denn auch nach der Trennung gibt es weiter äußere Notwendigkeiten, an denen sich das künftige Leben ausrichten wird, und es ist ohnehin eine Illusion, dass die Kinder völlig frei von äußeren Vorgaben entscheiden können.

Wenn es nur nach dem Wunsch der Kinder ginge, wie ich ihn über Jahrzehnte hinweg bei Begutachtungen gehört habe, dann würde in den meisten Fällen nichts aus der Trennung der Eltern, weil die Kinder das nicht wollen. Also ist schon mal klar: Der Wunsch der Kinder ist nur soweit von Interesse, wie er umsetzbar ist. Und dann spricht doch wirklich viel dafür, dass die Eltern zunächst miteinander eine Lösung erarbeiten, die sie realisieren können, bevor sie mit den Kindern darüber sprechen. Wenn es allein nicht klappt, eine Lösung zu finden, dann eben unterstützt durch einen Berater oder einen Mediator, statt den Kindern dafür die Verantwortung zu übertragen, wie das künftige Betreuungsmodell aussehen soll. Für viele Kinder gerät das zur Überforderung. Sie sind von der Elterntrennung verunsichert und wissen nicht, was auf sie zukommen wird. Zwei Eltern, die ihnen einvernehmlich erklären, wie es grundsätzlich weitergehen soll, geben ihnen Halt und Orientierung in einer unsicher gewordenen Situation. Das wünsche ich mir für viel mehr Trennungskinder.

Und dann, wenn die Eltern eine passable Regelung gefunden haben, finde ich den Zeitpunkt so viel günstiger, mit den Kindern deren Wünsche zu besprechen. Hat man bei den bisherigen Überlegungen vielleicht etwas übersehen, das sich die Kinder anders wünschen und das sich entsprechend ändern ließe oder wofür ein Kompromiss gefunden werden kann? Und wenn die Reaktion der Kinder aufzeigt, dass die Vorstellungen der Eltern für sie nun gar nicht passen, dann muss eben alles nochmal neu überdacht werden. Also im Grunde genauso, wie es in einer „intakten" Familie wäre. Da gibt es auch Veränderungen und Konflikte, für die eine Lösung gefunden werden muss, die möglichst für alle Beteiligten mehr oder weniger tragbar ist.

Und auch da ist mit ausschlaggebend, was machbar ist.

Mein Vorschlag für Eltern in Trennungssituationen lautet: Bleiben Sie in der Elternrolle. Würdigen Sie, dass Sie in vielen Dingen mehr Erfahrung haben als Ihre Kinder und manches besser überblicken können, wie zum Beispiel berufliche und finanzielle Erfordernisse. Legen Sie einen groben Rahmen fest, wie Sie die Nachtrennungsfamilie gestalten wollen und können – und innerhalb dieses Rahmens ist dann immer noch Raum für die Wünsche Ihrer Kinder, die gehört, beachtet und in Ihr Betreuungsmodell eingepflegt werden sollten.

Und bleiben Sie aufmerksam für Signale der Kinder, die dafürsprechen, dass eine Veränderung und Neuanpassung sinnvoll ist, zum Beispiel weil mit zunehmendem Alter der Kinder sich ihre Bedürfnisse ändern. Wenn

Sie weiterhin in gutem Kontakt miteinander sind, wird Ihr Kind sich Ihnen anvertrauen, und Sie als Eltern werden entsprechend reagieren und Ihr Betreuungsmodell anpassen können.

2. Indikatoren für ein passendes Umgangsmodell

Woran erkennen Eltern, dass ein Umgangsmodell momentan am besten zu ihrer Familie nach der Trennung passt? Die einfach klingende Antwort lautet: Wenn es sich für den Vater, für die Mutter und für das Kind STIMMIG anfühlt, wenn es die Bedürfnisse von Eltern und Kind soweit derzeit möglich erfüllt und im Alltag für alle Beteiligten PRAKTIKABEL ist. Aber wann ist das so? Auf Seiten des Kindes sind die drei wichtigsten Aspekte des Kindeswohls zu berücksichtigen: GEBORGENHEIT, KONTINUITÄT und LIEBEVOLLE BEZIEHUNGEN, aufseiten der Eltern sind deren Bedürfnisse zu beachten, als Eltern aber auch als getrenntes Paar sowie als Individuen an sich, zum Beispiel der Wunsch nach ABSTAND oder das Bedürfnis, eine NEUE BEZIEHUNG zu leben. Und es muss zum Tagesablauf des Kindes passen, sowie mit dem beruflichen und privaten Alltag der Eltern vereinbar und durch beide gut zu bewältigen sein.

Sieben praktische Indikatoren können Eltern zur Prüfung infrage kommender Umgangsmodelle ansetzen:

INDIKATOR NUMMER EINS: **KONTINUITÄT**

Gerade in Zeiten des Umbruchs durch eine Trennung ist es für das Wohl des Kindes hilfreich, wenn sich ansonsten so wenig wie möglich ändert, damit das Kind sich durchgehend geborgen und gut umsorgt fühlt. Eine Umgangsregelung ist unter diesem Aspekt also dann passend, wenn die Betreuungsverteilung aus der Zeit des Zusammenlebens auch nach der Trennung so weit wie möglich beibehalten wird, im zeitlichen Umfang, aber auch inhaltlich und qualitativ. Kümmerte sich bisher der Vater um die musikalische Begleitung und die Mutter um sportliche Aktivitäten, so kann dies auch weiterhin so gehandhabt werden. Teilten sich die Eltern vor der Trennung die zeitliche Verantwortung hälftig auf oder betreute ein Elternteil mehr, weil er weniger arbeitete, dann kann dies so oder ähnlich fortgeführt werden. Muss es aber nicht, weil die Trennung ja auch einiges verändert, zum Beispiel beim bisher mehr betreuenden Elternteil die finanzielle Notwendigkeit nach Aufstockung auf Vollzeit bewirkt, sodass neu geplant werden muss. Auch kann die Trennung Anstoß geben, Situationen zu verändern, die bisher von einem Elternteil als unbefriedigend wahrgenommen wurden. Kontinuität kann auch auf andere Weise geschaffen werden, zum Beispiel bleibt dann die bisherige Familienwohnung und damit das räumliche Umfeld erhalten. Routinen und Rituale der Familie geben Struktur und Stabilität und dauern idealerweise über die Trennung hinweg fort. Und andere wichtige Bezugspersonen wie zum Beispiel Großeltern, Freunde, Paten und Nachbarn werden weiterhin einbezogen.

Erfahrungsbericht Nummer vier

„Und ich habe den großen Teil der Care-Arbeit zu Hause geleistet: Haushalt, einkaufen und kochen, Kinder zum Klavierunterricht bringen und zum Fußballtraining oder zum Schwimmtraining, als Elternvertreterin den Kuchenbasar in der Schule betreuen, Arzt- und KFO-Termine mit den Kindern organisieren und so weiter... Das wollte ich auch so beibehalten, denn mit diesem Teil meines Lebens war ich sehr zufrieden. Natürlich war ich auch sehr angestrengt von den vielen Aufgaben und der vielen Verantwortung, und habe auch eine Menge gejammert, dass immer ich den Überblick haben muss. Gleichzeitig war ich nicht bereit, etwas von der Verantwortung und den vielen Aufgaben abzugeben. Das sollte so bleiben! Schließlich fühlte ich mich sehr wohl damit gebraucht zu werden. Und ich hatte natürlich Angst davor, Zeit ohne meine Kinder zu verbringen, obwohl ich schon wieder eine neue Partnerschaft eingegangen war. Mir war auch zu der Zeit schon bewusst, dass meine Kinder im Vergleich zu anderen Kindern relativ viel Zeit mit ihrem Papa verbracht hatten und er immer dafür gesorgt hat, dass sie eine enge und sehr liebevolle Beziehung hatten. Dennoch habe ich den Bärenanteil an der Kindererziehung bis zur Trennung bei mir gesehen.“ Siehe › Seite 230.

INDIKATOR NUMMER ZWEI: **TAGESABLAUF DES KINDES**

Die Dauer von Kita beziehungsweise Schule sowie Hortbetreuung sind wichtige Eckpfeiler im Tagesablauf eines Kindes, ebenso wie Essenszeiten und Schlafrhythmus. Eine passende Umgangsregelung berücksichtigt diese Parameter, insbesondere für die Übergaben, aber auch für Zwischendurchkontakte mit dem anderen Elternteil. Mit wachsendem Alter der Kinder ändert sich deren Tagesablauf kontinuierlich, sodass immer wieder Anpassungen stattfinden. Auch sollten die Kalender der Kinder nicht übermäßig gefüllt werden, sondern Ruhephasen, Auszeiten alleine oder mit Freunden, entspannte Momente zu Hause eingebaut werden.
Da die Wechsel zwischen den Eltern bei allen Umgangsmodellen bereits regelmäßige Veränderungen bedeuten, ist dies bei getrennten Familien umso wichtiger.

INDIKATOR NUMMER DREI: **ALLTAG DER ELTERN**

Eine Umgangsregelung ist passend, wenn sie zum Alltag der getrennten Eltern passt, zu ihren Arbeitszeiten und ihrer privaten Situation. Berufliches Engagement, aber auch Zeit für Erholung, Hobbys, Freunde und neue Partner sind wichtig. Und nicht egoistisch, sondern sie erhalten die Fähigkeit, gute Eltern zu bleiben. Gerade in Zeiten der Trennung möchten Eltern es ihren Kindern oft so schön wie möglich machen, alles soll perfekt sein - wenn sie schon nicht mehr zusammenleben. Vielleicht wollen sie auch der tollere Elternteil sein, dem Kind mehr bieten. Dies kann zu einer Überforderung von Eltern bis hin zur Erschöpfung führen. Eine Schule oder Freizeitaktivität ist zum Beispiel nicht ideal, wenn die Anfahrt für einen Elternteil über eine Stunde mit dem Auto quer durch die Stadt im Berufsverkehr bedeuten würde. Auch zeigen Studien, dass Kinder nicht ständig bespaßt werden wollen, sondern es oft die kleinen Dinge des Alltags sind, die ihnen ein gutes Gefühl geben, Geborgenheit stärken, sie sich zu Hause fühlen lassen. Zum Beispiel gemeinsam einkaufen und kochen, Filme schauen, Morgen- und Abendrituale.

INDIKATOR NUMMER VIER: ALTERSBEDINGTE UND INDIVIDUELLE BEDÜRFNISSE DES KINDES

Kinder werden älter und nicht nur ihr Tagesrhythmus ändert sich, sondern auch ihre Wahrnehmungen und Bedürfnisse sind je nach Alter unterschiedlich. Das Zeitempfinden lässt mit wachsendem Alter längere Perspektiven zu, und somit größere Wechselintervalle und damit einhergehende längere Abwesenheit von einem Elternteil. Auch ändert sich mit zunehmenden Alter die Betreuungsintensität, da die Selbständigkeit von Kindern kontinuierlich zunimmt, sie können mehr alleine organisieren und verbringen weniger Zeit mit ihren Eltern. Dies gilt ebenso für Familien, die noch unter einem Dach leben, dort ergibt sich das Miteinander nur meist organischer. Die Bedeutung von gleichaltrigen Bezugspersonen nimmt zu, in Schule und Sport/Musik und Nachbarschaft, dafür wird immer mehr Raum gefordert, den ein passendes Umgangsmodell zunehmend ermöglicht.

INDIKATOR NUMMER FÜNF: BEDÜRFNISSE DER ELTERN

Eltern in Trennung denken oft vor allem an ihre Kinder. Denen soll es gut gehen, alles andere muss zurückstehen. Genau diese Überlegung kann aber hinderlich sein, weil Eltern sich dann auf Situationen einlassen, die sie überfordern, die dann nicht gut funktionieren, was wiederum schlecht für das Kind ist. Kurz nach einer sehr schmerzhaften Trennung passt es vielleicht nicht zum Abstandsbedürfnis eines Elternteils, das Kind am Samstag beim gemütlichen Kaffeetrinken zu übergeben und das erste Weihnachten nach der Trennung gemeinsam zu feiern. Dann ist es wichtig, diese GRENZEN zu erkennen und aufzuzeigen, denn für Kinder ist es angenehmer, reibungslose Übergaben in der Kita zu erleben statt verkrampfter persönlicher Treffen, ebenso wie besser getrennte harmonische Weihnachten zum Beispiel mit Großeltern und Familienfreunden als gemeinsame mit beiden Eltern, bei denen es zu Spannungen, Streit und Tränen kommt.

Erfahrungsbericht Nummer zehn

„Florian wechselte immer am Montag – der eine Elternteil brachte ihn an diesem Tag noch zum Kindergarten, der andere Elternteil holte ihn dort ab und betreute ihn für eine Woche. Wir vermieden eine Begegnung, weil das in dieser damals noch aufgeladenen Stimmung oft in einen Streit mündete und sich letztlich als nachteilig für das Kind erwies." Siehe › Seite 244.

INDIKATOR NUMMER SECHS: BEZUGSPERSONEN UND UNTERSTÜTZUNG

Neben den Eltern haben Kinder weitere Bezugspersonen, kleine Kinder zunächst andere Erwachsene (Erzieher, Verwandte) und gegebenenfalls Kita- Bekanntschaften, ältere Kinder gleichaltrige Freunde und Bekannte. Passende Betreuungsmodelle geben hierfür Raum und nutzen diese sogar, im Sinne der Kontinuität und zur Betreuung. Nach Möglichkeit sollten Umzüge und Kita-/Schulwechsel während der ersten Trennungszeit vermieden werden. So können Nachbarn, Kita-/Schulfreunde, Erzieherinnen und Lehrer erhalten bleiben. Auch andere Erwachsene wie Großeltern, Paten, Freunde der Eltern, Au-pair und Babysitter können weiterhin einbezogen werden, als Bezugspersonen und zur Schließung von Betreuungslücken. Für ältere Kinder sind vertraute Freunde wichtig. Vielleicht haben von denen einige auch bereits eine Trennung der Eltern erlebt; mit denen können sie sich austauschen und spenden diese dem Kind Zuversicht, dass das Leben auch nach diesem Umbruch gut weitergeht und die Familie erhalten bleiben kann. Psychologische Betreuung kann für ein Kind ebenfalls sehr entlastend wirken, weil es mit einer außenstehenden erwachsenen Person offen reden kann, über sich selbst und seine Empfindungen, Wünsche und Ängste, ohne, wie bei den Eltern, Rücksicht auf deren Situation und Gefühle nehmen zu müssen.

INDIKATOR NUMMER SIEBEN: FINANZIERBARKEIT

„Über Geld spricht man nicht" scheint nicht zuletzt in den finanziell herausfordernden Zeiten einer Trennung zu gelten. Macht sich ein Elternteil oder machen sich beide Sorgen, dass sie die ins Auge gefasste Umgangsregelung finanziell nicht stemmen können, dann sprechen sie das häufig nicht offen an. Sondern stützen sich auf andere Punkte, beispielsweise das Kindeswohl. So kann es sein, dass ein Elternteil das Wechselmodell ablehnt, weil er oder sie befürchtet, dann keinen Unterhalt mehr zu bekommen und dadurch die Fixkosten wie zum Beispiel Miete, die unabhängig vom Umgangsmodell anfallen, nicht decken zu können. Oder umgekehrt wünscht sich ein Elternteil das Wechselmodell unter anderem deshalb, weil er oder sie denkt, dann keinen Unterhalt bezahlen zu müssen. Oder ein Elternteil möchte eigentlich das Kind hälftig betreuen, scheut aber die geringeren Verdienstmöglichkeiten durch Teilzeittätigkeit oder die zusätzlichen Kosten für Fremdbetreuung. Sprechen Eltern finanzielle Themen explizit an, dann haben sie die Chance, diese aufzulösen, eigene Wege zu gehen, zum Beispiel Umgang und Unterhalt thematisch zu entkoppeln, anders als in aller Regel vor Gericht (siehe › Seite 175). Ein hierfür passender Rahmen kann die Mediation sein (siehe › Seite 190).

3. Wann das Wechselmodell passen kann

Das Wechselmodell ist für manche Familien die perfekte Lösung und für andere unvorstellbar, und dann gibt es noch alles dazwischen, je nach Individualität des Einzelfalls. Abhängig von allen Facetten der einzigartigen Situation jeder Familie und bedingt durch die Persönlichkeit des Kindes und die individuellen Möglichkeiten der Eltern passen ganz unterschiedliche Überlegungen. Vergleicht man viele Fälle in Rechtsprechung und Literatur sowie den im dritten Kapitel dargestellten Fallbeispielen sowie den im siebten Kapitel abgedruckten Erfahrungsberichten, dann lassen sich einige Voraussetzungen erkennen, die eher für das Wechselmodell sprechen sowie Indikatoren, die eher dagegensprechen. Was nicht bedeutet, dass ein Wechselmodell dann zwingend ausgeschlossen ist, sondern dass diese Themen dann gelöst beziehungsweise bei der Wahl des passenden Fundaments für die getrennte Familie besser berücksichtigt werden.

GUTE VORAUSSETZUNGEN FÜR DAS WECHSELMODELL

Für ein Wechselmodell spricht vor allem der GRUNDSATZ DER KONTINUITÄT, also wenn die Eltern bereits vor der Trennung das Kind (annähernd) hälftig betreuten. Dann haben in aller Regel auch beide ihren beruflichen Alltag und ihr sonstiges Leben bereits entsprechend eingerichtet, sodass einiges für eine Weiterführung dieses Modells auch unter zwei Dächern spricht. Ist es das Kind aus der Zeit vor der Trennung gewohnt, dass beide Eltern sich auch im Alltag kümmern, dann besteht meistens auch eine vergleichbare Bindung zu beiden und ist das Kind normalerweise auch bereit, zwei gleichwertige Zuhause zu etablieren, also bei und mit beiden Eltern zu leben (siehe Fallbeispiel › Seite 125).

Das Wechselmodell kann außerdem nur dann gut funktionieren, wenn die Eltern nach der räumlichen Trennung nah beieinander wohnen. Zumindest gilt dies spätestens mit Schulanfang, nach Ansicht einiger bereits ab dem Kita- Alter. Die Anmeldung eines Kindes an zwei Kitas ist theoretisch möglich, wenn auch wenig praktikabel, aber spätestens ab Schulbeginn muss die Entscheidung für eine Schule an einem Ort fallen. Die Wege zu Kita/Schule sollten von beiden Eltern aus ähnlich lang sein, und für die sozialen Kontakte des Kindes ist es wichtig, dass sein übriges UMFELD KONSTANT ist, zumindest ab einem gewissen Alter, wenn die Freunde und eigenen Freizeitaktivitäten immer mehr Raum einnehmen.

Hilfreich, aber nicht unabdingbar, ist eine ENTSPANNTE FINANZIELLE SITUATION, trotz der oft teuren Trennung, um zwei gleichwertige kindgerechte Wohnungen mit eigenen Bereichen für das Kind zu finanzieren sowie gegebenenfalls Fremdbetreuung zum Schließen von Betreuungslücken. Aber es gibt auch Beispiele von Familien, die staatliche Unterstützung beziehen und im Wechselmodell leben. Unter gewissen Voraussetzungen können beide Wohngeld beziehen, da das Wohngeldgesetz eine der wenigen Regelungen ist, in dem das Wechselmodell ausdrücklich berücksichtigt wird (siehe › Seite 198).

Eine sehr hilfreiche Voraussetzung für das Wechselmodell ist außerdem eine GUTE KOOPERATION und KONSTRUKTIVE KOMMUNIKATION der Eltern. Und es macht das Leben als Familie einfacher, wenn Trennungseltern sich in vielen Fragen des Alltags und der Erziehung entweder einig sind oder Toleranz üben können, indem sie darauf vertrauen, dass der andere, trotz gegebenenfalls persönlicher Differenzen, ein guter Vater oder eine gute Mutter ist. Letztlich erleichtert dies die Umsetzung jedes Umgangsmodells, macht jede Elternschaft nach einer Trennung angenehmer. Es gibt Eltern, die ausgiebige persönliche Übergaben pflegen, mit gemeinsamen Mahlzeiten oder Freizeitaktivitäten, die gern zusammen Familienzeit erleben und sich regelmäßig über das Kind austauschen, telefonisch oder persönlich bei einem Kaffee. Wenn solche Begegnungen als Familie für beide Eltern gut passen, bereichern sie das Familienleben und stärken den Zusammenhalt.

Erfahrungsbericht Nummer sieben

„Wir waren nie die typische „Wir gehen am Sonntag alle zusammen im Grunewald spazieren" Familie. Vielmehr haben Karl und ich schon immer viel „unser Ding gemacht", d. h. uns viel abgewechselt mit den Kindern, dass jeder auch kinderfreie Zeit hatte und auszugehen konnte oder auch mal ein paar Tage in den Urlaub fahren. Ich glaube, dass für die Kinder deswegen die Umstellung auf das Wechselmodell nach der Trennung auch nicht der größtmögliche Kulturschock war. Geholfen hat sicherlich, dass wir von Anfang an weitestgehend respektvoll miteinander umgegangen sind und vor den Kindern keinen Streit ausgetragen haben. (Ich habe eher gegen die neue Freundin geätzt, die vormals meine beste Freundin und der Trennungsgrund war). Die Kinder finden es super, zwei Wohnungen zu haben, bei Karl eine Zwei-Zimmer-Wohnung, in der sie sich ein Zimmer teilen und die gegenseitige Nähe auch sehr genießen. In meiner ziemlich großen Wohnung haben sie zwei Zimmer. Unser Erziehungsstil ist ähnlich, jedoch gibt es natürlich auch unterschiedliche Regelungen. Mir ist eine gesunde Ernährung wichtig, der Vater ist mehr von der PiPaPo-Fraktion (Pizza, Pasta, Pommes) und sieht keine Notwendigkeit, hier etwas zu ändern. Das war aber auch schon in unserer Beziehung großes Konfliktthema – insofern keine große Veränderung, außer, dass die Kinder, da sie nun ja jede zweite Woche ein Maximum an Kalorien bei einem Minimum an Bewegung aufnehmen etwas rundlicher geworden sind." Siehe › Seite 236.

INDIKATOREN GEGEN EIN WECHSELMODELL

Einigkeit besteht darüber, dass das Wechselmodell nicht gut funktionieren kann, wenn die Eltern nach der Trennung weit auseinander wohnen, in anderen Stadtteilen, Städten, Ländern, Kontinenten.

Inwieweit ist das Wechselmodell ausgeschlossen, wenn das Kind nicht bereit ist, bei beiden Eltern gleichermaßen zu leben? Wenn es Wechsel verweigert, bei einem Elternteil ständig nach dem anderen ruft, wenn die Umgewöhnung sehr lange braucht und das Kind nach der Rückkehr von einem Elternteil tagelang sehr angespannt wirkt? Eine einfache Antwort hierfür gibt es nicht, da viele Faktoren zu betrachten sind. Das Alter des Kindes ist ganz entscheidend; es macht einen großen Unterschied, ob ein vierjähriges Kind nicht wechseln möchte oder ein 17-jähriges. Und vor allem ist genau hinzusehen, welche Gründe das Kind äußert und was möglicherweise dahinterstecken kann. Marianne Nolde, die als psychologische Gutachterin vor Gericht zahlreiche Umgangsprozesse begleitet, hat in ihrem Gastbeitrag ausführlich darüber geschrieben (siehe › Seite 142).

Viel diskutiert wird in Literatur und Rechtsprechung außerdem, ob gegen ein Wechselmodell spricht, dass die Eltern sich nicht gut verstehen beziehungsweise sehr zerstritten sind. Einige Stimmen sagen, dass streitig allein als Faktor noch nicht genügt. Zu unterscheiden gilt es vielmehr, worüber die Eltern streiten. Sind es Themen aus der beendeten Paarbeziehung, geht es um Trennungsfragen, wie zum Beispiel Finanzen und Umgang oder diskutieren sie Erziehung und andere kinderbezogene Themen? Und wie gehen die Eltern mit dem Streit um, halten sie die Kinder draußen oder werden diese einbezogen, in einen Loyalitätskonflikt gebracht? Und selbst wenn letzteres stattfände, wäre es bei einem anderen Umgangsmodell besser? Oder kann umgekehrt ein paritätisches Umgangsmodell vielleicht sogar deeskalierend wirken? Bei unterschiedlichen Erziehungsansichten, besteht ein gewisses Vertrauen darauf, dass der andere auf seine/ihre Weise ein guter Elternteil ist? Die Kinder selbst könnten vermutlich gut damit leben, dass bei den Eltern andere Regeln und abweichende Abläufe gelten, solange die Eltern gegenseitige Toleranz üben.

Erfahrungsbericht Nummer zehn
„Nein, es war keine einvernehmliche Entscheidung, sondern eine, die die Mutter zunächst eher zähneknirschend mittrug. Ich lese öfter, dass ein Wechselmodell nur dann sinnvoll sei, wenn die Eltern diese Entscheidung einvernehmlich getroffen haben, aber ich war und bin trotzdem auch heute noch der Überzeugung, dass es die richtige war. Einvernehmliche, vernunftbasierte Entscheidungen von Eltern sind erstrebenswert, aber – viele werden das aus leidvoller Erfahrung kennen – nicht immer zu erreichen. Und natürlich muss man auch in diesen hochstrittigen Situationen das Wohl des Kindes im Auge behalten. Es ist eben oft ein Abwägen, in diesem Fall bin ich der Meinung, dass es richtig war, den Konflikt auszutragen, auch wenn unser Sohn – und in Teilen dürfte er einiges davon mitbekommen haben – darunter litt. Denn was ist die Alternative? Ich habe oft lieber einmal mehr nachgegeben, als einen Konflikt auszutragen. Aus Angst, am Ende würde es auf Kosten des Kindes gehen. Das ist in vielen Situationen sicherlich vollkommen richtig, aber es gibt auch solche, in denen ein „Wegducken“ ein falsches Signal an das eigene Kind ist – auch das ist nicht der richtige Umgang mit Konflikten. Manchmal muss man auch den Konflikt aushalten und austragen, wenn es einen wirklich guten Grund dafür gibt. Wenn Kinder am meisten durch das Vorleben seiner Eltern erlernen, dann sicherlich auch gerade über den konstruktiven Umgang mit Konflikten.” Siehe › Seite 242.

Viele setzen auch bei konflikthaften Eltern ein Minimum an Kommunikation und Kooperation in kindbezogenen Alltagsthemen voraus, zum Beispiel über die Abstimmung, wer zum Elternabend geht. Denkbar sind für Einige Wechselmodelle mit sehr strikten Regelungen und klar getrennten Verantwortungsbereichen, die kaum Kommunikation und Abstimmung erfordern. Nach Ansicht einiger Befürworter des Wechselmodells genügt eine sogenannte parallele Elternschaft, ein getrenntes Erziehen. Also zumindest eine Art passive Elternkooperation - den anderen gewähren lassen und nicht dessen Elternschaft torpedieren oder sabotieren. Dann betreuen beide Eltern ungefähr hälftig das Kind, es gibt strikte Absprachen und klare Vereinbarungen und dadurch im Alltag kaum Überschneidungen und Diskussionen. Übergaben erfolgen in Schule/Kita/Hort oder durch Hilfspersonen, sodass die Eltern nicht aufeinandertreffen. Kurzfristige Absprachen erfolgen über SMS, wichtige Informationen werden mithilfe eines Umgangstagebuchs übermittelt (siehe Eltern-Tipp Nummer 2 › Seite 78.).

Erfahrungsbericht Nummer zehn
„Die Übergabe verlief zunächst immer über den Kindergarten, dann über die Schule, wir vermieden also eher das Aufeinandertreffen als Eltern. Absprachen trafen wir damals wie heute per Mail oder SMS. Eine Weile schrieb ich Mails, in denen ich Ereignisse und „Themen" der Woche im Leben unseres Kindes Revue passieren ließ, damit Katja mit Florian daran anknüpfen konnte, aber das führte zu mehr Konflikten als nötig. Die Ferien teilen wir auf, die Feiertage feiert er abwechselnd bei einem Elternteil." Siehe › Seite 245.

Bei hochstrittigen Eltern, für die zahlreiche Stimmen in der Literatur und Rechtsprechung ein Wechselmodell ausschließen, sollte genau hingesehen werden. Und überlegt werden, ob ein anderes Umgangsmodell passender wäre, ob dann die besonders belastenden Momente, wie zum Beispiel der Einbezug der Kinder in Streitigkeiten, sowie Loyalitätskonflikte und Überforderung, vermieden werden können. Oder ob die belastenden Aspekte, insbesondere die weitergehende Eskalation von Konflikten, sich durch den „Kampf ums Kind" sogar verschärfen, gegebenenfalls einhergehend mit bewusster oder unbewusster Beeinflussung des Kindes bis hin zum Kontaktabbruch zu einem Elternteil. Unabhängig vom Umgangsmodell sollte hier dringend nach Möglichkeiten gesucht werden, die Eltern dabei zu unterstützen, ihre Verantwortung gut zu übernehmen, PAARKONFLIKTE ZU DEESKALIEREN und von der Elternschaft zu lösen um, in welchem Modell auch immer, parallel Eltern zu bleiben.

Erfahrungsbericht Nummer zehn
„Dennoch galten wir nach der Trennung als „hochstrittiges" Paar. Während meine damalige Lebensgefährtin Katja es rigoros ablehnte, ein Wechselmodell anzuwenden, war ich fest entschlossen, dieses durchzusetzen. Sie sah Kontinuität für unseren Sohn dann gegeben, wenn er weiterhin – wie bisher – vor allem von seiner Mutter betreut würde. Ich hingegen empfand, dass Florians Beziehung zu mir nicht weniger intensiv war, auch wenn ich nur nach Feierabend und am Wochenende Zeit für ihn gehabt hatte. Dass meine ehemalige Lebensgefährtin einen neuen Partner hatte (der letzte Auslöser unserer Trennung), vergrößerte sicher auch meine Verlustängste. Dass Katja auch von solchen Ängsten getrieben war, darüber dachte ich im ersten Moment nicht nach. Im Nachhinein denke ich mir, dass konflikthafte Paare wie wir, sich in einer solchen Situation, in denen die Interessen so gegeneinander stehen, eine „Auszeit" nehmen sollten. Eine Zeit, in der man sich selbst und sein neues Leben sortieren kann. Ehe man die ganz großen Entscheidungen fällt." Siehe › Seite 242.

Erfahrungsbericht Nummer fünf

„Vor diesem Vermissen hatte ich Angst. Unendlich Angst. Diese Angst setzte Energien frei. Reflexartig, gedankenlos, urgewaltig. Mit ihr als Antrieb tobte ich durch Ämter, konsolidierte Anwälte, zog in Gerichtssäle, bemühte Beratungsstellen. Der andere Elternteil tat mir gleich. Doch wirklich helfen, das konnte keiner. Wir stritten um das vielzitierte Wohl unseres Kindes, dabei ging es eigentlich nur um unser Ego. Wir benahmen uns wie trotzige, wütende, sich unverstanden gefühlte kleine Kinder. Dabei brauchen wir dringend einen Rahmen für den Umgang mit unserem Kind, einen Wegweiser, wie wir mit all diesen neuen Leben umgehen konnten, und zudem noch mit der Wut und der Angst und dem Loslassen. Als wir uns nach zähem Ringen endlich auf das Wechselmodell einigten, konnte uns niemand dazu beraten. Wir waren ein Präzedenzfall, wir waren zu früh, das System hierzulande nicht erprobt. Man guckte auf uns, aber wir, wir guckten nach anderen, nachdem wir nun nicht mehr mit dem Finger auf uns zeigen wollten; und fragten uns, ob das alles so funktionieren kann. Doch es war beschlossen: Eine Woche Mama, eine Woche Papa - keine Ausnahmen, keine Nebenabsprachen. Also lebten wir los, in unserem neuen Alltag, und während wir noch damit beschäftigt waren, Berge an Schriftwechseln zu sortieren, die vielen Rechnungen der beteiligten Institutionen zu begleichen und unsere seelischen Wunden zu versorgen, vollzog sich bei unserem Kind - bislang hin- und hergerissen durch die ständig streitenden, unter Druck stehenden Eltern - leise, still und heimlich eine wundervolle Wandlung. Als hätte unser Kleinkind gemerkt, dass da ein festes Abkommen existierte, als hätte es gemerkt, nun gibt's kein Gezerre mehr und keinen Wettkampf. Vielleicht gab es das auch nicht mehr." Siehe › Seite 232.

Übersicht Abwägungshilfe

GUTE VORAUSSETZUNGEN FÜR DAS WECHSELMODELL:

- ☐ vor allem: Kontinuität: vorher auch nahezu hälftige Betreuung
- ☐ am zweitwichtigsten: Wohnungen beider Eltern nah beieinander
- ☐ Kita, Schule und Freizeiteinrichtungen gut von beiden erreichbar
- ☐ beruflich Kinderbetreuung gut vereinbar (bei Kontinuität meist gegeben)
- ☐ solide Kooperation und Kommunikation
- ☐ ähnliche Grundhaltungen in Sachen Erziehung beziehungsweise Toleranz/Vertrauen auf Elternqualitäten des jeweils anderen
- ☐ Kind ist dafür.

INDIKATOREN GEGEN EIN WECHSELMODELL:

- ☐ Wohnungen weit voneinander entfernt
- ☐ sehr lange/unterschiedlich lange Wege zu Schule, Kita, Freizeitaktivitäten
- ☐ Kind ist dagegen
- ☐ gar keine Kommunikation zwischen den Eltern
- ☐ keinerlei Kooperation
- ☐ Streit vor dem Kind bei Übergaben
- ☐ unvereinbare Erziehungsstile und keine Toleranz beziehungsweise kein Vertrauen.

Erfahrungsbericht Nummer eins

„Bei einigen Menschen überwiegt nach einer Trennung die Enttäuschung, mich quälten vor allem Schuldgefühle. Habe ich die Kindheit meiner Tochter zerstört? Trägt sie einen Knacks davon? Möglicherweise hat mich mein schlechtes Gewissen motiviert, mich dem Kind und dem Vater gegenüber besonders fair zu verhalten und jetzt bloß nicht noch mehr Schaden anzurichten. Ich werde oft gefragt: Wechselmodell? Oh, da muss man gut kommunizieren können, oder? Ich glaube, da liegt ein Missverständnis vor. Es ist immer hilfreich, gut zu kommunizieren. Und wenn Eltern nicht freundlich miteinander umgehen, schadet es den Kindern immer. In jedem Modell. Auch wenn sie bei einem Elternteil leben und den anderen nie sehen. Und sogar, wenn die Eltern zusammenleben und offiziell alles in Ordnung ist." Siehe › Seite 225.

II. Einvernehmliche Wege zu einer Regelung

Die Mehrzahl der Trennungseltern findet eigenverantwortlich eine einvernehmliche Regelung für den Umgang nach der Trennung. Die meisten betrachten miteinander, wie Elternverantwortung und Betreuungszeiten unter einem Dach waren und versuchen, diese Kooperation in weiten Stücken fortzuführen. Andere nutzen die Trennung, um neue Modelle zu etablieren, um bisherige Ungleichgewichte auszugleichen oder sich an die neue Lebenssituation anzupassen, zum Beispiel einer Mehrarbeit des bisher hauptbetreuenden Elternteils. Je nach Alter der Kinder können diese einbezogen werden, wohlwissend, dass eine erfragte Stellungnahme, wo sie lieber leben möchten, zu belastenden Loyalitätskonflikten führen können (siehe Gastbeitrag Nummer drei, Marianne Nolde › Seite 142.).

Da alle mit der neuen Situation nach der Trennung noch Erfahrungen sammeln, entscheiden sich viele Eltern für eine BEFRISTETE ÜBERGANGSREGELUNG, zum Beispiel von drei oder sechs Monaten. Rechtzeitig vor Ablauf dieser Zeit setzen sie sich erneut zusammen, besprechen offen die gemachten Erfahrungen und justieren dann entsprechend nach. Auch später werden die Regelungen regelmäßig geprüft und gegebenenfalls angepasst, weil Kinder älter werden, weil sich berufliche und familiäre Situation ändern können: Umzüge, Nachwuchs, Berufswechsel et cetera fordern Veränderungen und gegebenenfalls neue Modelle. Auch die Kinder können regelmäßig, je nach Alter, nach ihren Erfahrungen und Empfindungen gefragt werden.

Ob die einvernehmliche Regelung und ihre Modifikationen schriftlich oder mündlich erfolgt, entscheiden die Eltern eigenverantwortlich. Eine schriftliche Regelung kann den Vorteil von mehr Klarheit und Verbindlichkeit mit sich bringen; mehr hierzu im siebten Kapitel, wo es eine Checkliste sowie Muster für Vereinbarungen zum Wechselmodell gibt.

Sind Eltern sich einig, dann können sie ganz Vieles sehr frei entscheiden. Für das Privatrecht, zu dem das Familienrecht zählt, gilt der Grundsatz der PRIVATAUTONOMIE. Dies bedeutet, es gibt wenig zwingende Regelungen, meist zum Schutz des vom Gesetzgeber als schwächer/schützenswert Angesehenen, wie zum Beispiel Kinder oder weniger verdienende Elternteile. Ansonsten sind die Beteiligten frei in ihren Verabredungen und können auf ihre ganz einzigartige Situation als Trennungsfamilie und auf die individuellen Bedürfnisse und Interessen jedes Beteiligten, der beiden

Eltern, des Kindes und etwaiger Dritter (zum Beispiel Großeltern) eingehen. Steht eine einvernehmliche Regelung, dann informieren die Eltern das Kind, wie das Fundament der Familie nach der räumlichen Trennung aussehen und mit Leben gefüllt werden wird. Je konkreter und zeitnaher, desto verständlicher ist das für Kinder, insbesondere für kleinere. Für Trennungskinder ist es in aller Regel beruhigend zu wissen, dass trotz des Beziehungsendes der Eltern sie beide in ihrem Leben behalten werden, beide sich gleichermaßen verantwortlich fühlen und sowohl Alltag als auch Freizeit mit ihnen verbringen möchten und werden.

1. Gespräch, gegebenenfalls mit Unterstützung von Familie/Freunden
Den meisten Eltern gelingt es trotz all der mit einer Trennung einhergehender Herausforderung, eigenverantwortlich und einvernehmlich ein passendes Umgangsmodell für die Familie zu finden. Sie setzen sich im Rahmen der Trennung gemeinsam hin, hören sich gegenseitig zu. Sie schieben die Paarprobleme beiseite und fokussieren sich auf das Kindeswohl und die Praktikabilität im Alltag. Manche werden dabei unterstützt durch Familienmitglieder oder Freunde, die beide Elternteile schätzen und denen beide vertrauen. Der Fokus eines solchen Gesprächs liegt auf der Zukunft als Familie. Hilfreich kann eine OFFENHEIT für die Ideen und die Bedürfnisse des anderen sein, und vor allem ein gewisses VERTRAUEN darauf, dass beide das Beste für das Kind wollen, beide zentrale Bezugspersonen des Kindes sind und beide Eltern bleiben möchten. Wir erleben immer wieder, wie Eltern hier an einer Weggabelung stehen, wie sie gemeinsam entscheiden können, welchen Weg sie als Familie gehen werden. Und vielen gelingt es, ihre Konflikte konstruktiv zu lösen und sich gemeinsam für eine Zukunft als kooperierendes Eltern-Team, als Familie unter neuen Vorzeichen zu entscheiden.

2. Beratung
Die Trennung vom Partner und Elternteil des Kindes ist für viele eine belastende und herausfordernde Umbruchsituation. Ängste, Fragen und Sorgen gepaart mit Verletzungen, Enttäuschungen oder schlechtem Gewissen machen es nicht leicht, weitreichende und wohlüberlegte, kluge und am Kindeswohl orientierte Entscheidungen zu treffen und im Dialog mit dem anderen Elternteil EINVERNEHMLICHE LÖSUNGEN zu finden. Unzählige Fragen sind offen, Sorgen um die eigene Existenz aber auch um das Kindeswohl nehmen viel Raum ein, die Stimmung mit dem anderen Elternteil ist oft nicht gut und die Kommunikation erschwert. Merken Eltern, dass ihnen wichtige Informationen fehlen, um gute Entscheidungen für sich und das Kind in dieser neuartigen Situation zu treffen, dann helfen unterschiedliche Beratungsformate weiter, die wir hier kurz vorstellen möchten; nützliche Anlaufstellen haben wir im siebten Kapitel gesammelt.

ERZIEHUNGSBERATUNG, PSYCHOLOGISCHE/PÄDAGOGISCHE BERATUNG
Jugendämter, Familienberatungsstellen, Vereine, Verbände und kirchliche Organisationen bieten Elternberatung, Erziehungsberatung oder sonstige psychologische und/oder pädagogische Beratung für Trennungseltern und Familien in Krisen an. Allgemein, spezialisiert auf Trennung oder besondere Konstellationen, zum Beispiel für binationale Familien.

Erfahrungsbericht Nummer zehn
„Meine damalige Lebensgefährtin und ich hatten uns die Sache nicht einfach gemacht. Dem endgültigen Ende der Beziehung ging eine Paartherapie voraus, die die Beziehung aber nicht rettete, sondern im Gegenteil deutlich machte, dass eine Trennung unvermeidlich war. Was im Umkehrschluss auch bedeutete: Es macht wirklich keinen Sinn eine Beziehung aufrechtzuerhalten, die nicht funktioniert. Sie funktioniert dann auch nicht für das Kind. Als Scheidungskind dauerte es eine Weile, bis ich das begriffen und verinnerlicht hatte. Dass ich mit professioneller Unterstützung zu dieser Überzeugung gelangt bin, war eine echte Hilfe und dann auch guter Boden auf dem die nächsten wichtigen Entscheidungen wachsen konnten. Ein schlechtes Gewissen dem eigenen Kind gegenüber hilft niemandem." Siehe › Seite 241.

UMGANGSBERATUNG/WECHSELMODELL-BERATUNG
Verbände und Vereine für alleinerziehende Eltern, oder Mütter-/Väterzentren bieten spezielle Beratung zum Thema Umgang an, Befürworter des Wechselmodells auch explizit rund um das Thema paritätische Betreuung.

RECHTSBERATUNG
Eine Rechtsberatung kann Trennungseltern in mehrerlei Hinsicht mit wichtigen Informationen versorgen: zur aktuellen Rechtsprechung in Sachen Umgang, zu den Rechtsverfolgungsmöglichkeiten, für den Fall, dass Eltern sich nicht einigen, und zu den rechtlichen und finanziellen Folgen der einzelnen Umgangsmodelle. Im fünften Kapitel haben wir einige Rechtsinformationen zusammengetragen, die individuellen Rechtsrat jedoch nicht ersetzen können. Klagen vor dem Familiengericht müssen ohnehin durch eine Rechtsanwältin eingereicht werden (§§ 114 Absatz 1, 111 Nummer 8 FamFG), insofern werden Anwälte, für den Fall, dass es streitig vor Gericht geht, ohnehin hinzugezogen. Dann kann es sinnvoll sein, sich bereits im Vorfeld beraten zu lassen, um gut in etwaige Verhandlungen beziehungsweise eine Mediation zu gehen, insbesondere, um die Alternativen zu einer einvernehmlichen Regelung konkret zu kennen und gegenüber den möglichen Einigungsoptionen abzuwägen. Neben Rechtsberatung kann auch eine steuerliche beziehungsweise steuerrechtliche Unterstützung sinnvoll sein.

3. Mediation

Mediation ist ein eigenverantwortliches außergerichtliches Verfahren zur Konfliktlösung. Begleitet durch eine allparteiliche Mittlerin, die Mediatorin, durchlaufen die Eltern ein mehrstufiges Verfahren Richtung einvernehmlicher Regelung. Hier können sie den weiten Rahmen, den das Familienrecht bietet, besonders gut ausschöpfen; sie können ungewöhnliche, unorthodoxe Wege gehen, die für andere vielleicht unpassend wären, aber für diese Trennungsfamilie in ihrer Situation am besten passen.

Durch einen Blick hinter die Positionen, ein Beleuchten der individuellen Bedürfnisse und persönlichen Interessen jedes Elternteils und des Kindes in der aktuellen Situation, können VERHÄRTETE FRONTEN AUFGELÖST, Blockaden beseitigt und ein GEGENSEITIGES VERSTÄNDNIS ermöglicht werden sowie ein klarer Blick auf das KINDESWOHL geworfen werden. Anhand der Möglichkeiten beider Eltern und dem Einbezug weiterer Betreuungsoptionen werden konkrete Umgangspläne entwickelt, in einer ersten Probephase praktisch umgesetzt und anschließend bei Bedarf modifiziert.

Als besonders anschauliches Beispiel für einen Blick hinter die Positionen kann das Thema Kindesunterhalt herangezogen werden. Wie wir hier im fünften Kapitel darstellen, passen klassische Herangehensweisen zur Berechnung des Kindesunterhaltes nicht, wenn die Eltern ihr Kind annähernd hälftig betreuen, da zum Beispiel die Düsseldorfer Tabelle unausgesprochen vom Residenzmodell ausgeht, also vom Grundsatz „einer betreut, einer bezahlt". Im paritätischen Wechselmodell oder annähernden paritätischen Wechselmodell betreuen jedoch beide Eltern. Nun kann irgendwie versucht werden, rechtlich dennoch einen Anspruch herzuleiten, beispielsweise, weil ein Elternteil etwas mehr betreut oder der andere mehr verdient. Oder die Eltern lösen sich vom Anspruchsdenken und überlegen sich stattdessen, was das Kind finanziell braucht. Entscheidend ist dann nicht, ob ein Unterhaltsanspruch herleitbar und ein Elternteil leistungsfähig wäre. Sondern der Blick geht auf das Kind, und was dieses monatlich benötigt. Hierfür wird zunächst von beiden Eltern eine Bedarfsliste aufgestellt mit den monatlichen Kosten des Kindes: Fixkosten, vor allem Mietanteil, Kita-Gebühren und Schulgeld, monatliche Auslagen zum Beispiel für Sport und Musik, variable Kosten, zum Beispiel für Lebensmittel sowie außergewöhnliche Auslagen wie Zahnspange, Familienfeiern, Klassenfahrten. Erfahrungen zeigen, dass es für Eltern viel einfacher ist zu besprechen, was ihr Kind braucht, dem sie ja eine erfüllte und unbeschwerte Kindheit wünschen, als was sie „dem anderen Elternteil" zahlen sollten. Erst in einem nächsten Schritt wird dann überlegt, wer welchen Anteil an den Kosten tragen kann. Und auch hier sind ungewöhnliche Regelungen möglich, wenn sie individuell gut passen: zum Beispiel ein gemeinsames Kinderkonto, von dem Fixkosten abgehen und jeder per Karte einkaufen kann (siehe Eltern-Tipp Nummer 3 › Seite 194). Absprachen können getroffen werden, ab welchem Betrag hälftig geteilt wird, zum Beispiel für teure Kleidung wie Schuhe. Oder ein Elternteil bezahlt das Schulgeld, weil ihm die englischsprachige Privatschule wichtig ist und der andere das Reiten, weil sie diesen Sport dem Kind nahebringen möchte.

Mediation gibt Trennungseltern die WERTVOLLE CHANCE, einzigartige und unorthodoxe Regelungen zu finden, die individuell auf diese Familien- und Trennungssituation passen, die nachhaltig und flexibel sind, und immer wieder nachjustiert werden können. Mediation ermöglicht die thematische Entkoppelung von Themen, zum Beispiel von Umgang und Unterhalt, schafft Raum, für beide Fragen unabhängig voneinander bedarfsorientierte Lösungen zu finden. Und umgekehrt ermöglicht Mediation die Verbindung von vielen unterschiedlichen Fragen zu einer GESAMTLÖSUNG, zu einem umfassenden Familien-Lösungs-Paket, das beide Eltern FAIR und GERECHT finden.

Eltern sind Experten für ihre Situation und für ihr Kind, und daher können sie am besten wissen, was gut für alle passt. Eltern, die noch zusammenleben, nutzen die Mediation außerdem als geschützten Ort für Konflikte, und verweisen im Alltag, wenn Diskussionen aufkommen, auf die nächste Sitzung. Dies kann sehr entlastend wirken, auch für andere Eltern, die zum Beispiel bei der Übergabe aufeinandertreffen und einer spricht ein umstrittenes Thema an.

Erfahrungsbericht Nummer zwei
„Ich schlug eine Mediation vor - das Konzept war mir vertraut. Denn in den Jahren, in denen es sich abzeichnete, dass ich mich beruflich neu orientieren muss, hatte ich mit dem Gedanken gespielt, selbst Mediatorin zu werden. Wir ließen uns über die nächsten Monate im Trennungsprozess begleiten. Strittige Fragen klammerten wir im Alltag komplett aus und vertagten sie auf die nächste Sitzung." Siehe › Seite 227.

Gleichzeitig bietet die Mediationssitzung ein geschütztes Forum für einen OFFENEN und KONSTRUKTIVEN AUSTAUSCH der Eltern. Auch wenn die Mediation gute Lösungen für die Zukunft sucht, kann ein Blick in die Vergangenheit helfen, den Raum für neue Wege zu ebnen. Unausgesprochene Verletzungen, Enttäuschungen und Missverständnisse aus der Zeit als Paar oder durch die Trennung erschweren es, den Blick auf die Zukunft als Familie und auf das Wohl des Kindes zu fokussieren. So kann es sein, dass Eltern um ein Thema streiten, zum Beispiel den Umgang, dahinter aber unausgesprochen andere Belange stehen. Auch wenn die Trennung einen Einschnitt bedeutet, ändert sich nicht schlagartig alles, vielmehr können Befindlichkeiten und Reibungspunkte aus der Zeit als Paar nun auf Elternebene weiterwirken. Hatte beispielsweise ein Elternteil schon vor der Trennung den Eindruck, dass letztlich alles rund um Kind und Haushalt an ihm oder ihr hängen bliebe, dann kann es sein, dass dies eine Einigung für die Zukunft erschwert. Fühlt sich ein Elternteil durch die Trennung in Stich gelassen, möchte er diese gar nicht, dann wird es ihm oder ihr schwerfallen, dennoch finanziell für die neue Situation aufkommen zu müssen. All dies kann in einer Mediation besprochen, vielleicht nicht umfassend gelöst, aber zumindest soweit transparent gemacht werden, dass die Vergangenheit als Paar weitestgehend ruhen kann und der Blick auf die Zukunft als Eltern gerichtet werden kann, auf die Familie unter neuen Vorzeichen.

In den meisten Mediationen nehmen Kinder nicht tatsächlich an den Sitzungen teil, sie können aber mittelbar einbezogen werden, durch ihre Eltern als Experten und Verantwortliche. Durch einen Stuhl, durch ein Foto oder eine Figur wird der Blick beider Eltern auf das Wohl des Kindes fokussiert. Was würde das Kind sagen und fühlen und wollen, wäre es hier und würde es mitentscheiden dürfen? Welche Lösung ist am besten für das Kind?

BEGLEITEND zu einer Mediation ist RECHTSBERATUNG sinnvoll, spätestens vor Unterzeichnung einer Vereinbarung, um gut informiert zu sein und die Alternativen zu einer Einigung zu kennen. Eine Mediatorin mit rechtlichem Hintergrund darf zwar allgemeine rechtliche Informationen geben, so zum Beispiel den Begriff des Sorgerechts erklären, sie darf aber nicht rechtlich beraten, weil dies nicht unparteiisch möglich wäre.

Eine Mediation endet mit einer schriftlichen oder mündlichen Regelung, der ELTERNVEREINBARUNG, samt konkreter UMGANGSPLÄNE und gegebenenfalls einem Familienkalender (siehe Eltern-Tipp Nummer 1 › Seite 74). Zusätzlich zu Umgangsfragen können weitere Trennungsthemen bearbeitet werden, Fragen rund um das Sorgerecht und Finanzen, außerdem Scheidungsfolgen wie Zugewinn- und Versorgungsausgleich. Auch Erziehungsfragen, wie zum Beispiel Schulwahl, Medienkonsum und Ernährung können im Rahmen der Mediation besprochen werden. Viele Trennungseltern vereinbaren in Sachen Umgang eine vorübergehende Regelung für drei bis sechs Monate, die sie testen und anschließend in einer neuen Mediationssitzung besprechen, ihre Erfahrungen offen und ehrlich austauschen und gegebenenfalls nachjustieren. Mediationsvereinbarungen, so zeigen Untersuchungen, sind NACHHALTIGER als gerichtliche Beschlüsse und werden viel häufiger von beiden Eltern eingehalten. Sie passen besser auf die jeweilige Familie in ihrer einzigartigen Situation, es können die individuellen Bedürfnisse von Eltern und Kind eingebracht werden. Durch das „sich selbst erarbeiten" stehen die Eltern eher dahinter, als wenn ein Gericht ihnen etwas auferlegt; dort erlebt sich meist einer als Verlierer und der andere als Gewinner. Nach einer Mediation fühlen sich in aller Regel beide Eltern auf Augenhöhe, sie konnten dort die Beziehungs- und die Trennungsgeschichte ansprechen und nun ruhen lassen, und sich auf eine Zukunft als partnerschaftliche Eltern konzentrieren.

Passende Mediatoren und Mediatorinnen in Ihrer Stadt finden Sie am besten, indem Sie Freunde fragen, die eine Mediation durchlaufen haben. Ähnlich wie Ärzte sind auch die Dienstleistungen von Mediatoren höchstpersönlich und Empfehlungen damit ein sehr guter Weg, den oder die passende zu finden. Mehr dazu finden Sie im nachfolgenden Gastbeitrag Nummer vier von Swetlana von Bismarck sowie im siebten Kapitel, wo wir einige Anlaufstellen gesammelt haben.

Erfahrungsbericht Nummer zehn

„Wir waren lange hochstrittig – und auch heute noch muss ich mit großem Bedauern feststellen, dass Florian wahrnimmt, dass wir uns in vielen Punkten nicht einig sind, dass es Streit gibt, auch wenn wir ihn nicht vor ihm austragen. Um einen besseren Umgang für mich damit zu finden, habe ich vielfältige Angebote angenommen: Zunächst einmal habe ich eine Anwältin für Familienrecht konsultiert, nicht, weil ich das Wechselmodell juristisch durchsetzen wollte, sondern, weil ich eine Sicherheit über meine Rechte und Pflichten erlangen wollte. Die Anwältin war ein Glücksgriff, weil sie defensiv vorging und mich nie dazu ermutigte, tatsächlich juristisch zu handeln. Darüber hinaus habe ich die Familienberatung der Caritas in Anspruch genommen, ein ebensolcher Glücksgriff, der mir die Möglichkeit gab, den gesamten Prozess professionell zu betrachten und mich darüber auszutauschen – und das hat wie auch ein flankierender „Kinder im Blick"-Kurs meine Sinne für den Umgang mit meinem Kind und seiner Mutter sensibilisiert. Das klingt vielleicht albern, aber in Konfliktsituationen mit der ehemaligen Partnerin war es für mich durchaus hilfreich, nicht impulsiv zu reagieren, sondern mich stattdessen immer wieder auf den einzig wichtigen Punkt zu fokussieren: Was hilft jetzt meinem Kind? Zum Glück haben wir ein Gericht nie bemühen müssen – dafür bin ich wirklich dankbar, auch der Mutter meines Kindes. Im Austausch mit anderen Elternteilen in diesem „Kinder im Blick"-Kurs bekam ich einen Einblick in Geschichten von Eltern, die sich mit Prozessen überzogen, in denen ihre Kinder involviert wurden. Das wollte ich immer unbedingt vermeiden.„ Siehe › Seite 243.

Swetlana von Bismarck, Geschäftsführerin der Bundesarbeitsgemeinschaft für Familienmediation, Mediatorin (BAFM), Mediatorin bei Zusammenwirken im Familienkonflikt e. V., bei der Berliner Mediationszentrale e. V. und MiKK e. V. (Internationales Mediationszentrum für Familienkonflikte und Kindesentführung), Verfahrensbeiständin und Rechtsanwältin in der Konsenskanzlei Berlin/Dresden (www.konsenskanzlei.de).

Gastbeitrag Nummer vier: von Swetlana von Bismarck

Betreuungsmodelle und Familienmediation

Die Modelle guter gemeinsamer Elternschaft auch nach einer Trennung oder Scheidung sind so vielfältig wie die Lebensentwürfe der Menschen und ihre Bedürfnisse. Jede Familie sollte für sich individuell das beste Betreuungsmodell finden können.
Familienmediation kann dabei helfen,

- wieder ins Gespräch zu kommen,
- Klarheit für die eigenen Interessen und Bedürfnisse zu gewinnen,
- gemeinsam einen Blick auf die gemeinsamen Kinder und deren Bedürfnisse zu werfen,
- allen Möglichkeiten gegenüber offen zu bleiben,
- von der Kompetenz und den Ideen des anderen zu profitieren,
- letztlich das beste Betreuungsmodell zu finden und zum Nutzen aller nachhaltig zu leben,
- und ein einmal etabliertes Modell mit gemeinsamen Leben zu füllen und Schwierigkeiten dabei gemeinsam zu meistern.

Die Familienmediation bietet einen Rahmen, sachlich miteinander zu sprechen. Sie hilft mit einer bewährten Struktur, miteinander zu reden und alte Gesprächsmuster zu verlassen. Die Parteien werden jeweils in ihrer Selbstbehauptung und Interessenwahrnehmung gestärkt. Dies führt zu mehr Offenheit neuer und vielleicht für alle passenderen Lösungen, ohne dass Kompromisse eingegangen werden müssen.
Woran erkenne ich eine/n gute/n Familienmediator/in?
Familienmediator/inn/en sind empathisch ohne Partei zu ergreifen. Sie sehen eine Trennung oder Scheidung als ein normales Geschehen in unserer Gesellschaft, an dem niemand Schuld trägt. Sie kennen Beziehungs- und Familiendynamiken. Sie können mit ihrer Arbeit Machtungleichgewichte ausgleichen, aber auch erkennen, wann eine Mediation nicht das richtige Format für eine faire und nachhaltige Lösung ist. Sie wissen um den rechtlichen Hintergrund von Trennung und Scheidung. Sie beraten jedoch nicht in der Sache, weder therapeutisch noch rechtlich. Sie machen keine Lösungsvorschläge und sind ergebnisoffen. Sie sind davon überzeugt, dass jeder Vater und jede Mutter letztlich kompetenter sind, für ihre gemeinsame Familie eine faire und nachhaltige Lösung zu finden, als jeder beratende Dritte.
Engagierte und gut ausgebildete Familienmediator/inn/en finden Sie über die Homepage der BAFM https://www.bafm-mediation.de)

III. Gerichtliche Verfahren

Bevor ein gerichtliches Verfahren angestrebt wird, ist eine erste Rechtsberatung sinnvoll, zu den Möglichkeiten und Kosten, zum passenden Antrag, und vor allem zu den, an der bisherigen Rechtsprechung orientierten, Chancen und Risiken. Manche Eltern haben ein schlechtes Gewissen, wenn sie zur Klärung ihrer Trennungsfrage gerichtliche Hilfe in Anspruch nehmen. Und doch können wir froh sein, dass wir in unserem Land gut funktionierende Gerichte haben, die angerufen werden können, wenn eine einvernehmliche und eigenverantwortliche Lösung aus ganz unterschiedlichen Gründen heraus gerade nicht möglich ist. Und es kann sehr entlastend sein und für zumindest vorübergehende Klärung sorgen, wenn ein Gerichtsverfahren die Belange der Familie so lange regelt, bis die Eltern dies wieder selbst übernehmen können. Gerichtliche Verfahren enden mit einem Beschluss oder einem gerichtlichen Vergleich, häufig ordnet das Gericht auch eine Erziehungsberatung oder ein Informationsgespräch für Mediation an, da es stets eine einvernehmliche und eigenverantwortliche Regelung bevorzugt (§ 156 FamFG).

Nachteil einer gerichtlichen Lösung kann die GEFAHR DER ESKALATION sein, durch die streitige Vorgehensweise, die Argumentation in Positionen, und der Vorträge von Rechtsanwälten, die inhaltlich für Laien oft schwer zu verstehen sind und häufig von der Tonlage her als aggressiv empfunden werden. Auch verschlimmern sich Situationen durch Anschuldigungen, durch das „Anschwärzen" des anderen Elternteils bei Behörden wie zum Beispiel dem Jugendamt. Ein Gerichtsbeschluss kann für eine Familie nicht so ganz genau passen und ein Elternteil sich als Verlierer fühlen und der andere als Sieger. Die Hauptschwierigkeit vom Rechtsweg ist, dass höchstpersönliche Bereiche wie das Familienleben nicht wirklich durchgehend staatlich reglementiert werden können. Das heißt, wenn ein Elternteil sich nicht an gerichtliche Entscheidung halten möchte, es für ihn oder sie zahlreiche Möglichkeiten gibt, dem nicht nachzukommen. So wie unauffällige Boykotte, zum Beispiel ist das Kind dann ständig krank, wenn es zum anderen Elternteil wechseln soll. Oder, bewusst oder unbewusst, eine Beeinflussung des Kindes, das den anderen Elternteil dann schlicht gar nicht mehr sehen will. Tatsächlich durchsetzen, im Sinne von zwangsvollstrecken, kann der umgangssuchende Elternteil die gerichtlichen Umgangsanordnungen häufig nicht, weil dies dem Kindeswohl widerspräche. Umgangssuchende Eltern fühlen sich somit machtlos; gerichtliche Titel helfen praktisch nicht wirklich weiter und die Zeit spielt gegen sie, da die Entfremdung vom Kind zunimmt, je länger sie es nicht sehen können. Aus dieser sehr belastenden Situation kommen Eltern vermutlich nur mithilfe einer umfassenden Unterstützung durch Trennungs- und Familienexperten wieder heraus, durch Beratungsangebote und Mediation. Ansonsten kann, wie bereits angedeutet, eine gerichtliche Entscheidung zu einer ersten Klärung führen, und wenn beide Eltern die Entscheidung akzeptieren, zu Frieden und Entlastung. Die Familie rettet sich damit über die erste schwierige Zeit der Trennung. Später können immer noch einvernehmliche Regelungen gefunden werden, wenn die Eltern sich dies wieder zutrauen. Meist führt das mit Leben erfüllen der gerichtlichen Umgangsregelung mit der Zeit zu neuem Vertrauen in den anderen Elternteil und die Familie kann neuformiert werden. Wie ein gerichtliches Verfahren abläuft, schildert Fachanwältin für Familienrecht Martina Wurl im nachfolgenden Gastbeitrag Nummer fünf.

Welche Rechtsprechung zum Wechselmodell aktuell ist, ob ein Antrag zum Sorgerecht oder zum Umgang gestellt werden müsste und welche Gerichte zuständig sind, besprechen wir im folgenden fünften Kapitel.

Martina Wurl ist Fachanwältin für Familienrecht und Arbeitsrecht. 1995 ergänzte sie ihre Fähigkeiten mit der Ausbildung zur Mediatorin und 2007 bekam sie den Titel Master of Arts (Mediation) an der Europauniversität Viadrina. Sie ist als Rechtsanwältin, Coach, Mediatorin und Ausbilderin tätig und war 20 Jahre Vorstandsmitglied im Bundesverband Mediation in Wirtschaft und Arbeitswelt. Unter anderem erhielt sie Lehraufträge an den Universitäten Rostock, Münster und der TU Dresden. Weitere Informationen unter https://fachanwaelte.de.

Gastbeitrag Nummer fünf: von Martina Wurl

Der neue Kampf ums Kind: Wir wechseln!

Wechselmodell.

Für die einen kann es die Möglichkeit, ihr Kind oder ihre Kinder trotz Trennung im Alltag zu erleben, sein. Die Kinder zu versorgen, zu betreuen, zu begleiten und zu erziehen. Da zu sein und nicht nur für die Freizeitgestaltung zuständig. Für die anderen kann es ein Angriff, eine Einmischung und eine Bedrohung sein. Der Verlust einer Machtposition.

Der Konflikt beginnt

Simon und Marlene haben sich kurz nach der Geburt ihres Kindes getrennt. Marlene hat früh wieder angefangen zu arbeiten und ist dankbar dafür, dass sich Simon und seine Mutter um Lilly kümmern. Die Oma holt Lilly mittags von der Einrichtung ab, betreut sie und Marlene holt Lilly abends nach der Arbeit ab. Lilly rechtzeitig in der Einrichtung abzuholen wäre eine Belastung für Marlene. Außerdem kann sie so auf dem Heimweg noch Einkäufe machen. Für alle eine win-win-Situation. In dem Sommer, in dem Lilly drei Jahre alt wird, lernt Marlene einen neuen Partner kennen. Von heute auf morgen ändert sich alles. Lilly darf nicht mehr von der Oma abgeholt werden und ist regelmäßig das Kind, das als letztes aus der Einrichtung abgeholt wird. Simon wird ein knappes Umgangsrecht „zugesprochen“.

Die ersten Schritte
Simon und seine Mutter wenden sich an das Jugendamt. Die dort versuchte Vermittlung scheitert. Der Konflikt eskaliert. Simon und Marlene reden nicht mehr miteinander. Das Nötigste wird über kurze Textnachrichten ausgetauscht. Und Simon geht zu seiner Anwältin. Es erfolgt ein letzter Versuch, außergerichtlich zu einer Einigung zu kommen. Auch dieser scheitert.

Gerichtliche Verfahren
Simon reicht einen Antrag auf Installierung des Wechselmodells ein. Zunächst wird ein Verfahrensbeistand für Lilly bestellt und das Jugendamt wird gebeten, einen Bericht zu schreiben. Kurz nach Zustellung des Antrags an ihren Anwalt kürzt Marlene aus vorgeschobenen Gründen den Umgang weiter. Anwaltsschriftsätze gehen hin und her. Simon stellt einen Antrag im einstweiligen Verfahren auf Regelung des Umgangs. Auf Intervention des Verfahrensbeistands stimmt Marlene zu, den Umgang wieder wie vor Einreichung des Antrags durchzuführen. So kann immerhin schon ein Verfahren beendet werden. Allerdings ändert Simon jetzt seinen ursprünglichen Antrag. Er beantragt das Aufenthaltsbestimmungsrecht. Zur Begründung verweist er darauf, dass Marlene den Umgang mit dem Vater nicht gewährleisten kann. Er versichert, dass er das Wechselmodell verlässlich durchführen wird.

Die Entscheidung
Dann kommt der Gerichtstermin. Lilly wird wegen ihres Alters nicht vom Gericht angehört. Im Termin werden die Berichte des Verfahrensbeistands und des Jugendamts erörtert. Aus beiden Berichten ergibt sich, dass der Vater eine verlässliche Größe für Lilly ist. Lilly fühlt sich wohl beim Vater und hat auch genossen, von der Oma abgeholt zu werden und bei ihr zu sein. Es gibt keinen Grund, das Wechselmodell nicht zu praktizieren. Marlene weigert sich weiterhin. Sie gibt an, dass sie von Simon und dessen Mutter bevormundet würde. Sie fühlt sich in ihrer Position als Mutter nicht wertgeschätzt. Die Richterin unternimmt den Versuch einer einvernehmlichen Regelung, in letzter Minute. Marlene ist nach wie vor nicht mit dem Wechselmodell einverstanden. Auch als die Richterin äußert, dass sie keinen Grund sieht, der gegen das Wechselmodell spricht, stimmt Marlene nicht
zu. Die Richterin setzt einen Verkündungstermin an und verkündet in dem Termin ihre Entscheidung: Das Wechselmodell wird angeordnet.

Wie geht es weiter?
Das Wechselmodell wird mehr und mehr nachgefragt. Es gibt viele Eltern, die es beide wollen. Sie wollen dem Kind oder den Kindern beide Elternteile erhalten. Daneben ist es oft auch für den Beruf vorteilhaft. In der Zeit, in der der andere Elternteil betreut, ist mehr Zeit für die Arbeit. In der Zeit mit dem Kind oder den Kindern kann die Arbeitszeit redu-

ziert werden. Es hört sich wie eine win-win-Situation an. Aber das ist nicht immer so. Es gibt auch diejenigen, die das Wechselmodell wollen, um Unterhalt zu sparen. Oder um die/den andere*n zu ärgern. Um zu schaden. Es gibt diejenigen, die die Trennung (noch) nicht verarbeitet haben. Oder die Angst haben, weniger Unterhalt zu bekommen. Die eine neue Familie aufbauen und mit der Vergangenheit möglichst abschließen wollen.
Wenn Gerichte entscheiden, geht es immer um das Kindeswohl. Wir fordern die perfekten Eltern, die ihre Gefühle und Ängste ausblenden können und nur die Interessen ihres Kindes oder ihrer Kinder sehen. Im wirklichen Leben gibt es diese Eltern weder vor noch nach der Trennung in den wenigsten Fällen. Als Beraterin und Vertreterin hinterfrage ich den Wunsch ebenso wie die Ablehnung. Das Wechselmodell verlangt sowohl Kindern wie Eltern viel ab. Es muss daher verantwortungsvoll und sorgfältig geprüft werden

Zusammenfassung

Nach der Lektüre dieses Kapitels sind Sie darüber informiert, wie:

- ☐ Praktische Wege aussehen, das für Sie passende Umgangsmodell zu finden
- ☐ Übergangslösungen auf dem Weg dahin aussehen können
- ☐ Welche Indikatoren Ihnen als Entscheidungshilfe zur Verfügung stehen
- ☐ Welche einvernehmlichen Verfahren Sie dabei unterstützen können
- ☐ Ein gerichtliches Verfahren abläuft, um ein Umgangsmodell zu konstituieren und welche Unterstützung Sie dabei wo bekommen können.

Finanzen und Recht

In diesem Kapitel geben wir einen Überblick über die rechtlichen und finanziellen Fragen rund um das Wechselmodell sowie die aktuelle politische Debatte zum Wechselmodell als Leitbild.

5. Finanzen und Recht

Das vorige Kapitel schließt ab mit den Möglichkeiten, auf gerichtlichem Weg zu einem Umgangsmodell, also gegebenenfalls auch zum Wechselmodell zu gelangen. Hier besprechen wir nun die rechtliche und finanzielle Situation rund um die paritätische Betreuung: Wir betrachten die derzeitige Gesetzeslage und aktuelle Rechtsprechung, wir erläutern die SYSTEMATISCHE EINORDNUNG zwischen Umgang und Sorgerecht, und die rechtliche Abgrenzung des Wechselmodells von anderen Umgangsformen. Wir widmen uns der für einige Trennungspaare wichtigen Frage, ob ein Elternteil gegen den Willen des anderen Elternteils das Wechselmodell gerichtlich durchsetzen kann. Danach beleuchten wir die aus dem Umgang im Wechselmodell resultierenden Konsequenzen: finanzielle und rechtliche Folgen, die sich für Eltern und Kinder ergeben.

Zum Einstieg beginnen wir mit einem Blick auf die aktuelle POLITISCHE DISKUSSION in Deutschland, insbesondere die Forderung der FDP nach dem Wechselmodell als gesetzlichem Leitbild.

I. Leitbild Umgang

Die FDP sowie einige Interessenverbände, zum Beispiel die „Projektgruppe Doppelresidenz" fordern die gesetzliche Festschreibung des Wechselmodells als Leitbild für Familien nach der Trennung. Was würde dies in der Praxis bedeuten? Welche konkreten Konsequenzen würde dies für Trennungseltern nach sich ziehen? Was kann dafür und was dagegensprechen?

1. Bedeutung

Eine gesetzliche Festschreibung des Wechselmodells als Leitbild würde bedeuten, dass der Gesetzgeber im Falle einer Trennung davon ausginge, dass als Normalfall ein Kind von beiden Eltern (circa) hälftig betreut wird. Ebenso würde ein Familiengericht bei Trennung und Scheidung zunächst vom Wechselmodell als Regelfall ausgehen. Was bedeutet dies konkret für Trennungseltern? Umgangsfragen werden ja nur dann vor Gericht verhandelt, wenn Eltern sich nicht auf ein Modell einigen können, und zumindest einer von beiden gerichtliche Schritte einleitet. Wäre das Wechselmodell als gesetzliches Leitbild verankert, dann ginge eine Richterin bei Trennung zunächst davon aus, dass die Eltern ihr Kind gleichberechtigt betreuen möchten. Das Familiengericht prüft dann also nicht positiv, ob das Wechselmodell bei dieser Familie gut passen kann. Denn laut Gesetz wäre es ja der naheliegende, bevorzugte Umgang nach Trennung und grundsätzlich dem Kindeswohl entsprechend. Nur, wenn deutliche Gegenanzeichen vorliegen oder wenn ein Elternteil etwas Anderes beantragt, prüft das Gericht negativ, ob etwas gegen die Betreuung im Wechselmodell spräche (sogenannte negative Kindeswohlprüfung). Ein Antragsteller müsste solche Gründe glaubhaft machen beziehungsweise diese für das Gericht deutlich erkennbar sein, und einziger Maßstab wäre das Wohl des Kindes. Allein die Tatsache, dass die Eltern sich in Sachen Umgang nicht einigen können, würde noch nicht als Ausschlussgrund genügen, anders, als es oft momentan oft gehandhabt wird.

Ein wenig vergleichbar ist die Situation und Diskussion mit der Reform von 1998 in Sachen Sorgerecht. Verheiratete Eltern haben kraft Gesetzes mit der Geburt des Kindes das gemeinsame Sorgerecht (§1626 Absatz 1 Satz 1 BGB). Vor der Reform wurde mit der Scheidung auch über das Sorgerecht entschieden und es ging in aller Regel allein an die Mutter. Nach der Reform wurde es zum gesetzlichen Normalfall, dass beide Eltern auch nach Trennung und Scheidung das Sorgerecht weiterhin GEMEINSAM ausüben (§1687 BGB). Dennoch kann ein Gericht auf Antrag das Sorgerecht nach §1671 Absatz 1 BGB auf einen Elternteil übertragen, wenn entweder der andere Elternteil zustimmt (Nummer 1) oder zu erwarten ist, dass die Aufhebung der gemeinsamen Sorge und die Übertragung auf den Antragsteller dem Wohl des Kindes am besten entspricht (Nummer 2). Es muss also ein Antrag vorliegen und gute Gründe dafür sprechen (beziehungsweise der andere zustimmen), ansonsten bleibt das gemeinsame Sorgerecht nach der Scheidung fortbestehen. Vor 1998 war es umgekehrt, die Eltern mussten gemeinsame elterliche Sorge extra beantragen. Gemeinsames Sorgerecht ist heutzutage also der Regelfall, das Leitbild, was aber nicht bedeutet, dass alle Trennungspaare die elterliche Sorge gemeinsam ausüben müssen, ob es passt und gut für das Kind ist oder nicht. Sondern es bedeutet, dass normalerweise die elterliche Sorge gemeinsam ausgeübt wird, weil der Gesetzgeber davon ausgeht, dass diese Regelung bei den meisten Familien gut passt, und nur dann eine andere Verteilung des Sorgerechts geprüft wird, wenn stichhaltige Gründe erkennbar sind, die gegen die gemeinsame elterliche Sorge sprechen könnten, oder ein entsprechender Antrag gestellt wird.

Die Festschreibung eines gesetzlichen Leitbildes hat somit, neben politischer und gesellschaftlicher Signalwirkung, vor allem prozessrechtliche Auswirkungen, sie bedeutet eine Art Umkehr der Beweislast. Nochmals am Beispiel Sorgerecht: Möchten beide Eltern die gemeinsame elterliche Sorge nach Scheidung behalten und unternehmen sie nichts, gelangt die Angelegenheit erst gar nicht vor Gericht. Im Scheidungsantrag steht lediglich, dass beide Eltern weiter das gemeinsame Sorgerecht behalten möchten; die Richterin prüft nichts weiter, sofern keine klaren Gegenanzeigen erkennbar und von Amts wegen zu prüfen sind. Sprechen aus der Sicht eines Elternteils gewichtige Gründe für die Übertragung des alleinigen Sorgerechts auf sich, dann kann er dies beantragen (§ 1671 Absatz 1 BGB). Und hat dann vor Gericht dazulegen, welche Gründe dies sind und wie sie sich auf die gemeinsame Ausübung der elterlichen Sorge, insbesondere im Hinblick auf das Kindeswohl, auswirken. Das Gericht prüft diese Gründe und entscheidet dann entweder für die Übertragung des Sorgerechts auf den Antragsteller oder dagegen, dann bleibt die gemeinsame elterliche Sorge auch nach der Scheidung bestehen. Das Gericht untersucht also nicht positiv, was im konkreten Fall für das gemeinsame Sorgerecht spräche, sondern es prüft negativ, was konkret dagegen sprechen könnte, stets mit Blick auf das Wohl des Kindes. Und allein der Umstand, dass die Eltern sich nicht einig sind und deshalb eine gerichtliche Klärung in Anspruch nehmen, genügt noch nicht als Ausschlussgrund.

Wäre das Wechselmodell gesetzliches Leitbild, dann müssten Trennungseltern, die nach der Scheidung im Wechselmodell leben möchten, gar nichts weiter unternehmen, außer dies im etwaigen Scheidungsantrag zu erwähnen. Die Scheidungsrichterin würde dann nicht positiv prüfen, ob das Wechselmodell passt, sondern davon ausgehen, dass dies wohl so sei, sofern nicht deutliche Anzeichen für Gefährdung des Kindeswohls erkennbar wären. Möchte ein Elternteil keine gleichberechtigte Betreuung, sondern bevorzugt ein anderes Umgangsmodell, dann müsste er dies ausdrücklich beantragen und stichhaltige Gründe gegen das Wechselmodell glaubhaft machen. Und erst dann, auf diesen Antrag hin, überprüft das Familiengericht, ob es gute Gründe geben könnte, die gegen das Wechselmodell und für ein anderes Umgangsmodell sprechen, stets mit Blick auf das Wohl des Kindes. Und auch hier genügt es dann nicht, dass die Eltern sich nicht einig sind.

2. Heutige gerichtliche Praxis

Gegner des Wechselmodells als gesetzliches Leitbild argumentieren, dass im Falle von dessen Etablierung Familiengerichte inhaltlich voreingenommen wären, also ein Umgangsmodell, nämlich die gleichberechtigte Betreuung nach Trennung und Scheidung, bevorzugen würden. Sie halten es für besser, wenn Familiengerichte ergebnisoffen den individuellen Einzelfall prüfen und das Umgangsmodell finden, das für diese Eltern und Kinder in ihrer einzigartigen Situation am besten passt. Tatsächlich, so argumentieren viele Befürworter des Wechselmodells, entspräche dies weder der gesetzlichen noch der richterlichen Realität. Die Gründungsväter des Bürgerlichen Gesetzbuches von 1900 gingen vielmehr vom Residenzmodell als Regelfall aus. Das Kind lebte seinerzeit nach einer Trennung bei der Mutter und besuchte den Vater. Somit sei das damalige und weiterhin aktuelle Leitbild das Residenzmodell. Dafür spricht, wie wir später noch im Detail sehen werden, dass die meisten Regelungen in Sachen Kind ebenso wie die Düsseldorfer Tabelle unausgesprochen vom Residenzmodell als Normalfall ausgehen.

Was bedeutet dies PROZESSRECHTLICH? Stehen Trennungseltern vor Gericht, weil sie sich nicht auf ein Umgangsmodell einigen können und zumindest ein Elternteil einen Antrag auf gerichtliche Klärung stellt, gehen Familiengerichte vom Residenzmodell als Leitbild, als Normalfall aus. Sie prüfen dann also lediglich, ob etwas explizit gegen das Residenzmodell spräche. Und allein ausreichend ist hierfür nicht, dass der andere Elternteil dagegen ist, weil er sich mehr Umgang wünscht. Eine Einigkeit der Eltern über das Residenzmodell wird also nicht als unerlässliche Voraussetzung für einen gelingenden Umgang unter Berücksichtigung des Kindeswohls gesehen. Denn wären sie sich einig, stünden sie ja nicht vor Gericht. Vielmehr müssen weitere erhebliche Gründe hinzukommen, damit vom Residenzmodell abgewichen und das Wechselmodell überhaupt in Erwägung gezogen wird. Beantragt ein Elternteil den Umgang nach Trennung und Scheidung im Wechselmodell, dann muss er gute Gründe für das Wechselmodell (und gegen das Residenzmodell) glaubhaft machen und prüft das Familiengericht das positive Vorliegen dieser Voraussetzungen und das Fehlen von Gegenanzeichen. Und hier ist nach Ansicht vieler Befürworter des Wechselmodells unklar, inwieweit Familiengerichte einheitlich vorgehen oder ob nicht vielmehr die persönliche Einstellung der Richter in Sachen Umgang und Elternrolle nach Trennung in die Entscheidungsfindung hineinspielen, was im Hinblick auf die Rechtssicherheit nicht ganz unproblematisch sein könnte. Wertet man, wie Frau Sünderhauf in ihrem Fachbuch zum Wechselmodell (siehe › Seite 263), zahlreiche Gerichtsentscheidungen aus, dann fällt auf, dass Richter sehr unterschiedlich argumentieren. Für manche ist das Wechselmodell bereits ausgeschlossen, weil es per se dem Kindeswohl widerspräche, ohne weitere Prüfung des Einzelfalls. Für andere Richter ist das Wechselmodell immer ausgeschlossen, wenn ein Elternteil dagegen ist, was ja stets der Fall ist, wenn es vor Gericht verhandelt wird. Oder ihnen reicht der Widerspruch eines Elternteils noch nicht, sie halten es jedoch zumindest dann für ausgeschlossen, wenn die Trennungseltern als „hochstrittig" gelten, wobei sie hierfür uneinheitliche Kriterien ansetzen. Derzeit noch eine Minderheit der Familiengerichte steht dem Wechselmodell im Grundsatz offen gegenüber, auch bei Widerspruch eines Elternteils beziehungsweise Hochstrittigkeit des Trennungspaares. Diese Gerichte prüfen, ob im individuellen Einzelfall die positiven Voraussetzungen für ein Wechselmodell gegeben sind, im Hinblick auf das Kindeswohl, und welche konkreten Gründe gegebenenfalls dagegen sprechen.

Eine einheitliche Rechtsprechung ist somit nicht erkennbar, wohl aber eine weitgehende Skepsis, entweder grundsätzlich und somit unabhängig vom verhandelten Einzelfall, oder zumindest bei Widerspruch eines Elternteils beziehungsweise bei Hochstrittigkeit des Trennungspaares.

Der Elternteil, der das Residenzmodell bevorzugt, muss also wenig unternehmen, weil die meisten Gerichte es weiterhin als Normalfall nach der Trennung ansehen, dass das Kind bei einem Elternteil, in den meisten Fällen der Mutter, lebt. Und es oft schon genügt, dass dieser Elternteil gegen das Wechselmodell ist beziehungsweise glaubhaft machen kann, dass man sich als Eltern schlecht verstehe und nicht gut kooperiere. Der andere Elternteil, der sich ein Wechselmodell wünscht, müsste hingegen positiv beweisen, dass das Residenzmodell dem Kindeswohl widerspricht und gegen den erklärten Willen des anderen Elternteils das Wechselmodell besser für das Kind wäre, und dass beide Eltern sehr wohl gut kommunizieren und kooperieren. Dies dürfte in der Praxis in aller Regel schwierig zu belegen sein. Selbst wenn der Elternteil, der sich das Wechselmodell wünscht, jahrelangen positiven und konstruktiven E-Mail/WhatsApp Verkehr vorlegen würde, könnte der andere Elternteil dies mit einigen streitigen Gesprächen widerlegen beziehungsweise aus prozesstaktischen Gründen sogar Streit provozieren, um die eigene Position zu stärken. Dies widerspräche dem Kindeswohl, das nachweislich unter langanhaltenden und eskalierten Konflikten der Eltern leidet.

3. Politische Forderungen

Die FDP sowie einige Interessenverbände fordern die gesetzliche Verankerung des Wechselmodells als Leitbild für den Umgang nach Trennung. Deren zentrale Argumente sehen wir uns hier im Überblick an.

ARGUMENT EINS: KINDESWOHL

Gleichberechtigter Umgang mit beiden Eltern fördert die enge Bindung und liebevolle Beziehung zu beiden und ist in aller Regel (Ausnahmen sind natürlich denkbar) am besten für das Kindeswohl.

ARGUMENT ZWEI: GESELLSCHAFTLICHE REALITÄT

Es entspricht nicht mehr der gesellschaftlichen Realität, dass Mütter sich ausschließlich und alleine um das Kind kümmern und Väter nur berufstätig sind. Vielmehr hat sich hier die Rollenverteilung verändert und sind in den meisten Familien beide Eltern (gegebenenfalls in unterschiedlichem Umfang) berufstätig und nehmen die sogenannten „neuen Väter" auch bereits vor der Trennung eine tragende Rolle bei der Betreuung der Kinder ein. Aus Gründen der Kontinuität solle dies auch nach einer Trennung so weitergeführt werden.

ARGUMENT DREI: GELEBTE GLEICHBERECHTIGUNG
Es kommt Frauen zugute, wenn Väter sich nach der Trennung hälftig an der Kinderbetreuung beteiligen, damit Mütter diese nicht im Alltag weitgehend alleine leisten müssen, sondern auch Zeit für Berufliches haben, und sich damit finanziell unabhängig aufstellen können. Alleinerziehend zu sein ist eines der größten Armutsrisiken in Deutschland, bei gemeinsam getrenntem Erziehen wird diese finanzielle und zeitliche Belastung, die Vereinbarkeit von Familie und Beruf, von beiden Eltern gleichermaßen getragen.

ARGUMENT VIER: LEITBILD AKTUELL RESIDENZMODELL
Es stimmt nicht, dass die Gerichte heutzutage ergebnisoffen den Umgang betrachten. Vielmehr gibt es bereits ein gesetzliches Leitbild, und zwar das Residenzmodell, und dieses entspricht nicht mehr der gesellschaftlichen Realität.

ARGUMENT FÜNF: ELTERNVERANTWORTUNG STÄRKEN
Alleine die Tatsache, dass ein Elternteil aktuell das Wechselmodell ablehnt, darf nicht als Ausschlussgrund genügen, ebenso wie beim Residenzmodell. Bei jedem Umgangsmodell ist es sinnvoll und förderlich für das Wohl des Kindes, dass die Eltern in einem Mindestmaß kooperieren und Kinder aus ihren Konflikten heraushalten. Daher sollten Eltern im Rahmen der Trennung lernen, losgelöst von ihren Paarkonflikten gemeinsame Elternverantwortung zu übernehmen und als Eltern-Team gut zu kooperieren. Dies ist für das Wohl der Trennungskinder wichtiger als das gewählte Umgangsmodell. Der Gesetzgeber solle konkrete Beratungsangebote und Unterstützungsmöglichkeiten für Trennungseltern anbieten, damit sie lernen, trotz Trennung gemeinsam Eltern und Familie zu bleiben.

ARGUMENT SECHS: UNTERHALTSRECHT IST UNMODERN
Finanzielle Erwägungen dürfen nicht gegen das Wechselmodell herangezogen werden. Die Normen zum Unterhalt und die Düsseldorfer Tabelle basieren auf dem Residenzmodell und passen nicht mehr zur heutigen Realität vieler Trennungsfamilien. Unterhaltsfragen müssen modernisiert und neu geregelt werden. Durch die paritätische Betreuung erhalten beide Eltern eine vergleichbare Möglichkeit, sich beruflich zu etablieren und etwaige Ungleichgewichte, die zum Beispiel auf der Zeit vor der Trennung beruhen, können durch zum Wechselmodell passenden neuen Unterhaltsregelungen ausgeglichen werden.

ARGUMENT SIEBEN: WECHSELMODELL ALS LEITBILD WIRKT DEESKALIEREND
Ist man der Ansicht, dass die Eltern idealerweise eigenverantwortlich und einvernehmlich ihre familiären Angelegenheiten regeln sollten, dann

wäre es wünschenswert, dass sie sich auf ein Umgangsmodell einigen und etwaige Streitigkeiten, aus der Beziehung oder zum Beispiel über Finanzen, davon loslösen können. Gehen Gerichte allerdings davon aus, dass es zwar dem Wechselmodell widerspricht, dass die Eltern sich nicht darauf einigen können, nicht aber dem Residenzmodell, dann kann dies zu Eskalationen vor Gericht führen. Der Elternteil, der das Residenzmodell beantragt, könnte aus strategischen Erwägungen heraus wenig Interesse an einer guten Elternbasis, an konstruktiver Kommunikation und Kooperation haben, weil dies seinen Antrag auf Umgang im Residenzmodell gefährden könnte. Wäre hingegen das Wechselmodell Leitbild und würde der Widerstand eines Elternteils dagegen nicht als alleiniger Ausschlussgrund genügen, dann zielen derartige prozesstaktische Überlegungen ins Leere. Vielmehr könnten die Gerichte bei zerstrittenen Eltern dennoch das Wechselmodell anordnen, und gleichzeitig ein konkretes Beratungsangebot für die Eltern anbieten, zum Beispiel eine Erziehungsberatung, Kurse wie „Kinder im Blick" (siehe › Seite 263) oder eine Mediation zu den noch streitigen Themen, was sich entlastend auf das Elternverhältnis auswirken wird. Und damit positiv auf das Wohl des Kindes (Argument 5: Elternverantwortung stärken).

Daniel Föst, geboren 1976 in Schweinfurt, ist verheiratet und lebt mit seiner Frau und seinen zwei Kindern in München. Nach Abitur, Lehre im Möbeleinzelhandel, Studium und Selbständigkeit, ist er seit 2017 Mitglied des Deutschen Bundestages. Er ist Mitglied im Familienausschuss und in der Fraktion der Freien Demokraten zuständig für alle Themen, die in Familien nach einer Trennung relevant werden können. Bereits seit Jahren setzt er sich dafür ein, das Wechselmodell als Leitbild in Politik und Gesellschaft zu etablieren und fordert eine Reform des Sorge- und Umgangsrechts unter Einbeziehung des Unterhaltsrechts. Weitere Informationen auf: www.daniel-foest.de.

Interview Nummer vier: mit Daniel Föst

Wie kamen Sie dazu, sich mit dem Thema Wechselmodell zu befassen?

Selbst bin ich glücklich verheiratet und habe zwei Kinder, drei Jahre und fünf Jahre alt. Ich bin privat also in einer anderen Situation als viele Trennungseltern. Als Bundestagsabgeordneter bin ich sehr viel unterwegs, bringe mich zuhause aber in die Erziehung und Betreuung meiner Kinder gern und viel ein. Das gehört für mich zu einem modernen Rollenverständnis dazu. Beruflich beschäftige ich mich in der Familienpolitik mit der Vereinbarkeit von Familie und Beruf und mit Familien nach Trennungen. Über dieses Thema bin ich zum Wechselmodell gekommen und zur großen Schieflage bei uns im gesetzlichen Rahmen bei der Frage, wie es nach einer Trennung weitergeht, wie sich beide Eltern weiterhin in die Betreuung und Erziehung ihrer Kinder einbringen können.

Was spricht laut FDP dafür, das Wechselmodell als gesetzliches Leitbild für den Umgang nach Trennung zu etablieren?

Für uns sprechen dafür vor allem Gerechtigkeitsgedanken sowie die tatsächlich gelebte Realität in der überwiegenden Mehrheit der ungetrennten Familien. In vielen Bereichen der Nachtrennung will man hingegen wieder ein veraltetes Rollenbild aus dem letzten Jahrhundert leben: „Einer erzieht und einer zahlt". Dadurch verfestigt sich nach der Trennung, was wir gesellschaftlich ansonsten bereits überwunden hatten.

Unsere Gesellschaft hat sich sehr modernisiert, Rollenbilder sich deutlich gewandelt. Das Residenzmodell nach der Trennung übergeht das und das ist ungerecht gegenüber dem Elternteil, der vor allem zahlt, obwohl er vorher bereits große Teile der Erziehung mit übernommen hatte.
Das produziert natürlich per se Streit, wenn sich ein Elternteil ständig zurückgesetzt fühlt. Und die Streitigkeiten der Eltern werden auf dem Rücken der Kinder ausgetragen.
Für das Wechselmodell spricht für die FDP außerdem die bessere Vereinbarkeit von Familie und Beruf. Alleinerziehende haben von Natur aus ein großes Problem, ihr Armutsrisiko ist sehr hoch. Durch die zeitlich besser aufgeteilte Betreuung eröffnen sich für Eltern neue Chancen am Arbeitsmarkt. Jeder kann besser für sich selbst sorgen, nimmt mehr an der Gesellschaft teil, wenn der andere die Kinderbetreuung in einem erheblichen Umfang mitträgt, gerade auch im Alltag. Langzeitstudien aus anderen Ländern zeigen, dass der ausgewogene Kontakt zu beiden Eltern für Kinder wichtig und gut ist.

Was bedeutet es konkret für Eltern nach einer Trennung, wenn das Leitbild Wechselmodell gesetzlich verankert werden würde? In welchen Konstellationen spielt dies dann eine Rolle und mit welchen praktischen Konsequenzen wäre zu rechnen?
Für uns Freie Demokraten ist es wichtig, dass es eine individuelle Entscheidung der Trennungseltern bleibt, welches Umgangsmodell in dieser konkreten Familie gelebt wird und funktioniert. Wir wollen eine Umkehr des eingefahren, aktuellen Systems, wir wollen, dass auch nach der Trennung weiterhin gemeinsam erzogen wird. Derzeit wird vom Residenzmodell als Leitbild ausgegangen, diese Diskussion wollen wir umkehren. Wir wollen Trennungseltern dabei unterstützen, sich privat zu einigen. Diejenigen, die Beratung und Betreuung in Anspruch nehmen wollen und müssen, sollten eher das Wechselmodell empfohlen bekommen. Eltern sollten also nicht erst vor Gericht, sondern bereits vorher auf unterschiedlichen Wegen dabei unterstützt werden, auch nach der Trennung ihre Kinder einvernehmlich zu betreuen. Dieser gemeinschaftliche Weg ist für uns vielversprechender und sollte nicht nur für rechtliche Beratung gelten, sondern auch für andere Beratungen etwa bei Erziehungs- oder Trennungsfragen. Wir brauchen viel mehr Mediation im Vorfeld einer Verhandlung.
Das Wechselmodell muss zur Grundlage gemacht werden, für alle rechtlichen Regelungen, die bisher - oft ohne es zu nennen - vom Residenzmodell ausgehen. Das Leitbild spielt für uns also nicht nur eine Rolle, wenn die Trennungseltern vor Gericht landen. Sondern vor allem im Verständnis der Rollenbilder in unserer Gesellschaft. Das Leitbild muss bereits in der Ausbildung von zum Beispiel Gutachtern, Verfahrensbeiständen,

Jugendamtsmitarbeitern, Mediatoren, Beratern und Richtern eine Rolle spielen. Bei allen, bei denen Familien Hilfe suchen, vor oder nach der Trennung, im Hinblick auf die Frage, wie erziehen und sorgen wir für unsere Kinder.
Bisher entscheiden die meisten Gerichte, dass das Umgangsrecht auf Grundlage des Residenzmodells gilt. Das ist so seit Jahrzehnten verankert und meist möchte das mindestens ein Elternteil auch. Wir brauchen aber eine tiefgreifende Debatte über die Frage, wie kann das Kind beide Eltern nach der Trennung gleichermaßen in seinem Leben behalten. Richter, Anwälte, Gutachter, Verfahrensbeistand et cetera sollten das Wechselmodell als gute Möglichkeit immer wieder anbringen, es sollte bei allen Gesprächen immer wieder als naheliegende Möglichkeit und Lösung, als angestrebtes Leitbild angeführt werden.

Hochstrittige Eltern stellen laut aktueller Rechtsprechung und überwiegender Literatur eine starke Kontraindikation gegen Wechselmodell dar. Wie sehen Sie das und was bedeutet dies Ihrer Einschätzung nach konkret für anwaltliche Strategien und die gerichtliche Praxis?
Ich sehe diese starke Kontraindikation nicht. Wir wissen aus anderen Ländern, in denen das Wechselmodell Leitbild ist, dass es auch bei hochstrittigen Eltern gut funktionieren kann, „getrennt gemeinsam" zu erziehen. Etwa mit Umgangs-Tagebuch und elektronischer Kommunikation. Es ist für Eltern nicht einfach, die Elternebene von der Paarebene zu trennen, den Streit nicht auf dem Rücken des Kindes auszutragen. Aber wir müssen uns immer wieder klar machen: es geht hier vor allem um das Kind und nicht um die Eltern.
Bei der Trennung der Eltern rutschen wir in ein altes Rollenbild („Mutter Kind, Vater Geld") zurück und Anwälte beraten oft eher in Richtung Konflikt. Es ist die Pflicht des Anwalts, zum Besten für ihren Mandanten zu arbeiten, ihr Mandant ist der Elternteil und nicht das Kind. Mütter und Väter werden daher eher in Richtung Konflikt beraten und um das unerwünschte Wechselmodell zu vermeiden. Eine rein rechtliche Vorgehensweise passt in dieser hochemotionalen Situation einer Trennung unserer Ansicht ohnehin nicht, wenn sich die Angst beider Eltern, ihr Kind zu verlieren, unversöhnlich gegenübersteht. Daher wünschen wir Freie Demokraten uns eine vorgeschaltete Mediation, die dabei unterstützt, den Konflikt früh zu deeskalieren. Zum Wohl des Kindes. Die Mediation wird eher als die anwaltliche Vorgehensweise der hochemotionalen Situation einer Trennung gerecht. Konflikte sollten durch Unterstützungsangebote wie Mediation und Erziehungs- sowie Trennungsberatung entschärft werden, die Konfliktspirale muss unterbrochen werden. Das ist für Eltern nicht einfach. Aber unabhängig vom Umgangsmodell sind eskalierte Konflikte immer schädlich für alle Beteiligten. Eine

Deeskalation und eine Unterstützung auf dem Weg zur gemeinsamen elterlichen Verantwortung nach Trennung funktioniert nur mit entsprechender Ausbildung aller am Verfahren Beteiligter.

Warum ist Ihrer Auffassung nach diese Diskussion so emotional? Woher kommen die Ängste der Gegner des Wechselmodells? Wie könnte die Diskussion versachlicht werden?
Es ist deshalb so emotional, weil es das betrifft, was uns am wichtigsten ist: unsere Familie, unsere Kinder. Das, was wir jahrelang gelebt haben, was jahrelang unser Mittelpunkt war, bricht weg. Beide Elternteile lieben ja ihre Kinder und haben Angst, den Kontakt zu den Kindern und deren Liebe zu verlieren. Gegner des Wechselmodells schüren diese Ängste, die zeitlich geteilte Betreuung wird oft als Angriff auf die Rolle der Frau gesehen, als Gegnerschaft zur Mutter. Dabei ermöglicht das Wechselmodell beiden Elternteilen, am Beruf und am gesellschaftlichen Leben teilzunehmen, kommt also Frauen und Männern, Müttern und Vätern gleichermaßen zugute.
Das Wechselmodell bedeutet für viele eine grundlegende Veränderung, ein Umdenken. Es schürt deshalb erst einmal Verlustängste, Zukunftsängste. Wie bei jeder größeren Veränderung ist der Widerstand deshalb groß. Das Wechselmodell bedeutet einen Paradigmenwechsel, von „einer erzieht und einer zahlt" hin zu beide sind finanziell und in der Betreuung gemeinsam verantwortlich. Diese enorme gesellschaftliche Veränderung führt zu großen Widerständen. Wir von der FDP wollen kein Öl ins Feuer zu gießen, wir wollen nicht pauschalisieren, keine Schuld zuzuweisen. Vielmehr hoffen wir auf die Kraft des guten Arguments. Wir stützen uns auf Studien, auf Erfahrungen aus anderen Ländern. Auch der Europarat empfiehlt ja eine Betreuung von Kindern nach dem Leitbild des Wechselmodells nach einer Trennung. Wir erleben, wie immer mehr Länder die Vorteile des Wechselmodells erkennen und hoffen, dass irgendwann die Sachlichkeit der Argumente die Emotionalität einfangen kann und wir auch in Deutschland das Wechselmodell als gesellschaftliches und rechtliches Leitbild etablieren können. Zum Wohle der Kinder und der Eltern.

II. Wechselmodell gegen den Willen des anderen Elternteils

Ist ein Elternteil für das Wechselmodell und der andere dagegen, stellt sich die wichtige Frage, ob der eine das Modell gegen den erklärten Willen des anderen durchsetzen kann. Es ist die Befürchtung zahlreicher Eltern, dass der andere vor Gericht „gewinnen" könnte, so dass sie gezwungen werden, ein Modell zu leben, dass sie, aus ihrer Sicht aus triftigen Gründen, nicht passend finden. Und bestimmt ist diese Sorge auch ein Grund dafür, warum die Diskussionen um das Wechselmodell so emotional geführt werden. Eltern haben Angst, dass ihnen nach der Trennung ihr Kind „weggenommen" wird, dass sie es (ein Stück weit) verlieren, vor allem in Bezug auf das ständige Miteinander, die vielen kleinen Begegnungen des alltäglichen Familienlebens. Im Nachfolgenden untersuchen wir, ob das Wechselmodell nach heutiger Gesetzeslage und aktueller Rechtsprechung überhaupt gegen den Willen eines Elternteils angeordnet werden könnte.

1. Fallkonstellationen

Hierfür unterscheiden wir zwei Fallkonstellationen, da es für die rechtliche Beurteilung einen Unterschied machen kann, welches Umgangsmodell bei Antragstellung praktiziert wurde: entweder leben die Eltern ein anderes oder noch gar kein Umgangsmodell (weil sie noch zusammenleben) und einer von beiden beantragt Umgang nach dem Wechselmodell, oder die Eltern praktizieren bereits das Wechselmodell und einer von beiden möchte es nicht mehr.

ANTRAG HIN ZUM WECHSELMODELL

Eltern können noch zusammenleben, ungetrennt oder als Eltern-WG, sie können in verschiedenen Wohnungen leben und entweder das Besuchsmodell, das Residenzmodell oder das Nestmodell praktizieren, und einer von beiden beantragt Umgang nach dem Wechselmodell, also in aller Regel (außer bei Nestmodell) eine Ausweitung seines/ihres Umgangs, mit zwei gleichwertigen Zuhause für das Kind. Nach bisheriger Rechtsprechung wird bisher sehr selten gegen den erklärten Willen eines Elternteils der Umgang auf hälftig erhöht. Grund dafür ist in erster Linie der Grundsatz der Kontinuität, der im Hinblick auf das Kindeswohl als zentral angesehen wird. Um dem Kind Geborgenheit und Sicherheit zu vermitteln, ist danach wesentlich, dass sich in der Umbruchphase der Trennung so wenig wie möglich ändert. Also bleiben Kinder idealerweise in ihrem gewohnten Umfeld: dieselbe Wohnung, vertraute Nachbarschaft, Kita/Schule und auch Bezugspersonen außerhalb der Familie wie Großeltern, Paten, Babysitter und Freunde. Und ganz besonders gilt dies für die Beziehung zu den Eltern, auf die miteinander persönlich verbrachte Zeit sowie anderen Kontakt. Daher spricht vieles dafür, das Umgangsmodell unverändert weiterlaufen zu lassen, trotz anderslautenden Wunsches eines Elternteils, solange nicht gewichtige Gründe für eine Ausweitung des Umgangs mit dem umgangsuchenden Elternteil sprechen. Die meisten Fälle, in denen Gerichte die Etablierung des Wechselmodells gegen den Willen eines Elternteils ablehnen, fallen unter diese Konstellation.

ANTRAG WEG VOM WECHSELMODELL

Hier praktizieren Eltern bereits das Wechselmodell, aber einer von beiden möchte es nicht mehr und beantragt einen Wechsel zum (in aller Regel) Residenzmodell oder zu einem anderen Modell, zum Beispiel Besuchsmodell (oder, eher selten, einen Umgangsausschluss). Also statt zwei Zuhause soll das Kind zukünftig nur noch ein Hauptzuhause haben und (meist) den anderen regelmäßig besuchen. Dessen Umgang soll vom Umfang her reduziert werden. Hier trägt der Grundsatz der Kontinuität aufseiten des Antragsgegners Gewicht, der keine Veränderungen wünscht. Sprechen nicht erhebliche Gründe für eine Reduzierung des Umgangs, insbesondere veränderte äußere Bedingungen, wie zum Beispiel Wegzug, dann bleibt das Wechselmodell in aller Regel erhalten. Und zwar obwohl ein Elternteil dagegen ist, solange das Kindeswohl nicht ausdrücklich gefährdet wird. Das Wechselmodell wird also nicht gegen den Willen des Elternteils angeordnet, sondern trotz seines entgegengesetzten Willens fortgeführt. Die meisten Fälle, von denen man liest und bei denen davon gesprochen wird, dass gegen den Willen eines Elternteils das Wechselmodell gerichtlich beschlossen wurde, fallen hierunter.

Erfahrungsbericht Nummer acht

„Es folgten einige Termine bei einer Mediatorin, die uns leider nicht weiterbrachten. Nach einer Auseinandersetzung über Anwälte gab ich, als unser Sohn zwei Jahre alt war, dem Druck nach und wir einigten uns auf das 50/50 Wechselmodell, im wöchentlichen Wechsel, unter Vorbehalt - sollte es nicht gut für unseren Sohn funktionieren, war mir wichtig, dass man auch wieder andere Modelle ausprobieren könnte. Es sollte ja um die bestmögliche Lösung für unseren Sohn gehen und sich an seinem Kindeswohl orientieren. Das Problem fängt aber da an, wo man sich nicht einigen kann, wie man genau das Kinderwohl definiert. Leider verschlechterte sich die Kommunikation weiter und nachdem ich merkte, dass unser Zweijähriger mit der wöchentlichen Trennung und den häufigen Reisen und der Vollzeitbetreuung durch die Hausangestellte des Vaters nicht gut klarkam, ich schlug ein anderes Modell vor. Der Vater beharrte auf dem 50/50 Wechselmodell und so folgten über zweieinhalb Jahre Rechtsstreit, der damit endete, dass das Wechselmodell weitergeführt wurde." Siehe › Seite 238.

VERBINDLICHKEIT UND DURCHSETZBARKEIT VON UMGANGSVEREINBARUNGEN

Viele Eltern finden einvernehmlich eine Umgangsregelung, die sie mündlich beschließen oder schriftlich fixieren. Sie kann mit einer Probezeit oder Bedingung/Befristung versehen werden, mit der Angabe eines Zeitpunktes oder eines Anlasses, zu dem man sich darüber austauscht, wie die bisherigen Erfahrungen waren und was angepasst werden könnte. Oft fehlt aber eine solche Bestimmung und möchte dennoch ein Elternteil den vereinbarten, bereits praktizierten und gegebenenfalls sogar schriftlich festgehaltenen Umgang nicht mehr weiter weiterführen. Dann stellt sich die Frage, inwieweit die Umgangsregelung dennoch bindend bleibt, selbst wenn ein Elternteil den Umgang so nicht mehr möchte. Die Bindungswirkung von Umgangsvereinbarungen hängt von zahlreichen Faktoren, insbesondere vom konkreten Regelungsinhalt ab, vor allem davon, welche Arten von Sorgerechtsangelegenheiten betroffen sind, Solche, die gemeinsam zu entscheiden sind, oder solche, die jeder für sich regeln kann (§ 1687 Absatz 1 Satz 1 und 3 BGB), was wir nachfolgend noch ausführlich besprechen. Solche Punkte, die in den individuellen Regelungsbereich jeden Elternteils treffen, wie zum Beispiel Schlafenszeiten, sind nicht bindend, und handelt es sich hierbei in Vereinbarungen vielmehr um gegenseitige Absichtserklärungen. Regelungen zu Angelegenheiten von erheblicher Bedeutung, zum Beispiel die Wahl einer Schule, bleiben bindend. Wobei bindend dann nicht zwingend heißt, dass sie auch vollstreckt werden können nach §§ 88 FamFG, vielmehr bedarf es hierfür einer richterlichen Umgangsverfügung beziehungsweise eines vor Gericht geschlossenen Umgangsvergleiches mit konkretem vollstreckbaren Inhalt.

Unabhängig davon könnte man aus dem sogenannten Wohlverhaltensgebot (§ 1684 Absatz 2 Satz 1 BGB) herleiten, dass eine zwischen den Eltern geschlossene Umgangsregelung eine gewisse Verbindlichkeit und Verpflichtung mit sich bringt. Denn danach haben Eltern alles zu unterlassen, was das Verhältnis des Kindes zum jeweils anderen Elternteil beeinträchtigt oder die Erziehung erschwert. Eine als verbindlich vereinbarte Umgangsregelung ohne erheblichen Grund nicht einzuhalten, könnte hierunter fallen. Dies kann allerdings nicht gelten, wenn aus Sicht eines Elternteils schwerwiegende Gründe, vor allem im Hinblick auf das Kindeswohl, gegen die Umgangsregelung sprechen. Wenn sich zentrale äußere Umstände geändert haben, oder wenn das Kind sich wiederholt und vehement weigert, den Umgang wie geplant wahrzunehmen. Daher hält eine zwischen Eltern getroffene Umgangsregelung vor Gericht auch nicht stand, wenn das Kindeswohl für einen anderen Umgang spricht. Vor Gericht ist vielmehr allein das Wohl des Kindes (§ 1697a BGB) entscheidend, unabhängig von einer schriftlichen oder mündlichen Regelung beziehungsweise bereits gelebten Umgangspraxis. Eine elterliche Vereinbarung verdeutlicht allerdings die bisherige einvernehmliche Handhabung, was im Hinblick auf den Grundsatz der Kontinuität wichtig sein kann. Ein Veränderungswunsch muss gut begründet werden, und zwar im Hinblick auf das Wohl des Kindes. Es muss plausibel gemacht werden, dass die neue Regelung dem Kindeswohl mehr entspricht als die ursprünglich vereinbarte und bereits über eine gewisse Zeit hin gelebte Umgangspraxis. Insofern gilt das hier Gesagte.

Hält sich ein Elternteil nicht an den in einem gerichtlichen Beschluss konkret geregelten Umgang, dann gilt prinzipiell allgemeines Zwangsvollstreckungsrecht, könnten also gegen diesen Elternteil Ordnungsmittel in Form von Ordnungsgeld oder Ordnungshaft (§§ 35, 89 FamFG) angeordnet werden. Anschließend wäre unmittelbaren Zwang (§ 90 FamFG) möglich, wenn auch natürlich nicht gegen das Kind selbst; es könnte aber theoretisch beim den Umgang verweigernden Elternteil durch einen Gerichtsvollzieher abgeholt und zum umgangssuchenden Elternteil gebracht werden. Allerdings steht im Familienrecht über allem das Kindeswohl und dürfen Vollstreckungsmaßnahmen dem Kind nicht schaden. Dies spricht in der Praxis häufig gegen eine Zwangsvollstreckung. Die zwangsweise Abholung durch einen Gerichtsvollzieher gegen den Willen des betreuenden Elternteils kann für ein Kind traumatisch sein. Und Ordnungshaft des in dem Moment ja vor allem anwesenden Elternteils widerspräche in aller Regel auch dem Kindeswohl. Selbst Zwangsgeld, das dem Elternteil dann wirtschaftlich an anderer Stelle fehlen dürfte, kann oft nicht gut für das Kind sein. Somit steht in der tatsächlichen Praxis oft einiges einer Zwangsvollstreckung von Umgangsanordnungen entgegen. Als Druckmittel ist nach Ansicht einiger Familiengerichte die Kürzung von Betreuungsunterhalt für den fortgesetzt und massiv Umgang verweigernden Elternteil denkbar, weil dies im Sinne von § 1579 Nummer 2 BGB als offensichtliches schwerwiegendes Fehlverhalten angesehen werden kann. Wobei aber auch hier zu beachten ist, dass die dann fehlenden finanziellen Mittel und der dadurch steigende Druck, anderweitig für Einkommen zu sorgen, zulasten des Kindes gehen können. Diese Überlegungen und Abwägungen verdeutlichen, dass umgangssuchende Elternteile in der Praxis oft machtlos sind, wenn gerichtliche Beschlüsse und Vereinbarungen vom anderen Elternteil nicht eingehalten werden. Als mögliche Unterstützung kann in solchen Konstellationen die Umgangspflegschaft nach § 1684 Absatz 3 BGB dienen. Sie kann vom zuständigen Familiengericht bei einem wiederholten und erheblichen Verstoß eines Elternteils oder beider Eltern gegen die Wohlverhaltenspflicht des § 1684 Absatz 2 BGB bestellt werden. Dann kümmert sich der Umgangspfleger um die Durchsetzung von Umgangsansprüchen und kann hierfür auch die Herausgabe des Kindes fordern; darüber hinaus kann er lösungsorientierte Gespräche mit den Eltern führen. Wie Gerichte argumentieren und entscheiden, wenn ein Elternteil das Wechselmodell möchte und der andere nicht (mehr), sehen wir uns als Nächstes an.

2. Rechtsprechung

Die deutsche Rechtsprechung der Familiengerichte und Oberlandesgerichte war lange Zeit uneinheitlich und ist es in weiten Teilen weiterhin. Die überwiegende Mehrheit sah und sieht es weiterhin als starke Kontraindikation für das Wechselmodell an, wenn ein Elternteil strikt dagegen ist. Zumindest, wenn es um eine Ausweitung des Umganges und nicht nur um die Fortführung eines bereits praktizierten Wechselmodells geht. Das oberste zuständige Gericht, der BUNDESGERICHTSHOF in Zivilsachen, hat am 1.2.2017 dargelegt, wann seiner Auffassung nach auch gegen den Willen eines Elternteils das Wechselmodell angeordnet werden kann. Die Richter machen grundsätzlich deutlich, dass Einigkeit der Eltern über das Wechselmodell nicht zwingende Voraussetzung für dessen Anordnung ist, sondern es auch GEGEN DEN WILLEN EINES ELTERNTEILS angeordnet werden kann. Zentraler und HÖCHSTER MASSSTAB ist das KINDESWOHL (§ 1697a BGB):

„Es muss im Einzelfall durch das Gericht geprüft werden, ob die Anordnung des Wechselmodells dem Kindeswohl am besten entspricht. Das Wechselmodell entspricht dem Wohl des Kindes nicht, wenn bei den Eltern eine fehlende Kommunikations- und Kooperationsfähigkeit gegeben ist. Bestehen bei den Eltern erhebliche Konflikte, so ist das Wechselmodell ebenfalls nicht anzuordnen gegen den Willen eines Elternteils, da damit das Kindeswohl gefährdet ist. Das Gericht hat zu prüfen, ob die Eltern in der Lage sind, ihre persönlichen Konflikte von der gemeinsamen Wahrnehmung ihrer Elternrolle gegenüber dem Kind zu trennen und das Kind von dem Streit zwischen den Eltern zu verschonen. Hier ist jedoch klar herauszustellen, dass das Wechselmodell kein geeignetes Mittel ist, in ihrem Konflikt gefangene Eltern dadurch zu einem harmonischen Zusammenwirken in Bezug auf das gemeinsame Kind zu veranlassen. Eine Kooperationsfähigkeit und ein Kooperationswille ist zwingende Voraussetzung für ein Wechselmodell. Die Eltern müssen in der Lage sein, eigene Interessen und Differenzen zurückzustellen und den anderen Elternteil als gleichwertige Bindungsperson für das Kind zu akzeptieren. Jedoch schließt nicht jeder Streit das Wechselmodell aus. Sind sich die Eltern in den Grundzügen der Erziehung einig und streiten über Nebenfragen, kann das Wechselmodell angeordnet werden.

Eine Anordnung des Wechselmodells hat nicht zu erfolgen, um die Trennungsbelastung des Kindes zu mindern. Gerade Eltern in der akuten Trennungsphase sind am wenigsten in der Lage, persönliche Konflikte vom Kind fernzuhalten. Für die Kindeswohlprüfung sind weitere wesentliche

Kriterien zu berücksichtigen, wie etwa die sicheren Bindungen des Kindes an beide Elternteile, den geäußerten Kindeswillen sowie äußere Rahmenbedingungen, beispielsweise eine gewisse Nähe der elterlichen Haushalte und die Erreichbarkeit von Schule und Betreuungseinrichtungen des Kindes. Nach Auffassung des Bundesgerichtshofes hat das zuständige Familiengericht zwingend das Kind anzuhören, wenn es das dritte Lebensjahr vollendet hat, um den maßgeblichen Willen des Kindes zu erforschen."

3. Literatur und Politik
Diese Entscheidung befindet, dass ein Widerspruch des anderen Elternteils das Wechselmodell noch nicht ausschließt, wohl aber mangelnde Kooperationsbereitschaft der Eltern. Der Bundesgerichtshof prüft nicht, was einige Stimmen kritisieren, warum die Kooperationsbereitschaft der Eltern begrenzt ist, worüber sie genau streiten.

Der Bundesgerichtshof macht außerdem deutlich, dass der WILLE DES KINDES herauszufinden ist, und zwar bereits ab einem ALTER von DREI JAHREN. Was, so die Meinung einiger, im Hinblick auf einen belastenden Loyalitätskonflikt des Kindes nicht ganz unproblematisch sein kann.

Die Stimmen in Literatur und Rechtsprechung, die das Leitbild Wechselmodell fordern, sind in aller Regel auch für die Etablierung beziehungsweise Fortführung des Wechselmodells gegen den erklärten Willen eines Elternteils. Als eine Begründung dafür wird dargelegt, dass es bei allen Umgangsmodellen gleichermaßen schwierig und wenig hilfreich ist, wenn ein Elternteil dagegen ist, auch beim Residenzmodell. Wird das Wechselmodell also abgelehnt, weil ein Elternteil dagegen ist, dann bedeutet dies in der Konsequenz meist Residenzmodell, obwohl auch hier ein Elternteil, nämlich derjenige, der das Wechselmodell wollte, dagegen ist. Gingen Gerichte davon aus, dass Wechselmodell der Regelfall sei, dann prüften sie im Hinblick auf das Kindeswohl dagegensprechende Gründe und der entgegenstehende Wille eines Elternteils wäre kein ausreichender Hinderungsgrund.

III. Wechselmodell: Umgang oder Sorge

In der Literatur und Rechtsprechung gibt es unterschiedliche Auffassungen darüber, wie Streitigkeiten über das Wechselmodell rechtlich einzuordnen sind. Dies ist praktisch relevant, weil danach zu entscheiden

DEFINITION UMGANG
Umgang bedeutet der persönliche Kontakt eines Elternteils zu seinem Kind.

ist, welche Art von Antrag bei Gericht aufgrund welcher gesetzlichen Grundlage mit welchen Argumenten gestellt wird.

DEFINITION SORGERECHT
Das Sorgerecht für minderjährige Kinder umfasst nach § 1626 Absatz 1 BGB die Sorge für die Person (Personensorge) und das Vermögen des Kindes (Vermögenssorge). Es beinhaltet auch das Recht der Sorgerechtsinhaber festzulegen, wo das Kind lebt, wo es seinen gewöhnlichen Aufenthalt hat, das sogenannte Aufenthaltsbestimmungsrecht.

Das Wechselmodell ist eine mögliche Form des Umgangs nach Trennung; es regelt, wie oft und wie lange die Eltern ihr Kind sehen, mit ihm Zeit verbringen, gemeinsam mit dem Kind wohnen. Daher argumentieren einige Autoren und Familiengerichte, es handle sich dabei um eine Frage des Umgangs, entsprechend § 1626 Absatz 3 Satz 1 BGB. Können sich Eltern nicht einigen, dann entscheidet das Gericht über den Umgang, also für das Wechselmodell oder eine andere Regelung.

Beim Wechselmodell sehen Eltern ihr Kind nicht nur, verbringen Zeit mit ihm, werden von ihm besucht, sondern das Kind hat zwei Zuhause, also zwei gewöhnliche Aufenthalte. Daher handelt es sich nach Meinung anderer Familiengerichte und Autorinnen um eine Frage des Sorgerechts. Können sich Eltern nicht einigen, dann überträgt das Gericht das Aufenthaltsbestimmungsrecht entweder auf einen Elternteil, der dann zum Beispiel für hälftigen Aufenthalt entscheiden kann, oder auf das Jugendamt als Pfleger, das dann Residenzmodell oder Wechselmodell etabliert.

Einordnung Wechselmodell durch den Bundesgerichtshof

In der oben bereits zitierten Entscheidung des Bundesgerichtshofes aus dem Jahre 2017 stellen die Richterinnen klar, dass Fragen des Wechselmodells zum Umgangsrecht gehören. Dies bedeutet, dass ein Wechselmodell selbst dann angeordnet werden kann, wenn nur ein Elternteil das Sorgerecht ausübt. Und es hat zur Folge, dass ein Elternteil, wenn er beziehungsweise sie Wechselmodell einführen oder beenden möchte, einen Antrag auf Veränderung des Umgangs stellt (§ 1626 Absatz 3 Satz 1 BGB), und nicht einen Antrag auf Übertragung des Sorgerechts beziehungsweise des Aufenthaltsbestimmungsrechts (§ 1628 Satz 1 BGB).

IV. Rechtliche Definition: Abgrenzung erweiterter Umgang und Wechselmodell

Eltern können den Umgang nach Trennung frei gestalten. Das Gesetz sagt lediglich in §1626 Absatz 3 Satz 1 BGB, dass zum Wohl des Kindes in der Regel der Umgang mit beiden Elternteilen gehört. Und in der Regel heißt hier, dass dies der Normalfall sein sollte, aber auch, dass es Ausnahmen geben kann, vor allem dann, wenn der Umgang mit einem Elternteil dem Kindeswohl widerspricht. In welchem Umfang dieser Umgang mit beiden Eltern stattfinden soll und kann, also ob ungefähr hälftig oder überwiegend mit einem, regelt das Gesetz nicht.

1. Bedeutung der Abgrenzung

Der Begriff des Wechselmodells, wie im zweiten Kapitel bereits besprochen, ist nicht ganz eindeutig und wird in Literatur und Rechtsprechung unterschiedlich definiert. Auch in anderen Ländern gelten verschiedene zeitliche Aufteilungen als Wechselmodell, worauf beim Rechtsvergleich zu achten ist. Manche Stimmen sagen, ein Wechselmodell liegt nur bei einer exakt hälftigen Teilung der Zeit auf; das sogenannte echte Wechselmodell - wobei streitig ist, ob die Stunden zu zählen sind oder die Anzahl der Übernachtungen. Alles andere, also die weniger als hälftige Teilung, bezeichnet diese Meinung als Residenzmodell mit erweitertem Umgang. Nach anderer Ansicht liegt das Wechselmodell bereits vor, wenn der Umfang des Umgangssuchenden deutlich über dem Wochenendmodell liegt, manche bezeichnen dieses dann als unechtes Wechselmodell; bereits ab einer weiteren Übernachtung im Vergleich zum Wochenendmodell. Wieder andere sprechen vom Wechselmodell ab 30 % Anteil des umgangssuchenden Elternteils an der Betreuung. Auch bei diesen Modellen ist uneinheitlich, wie der Anteil berechnet wird. Einige sagen, dass es gar nicht allein auf den zeitlichen Umfang ankomme, sondern um die Qualität des Umgangs gehe, insbesondere ob bei beiden Eltern auch Alltag gelebt wird und das Kind zwei gleichwertige Zuhause hat.

2. Anhaltspunkte

Anhaltspunkte für das Wechselmodell

Frau Sünderhauf zählt in ihrem Fachbuch drei zentrale Anhaltspunkte auf, nach denen ihrer Ansicht nach ein Wechselmodell vorliegt (Seite 63):

- zeitlich ähnlicher Umfang
- zwei gleichwertige Zuhause
- gleichberechtigt verteilte elterliche Verantwortung.

3. Konsequenzen

Es gibt gerichtliche Entscheidungen, wo wenige Stunden oder halbe Tage zu dem Schluss führten, dass kein echtes Wechselmodell vorliege und die Konstellation wie ein Residenzmodell behandelt wurde. Dies kann als sehr ungerecht empfunden werden, wenn ein Elternteil das Kind fast hälftig betreut und daher nahezu vergleichbare Aufwendungen hat wie der andere. Das gilt insbesondere für den in aller Regel am meisten ins Gewicht fallende Posten der Miete, aber auch für Lebensmittel, Kleidungskauf, Fahrtkosten et cetera. Der etwas mehr betreuende Elternteil ist aufgrund seiner hohen Kosten möglicherweise auf Unterhaltszahlungen angewiesen und stimmt einem echten Wechselmodell unter anderem nicht zu, um seinen Anspruch auf Kindesunterhalt nicht zu verlieren. Denn nur, weil das Kind einen weiteren Tag beim anderen Elternteil sein wird, sinken seine Kosten nicht erheblich. Umgekehrt kann dies dazu führen, dass Elternteile hälftigen Umgang u. a. deshalb suchen, damit sie keinen Kindesunterhalt zahlen müssen. Was nicht zwingend dem Kindeswohl entspricht, zumindest nicht, wenn es die Hauptmotivation ist. Es kann also gut sein, dass Eltern über Umgang streiten, über einzelne Tage oder gar Stunden, aber tatsächlich geht es, zumindest auch, um Geld. Eine Entkoppelung von Unterhalt und Kindesumgang kann hier die Lösung sein, was gut in einer Mediation erarbeitet werden kann. Dort finden Eltern eigenverantwortliche Lösungen für ihre Situation, wobei sie Themen trennen können, die eigentlich rechtlich gekoppelt sind, wie Umgang und Kindesunterhalt, und gleichzeitig sämtliche Themen zu einer von beiden als fair empfundenen Gesamtlösung verbinden.

Im Folgenden sehen wir uns an, wie die Finanzen beim (echten) Wechselmodell geregelt werden, wenn die Angelegenheit vor Gericht verhandelt und entschieden wird.

V. Finanzen beim Wechselmodell

Das Umgangsmodell kann erheblichen Einfluss auf verschiedene finanzielle Fragen haben, die wir in diesem Abschnitt untersuchen. Im Rahmen einer Mediation können Finanzen auch sehr gut unabhängig vom Umgang besprochen werden, dann stellen Trennungseltern weniger auf rechtliche Ansprüche und mehr auf den tatsächlichen Bedarf ab. Hier sehen wir uns zunächst an, was gesetzlich geregelt ist und welchen Verhandlungsspielraum Eltern haben, insbesondere, wenn sie sich einig sind, aber auch welche Ergebnisse der gerichtliche Weg, soweit vorhersehbar, bringen wird. Für Details zur rechtlichen Durchsetzbarkeit von finanziellen Forderungen sowie konkrete Berechnungen der aktuellen Ansprüche empfiehlt sich Rechtsrat, gegebenenfalls ergänzt durch eine steuerrechtliche Betrachtung.

1. Mehrbedarf
Das Stichwort „Mehrbedarf beim Wechselmodell" taucht beim Thema Finanzen regelmäßig auf. Damit ist die Auffassung gemeint, dass es insgesamt teurer sei, ein Kind im Wechselmodell zu betreuen, als dies im Residenzmodell kosten würde. Als Hauptposten wird zusätzlicher Wohnraumbedarf bei beiden Eltern genannt, und nicht nur wie beim Residenzmodell bei einem Elternteil; als Voraussetzung für zwei gleichwertiges Zuhause. Und es werden zusätzliche Fahrtkosten durch mehr Wechsel angeführt. Andere sind der Auffassung, dass in aller Regel kaum Mehrkosten anfallen. Selbst beim Residenzmodell müsse der anderen Elternteil kindgerechten Wohnraum zur Verfügung stellen, möglicherweise in etwas geringerem Umfang, also gegebenenfalls kein eigenes Zimmer, sondern reicht das Schlafsofa im Wohnzimmer oder ein gemeinsames Kinderzimmer mit weiteren (Halb-)geschwistern. Und bei wöchentlichen Sequenzen fänden tatsächlich nicht mehr Wechsel statt als beim Residenzmodell nur bei deutlich kürzeren Wechsel-Intervallen, zum Beispiel alle zwei Tage. Da die meisten Eltern, die das Wechselmodell praktizieren, nah beieinander wohnen, werden diese Reisekosten außerdem nicht sehr hoch angesetzt.

Geht man grundsätzlich von einem gewissen Mehrbedarf aus beziehungsweise können höhere Kosten im Einzelfall nachgewiesen gemacht werden, dann stellt sich die Frage, wie praktisch und rechtlich damit umgegangen wird, wie solche Kosten zwischen den Eltern zu verteilen sind.

2. Kindesunterhalt (§ 1601 BGB)
Nach § 1601 BGB sind Verwandte in gerader Linie (also Kind-Eltern-Großeltern und umgekehrt) einander unterhaltspflichtig. Leben beide Eltern mit dem Kind in einem Haushalt, sind beide gleichermaßen zu Unterhalt verpflichtet. Dies gilt für minderjährige Kinder und volljährige Kinder bis zum Abschluss der ersten Ausbildung (§ 1602 BGB), und gilt auch weiterhin nach einer (räumlichen) Trennung der Eltern. Dabei werden zwei Arten von Unterhalt unterschieden: NATURALUNTERHALT und BARUNTERHALT. Ein Elternteil, bei dem das Kind lebt, leistet Naturalunterhalt: Wohnraum, Lebensmittel, Heizung, Wasser und sonstige Leistungen. Ein Elternteil, bei dem das Kind nicht lebt, leistet Barunterhalt, durch monatliche Überweisung im Voraus. Der Mindestbedarf berechnet sich hierbei

nach einer von Gerichten, Jugendämtern und anderen Behörden genutzten Unterhaltsleitlinie, bekannt als DÜSSELDORFER TABELLE, ausgehend vom sogenannten BEREINIGTEN NETTOEINKOMMEN des unterhaltspflichtigen Elternteils. Rechtspraxis und Gesetz gehen hierbei unausgesprochen vom Residenzmodell aus, also, dass das Kind überwiegend bei einem Elternteil lebt und den anderen regelmäßig besucht. Daher berücksichtigt die Düsseldorfer Tabelle nicht, dass der andere Elternteil (während das Kind ihn besucht) ja auch Naturalunterhalt leistet, durch Wohnraum, Lebensmittel et cetera. Bei einem Wochenend-Elternteil mag dies vom Umfang her zu vernachlässigen sein, es wird aber als zunehmend ungerecht empfunden, je mehr Anteil der andere Elternteil an der Betreuung hat, insbesondere dann, wenn dieser Anteil (nahezu) gleichwertig ist. Und wenn der andere Elternteil gleichwertigen Wohnraum zur Verfügung stellt, der heutzutage vor allem in Großstädten den mit Abstand größten Posten an den monatlichen Ausgaben darstellt, und auch Alltags-Ausgaben übernimmt, zum Beispiel Kleidungskäufe. So kann ein Elternteil, der zu 45 % das Kind betreut, praktisch dieselben Kosten und fast vergleichbaren Betreuungsaufwand haben wie der andere Elternteil, und dennoch den vollen Unterhalt nach der Düsseldorfer Tabelle leisten müssen. Und würde er nur 5 % mehr Zeit mit dem Kind verbringen, fiel gar kein Kindesunterhalt mehr an. Wo hier rechtlich die Grenze zu ziehen ist, ist in Literatur und Rechtsprechung umstritten und in der gerichtlichen Praxis uneinheitlich und daher schwer vorhersehbar.

ANSPRUCH

Der Bundesgerichtshof hat 2017 entschieden, dass die strikte Trennung von Barunterhalt und Naturalunterhalt erst dann aufgehoben wird, wenn der andere Elternteil annähernd hälftig das Kind betreut: „In konfliktbehafteten Wechselmodellen, in denen die Eltern keine gemeinsamen finanziellen Vereinbarungen abschließen, wird das Familiengericht auf Antrag eines Elternteils die Höhe der Barunterhaltspflicht beider Eltern nach ihren Vermögens- und Einkommensverhältnissen bestimmen. Der jeweils geleistete Naturalunterhalt kann im Einzelfall berücksichtigt werden." Anderes gilt laut Rechtsprechung beim erweiterten Umgang und unechten Wechselmodell. Hier bleibt der Anspruch auf Barunterhalt in kompletter Höhe erhalten, was viele barunterhaltspflichtigen Eltern, die nahezu hälftig betreuen und ebenfalls zahlreiche Ausgaben und Kosten tragen, als ungerecht empfinden. Feststeht laut Rechtsprechung also nur, dass beim echten paritätischen Wechselmodell beide Eltern denselben Umfang an Naturalunterhalt leisten, sodass in vielen Fällen kein Anspruch auf Barunterhalt angenommen wird. Ausnahmen kann es hiervon geben, wenn die Eltern deutlich unterschiedlich viel verdienen, sowie im Hinblick auf etwaige Sonderausgaben. Insofern ist es also sehr WICHTIG ZU UNTERSCHEIDEN, ob der von den Eltern nach Trennung praktizierte Umgang als (echtes) Wechselmodell oder als Residenzmodell mit (erweitertem) Umgang einzuordnen ist. Die FINANZIELLEN FOLGEN können gewaltig sein und aufgrund der recht unterschiedlichen Rechtsprechung zur Abgrenzung entsteht hier Rechtsunsicherheit.

Eltern, die auf einvernehmlichem Wege eine Einigung für ihre finanzielle Situation finden, können diese gefühlten Ungerechtigkeiten umgehen, indem sie Finanzen und Unterhalt als Themen voneinander lösen. Sie können beispielsweise zuerst eine für die Trennungsfamilie passende Umgangsregelung finden und anschließend überlegen, welche Kosten und Ausgaben entstehen und wie diese in welchem Umfang von wem getragen werden, so dass es von beiden gut geleistet werden kann und sich für beide fair anfühlt. Trennungseltern können Übergangsregeln testen oder Befristungen vereinbaren sowie als Bedingung formulieren, dass die Regelung neu besprochen wird, wenn die Kosten steigen beziehungsweise sinken oder sich bei einem Elternteil das Einkommen erheblich verändert.

BERECHNUNG

Für die Berechnung des Kindesunterhalts werden unterschiedliche Wege vorgeschlagen und empfiehlt es sich bei Uneinigkeit, rechtliche Beratung einzuholen. Die Details sind kompliziert und hängen vom Einzelfall ab, so beispielsweise bereits die Berechnung des ZU BERÜCKSICHTIGENDEN EINKOMMENS der Eltern sowie die Frage, welche Kosten für das Kind überhaupt angesetzt werden können. Einige Gerichte sowie Stimmen in der Literatur schlagen vor, beim (echten) Wechselmodell den gesamten Finanzbedarf, Kindesunterhalt und Sonderbedarf sowie Mehrkosten aufgrund des Wechselmodells zusammenzustellen und zwischen den Eltern, entsprechend ihres jeweiligen Einkommens zu gequotelt.

Die Rechnung würde sich dann wie folgt darstellen:

- 1. SCHRITT: Unterhaltssumme
    - Regelunterhalt
    - Sonderbedarf
    - Mehrkosten Wechselmodell
- 2. SCHRITT: Quote Einkommen Eltern
- 3. SCHRITT: etwaiger Ausgleichsanspruch.

Eltern-Tipp Nummer drei: Kinderkonto

Viele Eltern führen ein gemeinsames Kinderkonto, auf die jeder entsprechend seines Einkommens einzahlt und von dem die Fixkosten durch Überweisungen abgehen, sowie die individuellen Kosten per Karte bezahlt werden können. Das Konto wird im Namen des Kindes angelegt und beide Eltern können im Rahmen der Vermögenssorge (beziehungsweise der sorgeberechtigte Elternteil alleine) Geld abheben oder überweisen. Auch das Kindergeld kann auf dieses Konto gehen ebenso wie etwaige Unterstützung durch Dritte, zum Beispiel Großeltern und Paten. Beim Kinderkonto fühlen sich beide Eltern gleichberechtigt, und erfahrungsgemäß fällt es getrennten Eltern leichter, dem Kind Geld zu überweisen als dem anderen Elternteil. Ein Kinderkonto hat außerdem den Vorteil, dass Einkünfte und Ausgaben sehr transparent sind; beide Eltern können jederzeit einsehen, wie hoch der Kontostand ist und in welchem Umfang von dem anderen Anschaffungen getätigt wurden.

VERTRETUNGSBEFUGNIS FÜR UNTERHALTSANSPRUCH

Praktizieren Eltern das Wechselmodell und können sie sich finanziell in Sachen Kindesunterhalt nicht einigen, dann stellt sich die Frage, wer von beiden im Streitfall etwaige Ansprüche geltend machen kann. Hat nur ein Elternteil das Sorgerecht inne, dann ist die Lage eindeutig, dann kann dieser als Teil seiner Vermögenssorge die Unterhaltsansprüche im Namen des Kindes einfordern. Tragen beide Eltern gemeinsam die elterliche Sorge, so wie dies heutzutage nach den meisten Scheidungen und auch bei vielen unverheirateten Trennungseltern im Wechselmodell der Fall ist, dann ist die Rechtslage unklar. Nach §1629 Absatz 2 Satz 2 BGB kann derjenige Elternteil Unterhaltsansprüche gegen den anderen gerichtlich geltend machen, in dessen Obhut sich das Kind befindet. Betreuen die Eltern das Kind im (echten) Wechselmodell, dann passt dieser Absatz nicht und ist er nach einhelliger Ansicht nicht anwendbar. Zwei alternative Wege werden daher diskutiert und in der gerichtlichen Praxis gegangen: Ein Elternteil, der Kindesunterhalt fordert, kann als Erstes einen Antrag auf Übertragung dieses Teils der elterlichen Sorge auf sich beantragen, nach §1628 BGB. Wird dem stattgegeben, kann er anschließend Kindesunterhalt einklagen. Oder ein Elternteil beantragt die Übertragung dieses Teils der elterlichen Sorge auf das Jugendamt als Ergänzungspfleger (§1629 Absatz 2 Satz 3 in Verbindung mit §1796 BGB), und dieses klagt dann im Namen des Kindes Unterhalt ein. Details hierzu können mit einem Rechtsanwalt besprochen werden, da der Antrag beim zuständigen Familiengericht ohnehin nur durch einen Anwalt eingereicht werden kann (§114 Absatz 1, §111 Nummer 8 FamFG).

UNTERHALTSVORSCHUSS
Ein Unterhaltsvorschuss ist eine STAATLICHE SOZIALLEISTUNG, die an einen Elternteil gezahlt wird, wenn der andere Elternteil keinen Kindesunterhalt leistet. Sinn dieser Regelung ist die Sicherstellung der guten finanziellen Versorgung des Kindes unabhängig vom Willen eines unterhaltspflichtigen Elternteils. Eltern erhalten auf diesem Wege zeitnah eine finanzielle Grundversorgung des Kindes und das zuständige Jugendamt kümmert sich um alles Weitere. Details werden im UNTERHALTSVORSCHUSSGESETZ geregelt (UVG - Gesetz zur Sicherung des Unterhalts von Kindern alleinstehender Mütter und Väter durch Unterhaltsvorschüsse oder -ausfallleistungen). Voraussetzung für einen Unterhaltsvorschuss sind danach insbesondere, dass ein minderjähriges Kind bei einem seiner Elternteile lebt und der andere nicht oder nicht regelmäßig Kindesunterhalt bezahlt (§ 1 Absatz 1, Absatz 1a UVG). Anspruchsberechtigt ist nicht der Elternteil, sondern das Kind selbst, vertreten durch seinen Elternteil. Die Auszahlung erfolgt über die Unterhaltsvorschusskasse des örtlich zuständigen Jugendamts. Der Anspruch des Kindes auf Unterhalt geht auf das Bundesland über, in dem das Kind lebt, vertreten durch die Unterhaltsvorschusskasse des zuständigen Jugendamtes. Dieses wendet sich dann an den unterhaltspflichtigen anderen Elternteil, der gegenüber dem Jugendamt zunächst sein Einkommen offenlegen muss. Im Falle seiner Leistungsfähigkeit wird er in Regress genommen, muss also dem Jugendamt den ausbezahlten Unterhalt (zumindest teilweise) ersetzen. Eine zentrale Voraussetzung ist, dass der unterhaltsfordernde Elternteil alleinerziehend ist, das Kind also überwiegend bei ihm lebt, und genau dies ist nach überwiegender Auffassung nicht der Fall, wenn beide Eltern ein (zumindest nahezu) paritätisches Wechselmodell praktizieren, also getrennt gemeinsam erziehen. In der Konsequenz bedeutet dies, dass ein Elternteil im Wechselmodell, der keinen Kindesunterhalt vom anderen Elternteil erhält, keinen Unterhaltsvorschuss beantragen kann und das zuständige Jugendamt dann auch nicht beim anderen Elternteil vorstellig wird. Finden im Wechselmodell betreuende Eltern keine einvernehmliche Regelung in Sachen Kindesunterhalt, dann bleibt demjenigen Elternteil, der glaubt einen Anspruch zu haben, nur der Antrag beim Familiengericht, mit den oben genannten beiden Möglichkeiten.

3. Kindergeld
Das Kindergeld wird einkommensunabhängig durch die FAMILIENKASSEN an Eltern ausbezahlt und dient der GRUNDVERSORGUNG der in Deutschland lebenden Kinder. Kindergeld ist eine familienpolitisch begründete staatliche Transferleistung, eine steuerliche Ausgleichszahlung an Erziehungsberechtigte. Der Anspruch besteht von Geburt an, setzt aber einen schriftlichen Antrag voraus. In der Höhe hängt das Kindergeld von

der Zahl und dem Alter des Kindes beziehungsweise der Kinder ab und beträgt derzeit mindestens 204 EUR. Das Kindergeld ist in zwei Gesetzen geregelt: dem Bundeskindergeldgesetz (BKGG) und dem Einkommensteuergesetz (§§ 31 f. und §§ 62 ff. EStG). Das Kindergeld steht beiden Eltern gleichermaßen zu, kann aber nicht geteilt werden. Es wird daher demjenigen Elternteil ausbezahlt, bei dem das Kind mit seinem Hauptwohnsitz gemeldet ist. Beim Residenzmodell scheint dies naheliegend und sinnvoll, da dies der hauptbetreuende Elternteil ist und damit auch derjenige, der selbst Naturalunterhalt leistet und vom anderen Elternteil in aller Regel Barunterhalt für das Kind bezieht. Das Kindergeld wird dann einfach hälftig vom zu leistenden Unterhaltsbetrag abgezogen (§§ 1612b, 1612c BGB). Keine derart naheliegende Lösung gibt es für den Bezug des Kindergeldes dann, wenn das Kind bei beiden Eltern nahezu gleichviel lebt und von ihnen gleichberechtigt betreut wird, aber melderechtlich nur bei einem Elternteil seinen Hauptwohnsitz hat. Fließt trotz Wechselmodell ebenfalls Barunterhalt, dann kann das hälftige Kindergeld davon abgezogen werden.

In den überwiegenden anderen Fällen, in denen kein Barunterhalt fließt, gibt es andere Wege, die von Eltern als praktikabel und fair angesehen werden:

- Der Elternteil, bei dem das Kind gemeldet ist, überweist dem anderen Elternteil den hälftigen Betrag.
- Das Kindergeld erhält in vollem Umfang derjenige Elternteil, der wesentlich weniger verdient aber dennoch keinen Unterhalt fordert.
- Derjenige Elternteil, der mehr beziehungsweise zusätzliche Betreuungs- oder Organisationsaufgaben übernimmt oder mehr für das Kind einkauft, bekommt das Kindergeld.
- Das Kindergeld wird auf das gemeinsame Kinderkonto überwiesen (siehe Eltern-Tipp Nummer 3 › Seite 194).

Bei zwei Kindern einigen sich manche Eltern darauf, dass jeweils ein Kind bei jedem Elternteil mit dem Hauptwohnsitz gemeldet wird, und dadurch jeder für ein Kind das Kindergeld bezieht. Im Streitfall entscheidet auf Antrag das zuständige Familiengericht, angerufen durch denjenigen Elternteil, der bisher das Kindergeld nicht bezieht, es aber beziehen möchte.

4. Betreuungsunterhalt § 1570 BGB

Beim Betreuungsunterhalt handelt es sich nicht um einen Anspruch des Kindes, sondern des betreuenden Elternteils. Die finanzielle Unterstützung wird hier „wegen der Pflege oder Erziehung eines gemeinschaftlichen Kindes" geleistet. Hintergrund dieses Anspruchs ist es, dass der betreuende Elternteil finanziell so ausreichend gut aufgestellt werden soll, dass er sich ohne finanzielle Sorgen und damit ohne den Druck, berufstätig zu sein, vorrangig um die Pflege, Erziehung und Betreuung des Kindes kümmern kann. Der Betreuungsunterhalt ist zunächst auf DREI JAHRE NACH DER GEBURT des Kindes BEFRISTET. Während dieser Zeit kann vom betreuenden Elternteil nicht verlangt werden, einer Erwerbstätigkeit nachzugehen. Ohne es ausdrücklich zu benennen, liegt dieser Regelung das Residenzmodell zugrunde. Bei den meisten Trennungseltern war und ist es weiterhin die Mutter, die sich nach der Trennung mehr um das Kind kümmert; der Vater arbeitet (Vollzeit) und bezahlt Trennungsunterhalt. Es gibt aber auch zunehmend umgekehrte Konstellationen. Und spätestens beim paritätischen Wechselmodell passt der Gedanke „einer betreut, einer bezahlt" nicht mehr, da beide Eltern betreuen, also beide Eltern sich beruflich so arrangieren, dass sie ausreichend Zeit für ihr Kind einräumen können. Dadurch sind beide in ihren beruflichen Chancen eingeengt und entgehen ihnen möglicherweise zusätzliche Einnahmemöglichkeiten. Das entgangene Einkommen durch nicht wahrgenommene berufliche Möglichkeiten und Karrierewege nennt man Opportunitätskosten. Beim Wechselmodell entscheiden sich beide Eltern dafür, dem Kind ausreichend Raum zu geben, außerdem haben sie gegebenenfalls zusätzliche Kosten für mehr Fremdbetreuung. Als Argument gegen einen Anspruch auf Betreuungsunterhalt beim Wechselmodell wird angeführt, dass (meistens) die Mutter aufgrund der erhöhten Betreuungsleistung durch den Vater mehr Möglichkeiten zur Erwerbstätigkeit hat als eine alleinerziehende Mutter. Und, dass der Vater ja ebenfalls einen Anspruch auf Betreuungsunterhalt habe, sodass sich die Ansprüche gegenseitig aufheben. Theoretisch entstehen Opportunitätskosten beim Wechselmodell ja bei beiden Eltern, praktisch kann es aber so sein, dass vor der Trennung ein Elternteil bereits auf mehr verzichtet hatte, meist die Frau durch ihre Auszeit infolge von Schwangerschaft und in der Anfangszeit der Mutterschaft. Dies kann zu einer Ungleichheit beim Wiedereinstieg beziehungsweise bei der Trennung bedeuten, insbesondere bei frühen Trennungen, bei noch sehr kleinen Kindern und damit einer Mutter, die gerade erst nach Schwangerschaft und Elternzeit wieder beruflich neu einsteigt. Bei Festangestellten kann dies gegebenenfalls schnell aufgeholt werden, bei Freiberuflerinnen muss möglicherweise zunächst ein zeitintensiver Wiederaufbau stattfinden. Daher sind hier die INDIVIDUELLEN KONSTELLATIONEN DES EINZELFALLS, die Auswirkungen der hälftigen Betreuung auf die beruflichen Möglichkeiten beider Eltern zu betrachten und kann ein Anspruch auf Betreuungsunterhalt nicht automatisch ausgeschlossen werden, wenn beide Eltern das Kind im Wechselmodell betreuen. Vielmehr ist genauer hinzusehen, wie die

Situation vor der Trennung war und direkt nach der Trennung ist. Welche beruflichen Möglichkeiten sich für beide Eltern durch die jeweils hälftige Betreuung und damit auch die jeweils hälftige Zeit ohne Kind ergeben, wie viel Zeit ein Elternteil möglicherweise nach der Geburt des Kindes beziehungsweise nach der Trennung benötigt, um beruflich vergleichbar Fuß zu fassen. All dies können Trennungseltern im Rahmen einer einvernehmlichen Lösung ausgiebig ansehen und für sich einen passenden Weg finden, der beispielsweise in einer zeitlich begrenzten, übergangsweisen Unterstützung liegen kann. Einigen sich Eltern nicht, dann besteht die Möglichkeit, beim zuständigen Familiengericht einen Antrag auf Betreuungsunterhalt zu stellen, wofür anwaltliche Unterstützung in Anspruch genommen wird.

VI. Weitere rechtliche Konsequenzen

Die Einordnung der Umgangspraxis von Trennungseltern als Wechselmodell kann für einige weitere Rechtsgebiete weitreichende Folgen haben, die wir uns nun überblicksartig ansehen. Für konkrete Fragen können diese Informationen keinen Rechtsrat ersetzen.

In den meisten gesetzlichen Regelungen wird unausgesprochen vom Residenzmodell als „Normalfall" ausgegangen und wird das Wechselmodell weder geregelt noch berücksichtigen, was Unklarheiten mit sich bringen kann. Nur wenige Gesetze treffen Vorkehrungen für die Situation, dass ein Kind zwei gleichwertige Zuhause und somit zwei gewöhnliche Aufenthalte hat, so zum Beispiel das Wohngeldgesetz in § 5 Absatz 4 Satz 1 WOGG sowie das achte Sozialgesetzbuch in Bezug auf Leistungen für Kinder vom Jugendamt in § 86 Absatz 2 Satz 3 SGB VIII. Alle anderen, wie zum Beispiel das Melderecht, gehen von einem klar definierbaren Hauptwohnsitz und gewöhnlichen Aufenthalt des Kindes aus, was beim Wechselmodell, also immerhin bei circa 10 % der heutigen Trennungsfamilien, nicht mehr der Realität entspricht. Dies kann zu Unklarheiten bis hin zu Doppelzuständigkeiten führen.

DEFINITION SORGERECHT
Sorgerecht bedeutet die rechtliche Verantwortung für das Kind und umfasst die Personensorge und die Vermögenssorge.

1. Sorgerecht (§ 1627 BGB)

Die meisten Eltern, die im Wechselmodell ihr Kind betreuen, üben das gemeinsame Sorgerecht aus; bei geschiedenen Eltern ist dies ohnehin der Normalfall. Voraussetzung für das Wechselmodell ist das gemeinsame Sorgerecht jedoch nicht, darüber besteht Einigkeit, unabhängig von der Einordnung des Wechselmodells als eine Frage des Umgangs oder eine

Frage der Sorge. Vielmehr können auch Eltern, bei denen nur einer das Sorgerecht innehat, gemeinsam das Wechselmodell praktizieren und das Kind gleichberechtigt und zu ähnlichen Anteilen betreuen, ihm zwei gleichwertige Zuhause bieten. Tatsächlich kommt dies in der Praxis eher selten vor und kann an der einen oder anderen Stelle wenig praktikabel sein, so, wenn im Rahmen des Zusammenlebens im Alltag Entscheidungen getroffen werden müssen, zum Teil kurzfristig und spontan, zum Teil vorausschauend mit großer Bedeutung und mit langfristigen Konsequenzen für das Kind und für beide Eltern. In welchen Situationen und Konstellationen es eine Rolle spielen kann, wer das Sorgerecht innehat, betrachten wir als Nächstes und differenzieren hier zwischen drei Arten von Entscheidungen unterschiedlicher Tragweite: GRUNDSATZENTSCHEIDUNGEN, ALLTAGSENTSCHEIDUNGEN und BETREUUNGSENTSCHEIDUNGEN. Diese sind außerdem, unabhängig vom Sorgerecht, sinnvolle Regelungspunkte für eine umfassende Elternvereinbarung beim Wechselmodell (siehe › Seite 254, 259).

GRUNDSATZENTSCHEIDUNGEN: ENTSCHEIDUNGEN VON ERHEBLICHER BEDEUTUNG § 1687 ABSATZ 1 SATZ 1 BGB:

Angelegenheiten, deren Regelung für das Kind von erheblicher Bedeutung sind, entscheiden Eltern bei gemeinsamem Sorgerecht einvernehmlich. Können sie sich nicht einigen, dann kann einer von beiden oder beide einen Antrag beim zuständigen Familiengericht stellen (§ 1628 BGB). Hierunter fallen beispielsweise die Namensgebung nach der Geburt, die Anmeldung an eine Kita oder Schule, der Umzug in eine andere Stadt; Fragen der Religion, erhebliche medizinische Maßnahmen und die Verwaltung etwaigen Vermögens. Bei Eltern ohne gemeinsames Sorgerecht kann dies derjenige Elternteil entscheiden, der das Sorgerecht alleine ausübt, ohne Hinzuziehen des anderen Elternteils. Dies kann im Wechselmodell zu der ungünstigen Situation führen, dass der sorgeberechtigte Elternteil eine Entscheidung trifft, die der andere Elternteil in erheblichem Umfang im Alltag mittragen muss, ohne einbezogen worden zu sein, zum Beispiel die Anmeldung an eine Schule, die der andere Elternteil ablehnt, zum Beispiel weil sie für ihn äußerst ungünstig liegt. Sinnvoll wäre es hier, dass der sorgeberechtigte Elternteil den mitbetreuenden Elternteil in seine Entscheidungsfindung mit einbezieht. Eltern, die im Wechselmodell betreuen, können unabhängig vom Sorgerecht vereinbaren, Grundsatzentscheidungen stets gemeinsam zu treffen beziehungsweise zumindest, dass der Elternteil mit Sorgerecht den anderen in seine Entscheidungsfindung miteinbezieht. Eltern im Wechselmodell können manche Regelungspunkte vorab klären, zum Beispiel die Wahl einer bestimmten Kita/Schule oder Fragen der Religion, oder sie legen fest, wie Entscheidungen von erheblicher Bedeutung zukünftig getroffen werden sollen. Bei Wechselmodell-Eltern mit gemeinsamem Sorgerecht sind diese Entscheidungen ohnehin gemeinsam zu treffen, manche Regelungspunkte können auch hier bereits vorher schriftlich oder mündlich vereinbart werden (siehe › Seite 255 ff.).

ALLTAGSENTSCHEIDUNGEN: ANGELEGENHEITEN DES TÄGLICHEN LEBENS §1687 ABSATZ 1 SATZ 2 BGB:

Für Angelegenheiten des täglichen Lebens hat derjenige Elternteil, bei dem sich das Kind gewöhnlich aufhält, die Befugnis zur alleinigen Entscheidung. Entscheidungen des Alltags sind dem Gesetzestext nach solche Regelungen, „die häufig vorkommen und die keine schwer abzuändernden Auswirkungen auf die Entwicklung des Kindes haben." Hierunter fallen beispielsweise die Anmeldung zu Klassenfahrten, Kita/Hort - Abholzeiten, Anmeldung zu Sportkursen, Nachhilfe, Musik, Urlaubsreisen, Kleidung und Friseurbesuche. Beim Residenzmodell, von dem das Gesetz unausgesprochen ausgeht, kann diese Regelung sinnvoll sein, weil der hauptbetreuende Elternteil ja den Alltag größtenteils alleine bewältigt und solche Entscheidungen daher vor allem ihn betreffen. Beim Wechselmodell gibt es diesen einen Alltags-Elternteil nicht, so dass sich die Frage stellt, wie hier Alltagsentscheidungen sinnvollerweise gehandhabt werden. Dem Gesetzeswortlaut nach könnte man davon ausgehen, dass jeder Elternteil für die Zeit bei sich die Entscheidungen alleine trifft. Dies kann für solche Punkte passend sein, die keine Auswirkungen auf die Betreuungszeit des anderen Elternteils haben. Betreut zum Beispiel ein Elternteil die gemeinsame Tochter immer montags, dann könnte er sie für diesen Tag zum Fußballtraining anmelden. Zu Schwierigkeiten kommt es allerdings dann, wenn ein Elternteil eine Entscheidung trifft, die der andere in seiner Betreuungszeit mittragen muss, ohne in die Entscheidungsfindung miteinbezogen worden zu sein. Betreuen Eltern im Wochenwechsel und meldet beispielsweise ein Elternteil ohne Rücksprache mit dem anderen Elternteil das gemeinsame Kind für mittwochs zum Reitunterricht beim 45 km entfernt liegenden Reiterhof an, dann betrifft dies auch den anderen Elternteil. Dieser müsste das Kind an seinen Mittwochen dorthin bringen, obwohl er beispielsweise weder die Zeit noch ein Auto hat. Er fühlt sich damit gegebenenfalls übergangen und kommt dem nicht nach, das Kind würde also nicht jede Woche zum Reiten gehen können, was wiederum den anderen Elternteil ärgern kann. Förderlich für das Wohl des Kindes wäre dies bestimmt nicht. Anders kann aber jeder Elternteil in seiner Zeit die Kleidung für das Kind kaufen, die er mag, und das Kind dann von der Kita abholen, wenn es in seinen Tagesplan passt. Eine sinnvolle Regelung für Trennungseltern, die im Wechselmodell betreuen, kann sein, dass solche Alltagsentscheidungen, die auch den Alltag des anderen Elternteils in seiner Betreuungszeit betreffen, gemeinsam getroffen werden, gegebenenfalls vorher schriftlich oder mündlich vereinbart, beziehungsweise wenn sie konkret anstehen. Oder die Eltern vereinbaren Zuständigkeitsbereiche, in denen der jeweilige Elternteil frei entscheiden darf und der andere dies mitträgt, so kümmert sich einer beispielsweise um sportliche Aktivitäten und der andere um die musikalische Förderung des Kindes.

BETREUUNGSENTSCHEIDUNGEN: ANGELEGENHEITEN DER TATSÄCHLICHEN BETREUUNG § 1687 ABSATZ 1 SATZ 3 BGB:

Als dritte Kategorie unterscheidet das Gesetz sogenannte Angelegenheiten der tatsächlichen Betreuung. Darunter fallen solche Entscheidungen, die im Rahmen des Zusammenlebens getroffen werden müssen, zum Beispiel Ernährung, Schlafenszeiten, Medienkonsum, Freizeitbeschäftigung und Kontakt zu Dritten. Hier hat laut Gesetz unabhängig vom Sorgerecht derjenige freie und alleinige Entscheidungsmöglichkeit, bei dem sich das Kind gerade aufhält. Dies wird als notwendige Autonomie angesehen, um das Zusammenleben, den Tagesablauf mit dem Kind gut gestalten zu können. Dennoch kann es bei Eltern, die im Wechselmodell (oder auch jedem anderen Umgangsmodell) leben, sinnvoll sein, sich hier abzusprechen, aus Gründen der Kontinuität. So zum Beispiel bei kleineren Kindern im Hinblick auf Essens- und Schlafenszeiten und bei größeren Kindern bezüglich gegebenenfalls streitiger Erziehungsthemen, wie zum Beispiel Medienkonsum und Kontakt zu neuen Partnern. Eltern können sich dafür entscheiden, einander zu vertrauen und Unterschiedlichkeiten zu akzeptieren, sie können einen gewissen Rahmen abstecken und innerhalb dessen sich gegenseitig Freiräume gewähren, oder einige heikle Themen vorab klären, um spätere Diskussionen zu vermeiden.

2. Melderecht § 22 Bundesmeldegesetz (BMG)

Nach Absatz 2 des § 22 BGM ist der Hauptwohnsitz eines Minderjährigen in der vorwiegend benutzten Wohnung des oder der Personensorgeberechtigten. Leben Eltern getrennt, dann ist nach dem zweiten Halbsatz „Hauptwohnung die Wohnung des Sorgeberechtigten, die von dem minderjährigen Einwohner vorwiegend benutzt wird". Absatz 3 verdeutlicht, dass die überwiegende Wohnung dort liegt, „wo der Schwerpunkt der Lebensbeziehungen des Einwohners liegt." Betreuen beide Eltern das Kind, dann ist unabhängig vom Umgangsmodell in aller Regel der Hauptwohnsitz des Kindes dort, wo der Elternteil wohnt, der das Sorgerecht innehat beziehungsweise der, der das Kind überwiegend betreut. Leben die Eltern im paritätischen Wechselmodell und üben sie das Sorgerecht gemeinsam aus, dann passt diese Regelung des Bundesmeldegesetzes nicht. Ein Kind kann NUR BEI EINEM ELTERNTEIL mit seinem Hauptwohnsitz GEMELDET WERDEN, auch wenn es bei beiden Eltern gleichwertige Zuhause hat. Unser Meldegesetz sieht das Wechselmodell nicht vor und gibt paritätisch betreuenden Eltern daher NICHT die Möglichkeit, ihr Kind entsprechend der tatsächlich gelebten Realität BEI BEIDEN mit jeweils einem HAUPTWOHNSITZ anzumelden. Also immerhin auf circa 10 % der Fälle aller getrennterziehenden Eltern passt die aktuelle gesetzliche Regelung nicht. Können Eltern sich nicht einigen, dann bleibt nach einer Entscheidung des Bundesverwaltungsgerichts die ehemalige gemeinsame Wohnung der Familie Hauptwohnsitz des Kindes. Dies passt nur, wenn ein Elternteil auszieht und der andere dort wohnen bleibt, und nicht, wenn beide Eltern umziehen und die ehemalige Familienwohnung aufgeben. Aus dem Hauptwohnsitz eines Kindes ergeben sich einige rechtliche und praktische Konsequenzen von erheblicher Bedeutung, so zum Beispiel die Berechtigung zum Bezug von Kindergeld, Begünstigungen für Alleinerziehende im Steuerrecht sowie für das Einzugsgebiet der Regelschule. Umso wichtiger ist, dass Trennungseltern diese rechtlichen Konsequenzen kennen und gut informiert entscheiden, bei wem von ihnen beiden das Kind sinnvollerweise mit dem Hauptwohnsitz angemeldet wird. Bei zwei Kindern entscheiden manche Eltern, dass bei jedem je ein Kind mit seinem Hauptwohnsitz angemeldet wird.

3. Schulwahl

Die Wahl der Einzugsschule hängt vom Hauptwohnsitz des schulpflichtigen Kindes ab. Als sogenannte Regelschule gilt die der Wohnung nächstgelegene öffentliche Grundschule oder weiterführende Schule. Die Aufnahme in eine andere als die Regelschule muss gesondert beantragt und begründet werden, und dem wird nur stattgegeben, wenn in dieser auch tatsächlich ein Platz frei ist. Im Wechselmodell betreuende Eltern könnten im Hinblick auf die von ihnen (und dem Kind) favorisierte Schule prüfen, welche der Wohnungen in den Einzugsbereich fällt beziehungsweise vor Wahl des Hauptwohnsitzes sich die jeweils infrage kommenden Schulen ansehen, um zu entscheiden, welche sie passend finden, und den Wohnsitz entsprechend auswählen.

4. Steuerrecht §§ 24b, 32, 38b Einkommensteuergesetz (EStG)

Knüpft das Einkommensteuerrecht an die Elternschaft an, so zum Beispiel in § 32 EStG im Hinblick auf Kinderfreibeträge, dann gilt dies nach einhelliger Ansicht für beide Eltern. Und zwar unabhängig vom Wohnsitz und praktizierten Umgangsmodell, denn es kommt hier nicht darauf ankommt, dass ein Elternteil das Kind überwiegend beziehungsweise alleine betreut. An anderen Stellen spricht das Steuerrecht jedoch von

„alleinerziehend". So können nach § 24b EStG alleinstehende Steuerpflichtige einen Entlastungsbetrag von der Summe ihrer Einkünfte abziehen, und nach § 38b EStG Alleinerziehende die günstigere Lohnsteuerklasse II wählen. Nach der Rechtsprechung des Bundesfinanzhofs, dem höchsten Gericht für Steuerfragen, gilt dies nicht für beide Eltern. Selbst bei paritätischer Betreuung im Wechselmodell kann demnach nur ein Elternteil den Entlastungsbetrag beziehen und die günstigere Steuerklasse II wählen, der andere muss Steuerklasse I nehmen. Steuerklasse II geht demnach an denjenigen, der den Entlastungsbetrag nach § 24b EStG geltend macht, in aller Regel derjenige, bei dem das Kind mit Hauptwohnsitz gemeldet ist und der das Kindergeld bezieht. Für manche Eltern kann es sinnvoll sein, sich steuerlich beraten zu lassen, welche Konstellation für sie die günstigere ist, und etwaige Nachteile auf anderem Wege, zum Beispiel Unterhalt, zu kompensieren.

5. Sozialrecht

Im Sozialrecht wird in einigen Regelungen darauf abgestellt, ob ein Elternteil mit einem (minderjährigen) Kind zusammenlebt beziehungsweise alleinerziehend ist, und auch hier wird das Wechselmodell gesetzlich nicht berücksichtigt. Das Bundessozialgericht als höchstes zuständiges Gericht hat entschieden, dass bei paritätischer Betreuung die Leistungen nach dem SGB II („Hartz VI") zwischen beiden Eltern je nach Betreuungszeit aufgeteilt werden können. Jeder Elternteil hat demnach für seine Betreuungszeit einen eigenen Anspruch auf Alleinerziehenden-Mehrbedarf, und zwar für den Zeitanteil, den das Kind bei ihm wohnt. Berechnet wird dies tageweise, in dem die monatliche Leistungssumme durch 30 geteilt und mit der Anzahl der Tage, die das Kind bei dem einen Elternteil lebt, multipliziert wird.

6. Wohngeld

Das Wohngeldgesetz (WOGG) erwähnt als eines der wenigen Gesetze die Konstellation des Wechselmodells. Es besagt in § 5 Absatz 4 Satz 1 WOGG bei der Definition der Haushaltsmitglieder: „Betreuen nicht nur vorübergehend getrenntlebende Eltern ein Kind oder mehrere Kinder zu annähernd gleichen Teilen, ist jedes dieser Kinder bei beiden Elternteilen Haushaltsmitglied." In der Konsequenz bedeutet dies, dass beim Wechselmodell beide Eltern, bei Vorliegen aller anderen Voraussetzungen, den vollen Betrag des Wohngelds beantragen können.

7. Prozessrecht: örtliche Zuständigkeit des Gerichts oder Jugendamtes

In familienrechtlichen Verfahren ist nach § 122 Nummer 1 FGG und § 152 Absatz 2 FamFG dasjenige Familiengericht örtlich zuständig, in der ein Ehegatte mit allen Kindern seinen gewöhnlichen Aufenthalt hat. Beim echten Wechselmodell hat das Kind aber nicht einen gewöhnlichen Aufenthalt, sondern zwei. Dann ist unklar, welches Gericht zuständig ist, wenn die jeweilige Elternwohnung in zwei verschiedenen Gerichtsbezirken liegt. Ähnliches gilt für die örtliche Zuständigkeit eines Jugendamtes nach § 87 SGB VIII, wenn die Wohnungen beider Eltern in unterschiedlichen Bezirken liegen. Jeder Elternteil könnte somit das jeweils für seinen Wohnsitz zuständige Jugendamt beziehungsweise Familiengericht anrufen, was zu zwei parallelen Verfahren führen könnte. Meist wird hier in der Praxis auf den Hauptwohnsitz abgestellt.

8. Internationales Kindschaftsrecht

Durch die wachsende Zahl von internationalen Beziehungen nimmt auch die BINATIONALE ELTERNSCHAFT stetig zu. Bei einer Trennung kann es zu Streitigkeiten in Sachen Umgang kommen, auch bezüglich der Durchführung des Wechselmodells. Behalten Eltern das gemeinsame Sorgerecht und einigen sich zunächst auf das Wechselmodell, dann kann es dennoch vorkommen, dass ein Elternteil mit dem Kind ohne Zustimmung des anderen wegzieht, häufig zurück in sein Herkunftsland. In solchen Konstellationen gilt internationales Kindschaftsrecht. Innerhalb von Europa werden Trennungseltern die Durchführung von Umgang und die Durchsetzung von Umgangsvereinbarung durch die sogenannte II a-Verordnung beziehungsweise das europäische Sorgerechtsabkommen, auch über Landesgrenzen hinweg, ermöglicht. Für gerichtliche Klärung zuständig ist das Land, in dem das Kind seinen gewöhnlichen (und berechtigten) Aufenthalt hat beziehungsweise hatte. Somit gelten für die Durchsetzbarkeit und Vollstreckung von Umgangsvereinbarungen auch hier die oben genannten Möglichkeiten. Zur praktischen Unterstützung kann der zurückgelassene Elternteil die sogenannte Zentrale Behörde anrufen, die in Deutschland beim Bundesamt für Justiz angesiedelt ist. In aller Regel ist die Beratung durch einen in internationalen Kindschaftsangelegenheiten erfahrenen Rechtsanwalt hilfreich und bei den meisten Verfahren ist anwaltliche Vertretung zwingend vorgeschrieben. Liegt eine Kindesentführung vor, also die widerrechtliche Verbringung des Kindes in ein anderes Land beziehungsweise das Zurückhalten des Kindes gegen den Willen des anderen sorgeberechtigten Elternteils, dann greift das Haager Kindesentführungsübereinkommen (HKÜ). Der zurückgelassene Elternteil kann einen Anspruch auf Rückführung des Kindes nach Deutschland geltend machen, unterstützt durch die Zentrale Behörde. Alle weiteren Fragen in Sachen Umgang und Wechselmodell würden dann nach der Rückführung in Deutschland verhandelt werden.

Weitere internationale Aspekte rund um Umgang und Wechselmodell betrachten wir im sechsten Kapitel.

Zusammenfassung

Nach dem Studium dieses Kapitels verfügen Sie über Informationen zu folgenden Themen:

- ☐ Die politische Forderung nach einem Leitbild und was daraus praktisch folgen würde
- ☐ Ob das Wechselmodell gegen den Willen eines Elternteils angeordnet werden kann
- ☐ Rechtliche Definition des Wechselmodells und Antworten zu:
  - ☐ Sorgerecht
  - ☐ Unterhalt
  - ☐ Kindergeld
  - ☐ Wohnsitz
- ☐ Abgrenzung und Einordnung in Bezug auf das internationale Kindschaftsrecht.

International

In diesem Kapitel beschäftigen wir uns mit Regelungen und Praxis zum Wechselmodell in anderen Ländern, betrachten internationale Vorschriften, die auch für Deutschland gelten, und stellen interessante Ergebnisse ausländischer Studien vor.

6. International

Wir sehen uns zunächst an, welche Vorschriften zum Wechselmodell in anderen Ländern gelten und welche Handhabung dort sichtbar wird. Vorab vergleichen wir, wie woanders das Wechselmodell definiert wird. Dann lassen wir uns von der internationalen Praxis inspirieren, verbunden mit der Frage, welche Ideen, Umsetzungen und Erfahrungen auf unser Rechtssystem und in unsere Gesellschaft passen könnten. Danach betrachten wir die Resolution des Europarates zum Wechselmodell und dessen Bedeutung für die Handhabung von Umgang in den Mitgliedsstaaten der Europäischen Gemeinschaft. Möglichkeiten der europäischen und weltweiten Durchführung von Umgang und Durchsetzungen von Ansprüchen Dank internationaler Abkommen haben wir bereits im fünften Kapitel besprochen. Deutschland hat außerdem die UN-Konvention unterzeichnet, die Auswirkungen mit sich bringen hinsichtlich der Auslegung familienrechtlicher Regelungen mit sich bringen kann, was wir uns als Abschluss dieses internationalen Kapitels anschauen.

I. Blick auf das Recht und die Praxis anderer Länder

Wir beginnen mit einem Blick über unsere Landesgrenzen hinweg ins EUROPÄISCHE AUSLAND sowie nach USA und AUSTRALIEN. Um gut vergleichen zu können, interessiert uns dafür zunächst, wie das Wechselmodell in anderen Ländern definiert wird.

1. Internationale Vergleichbarkeit

Insbesondere Befürworter berichten oft, wie viel mehr das Wechselmodell in anderen Ländern verbreitet sei, ob einvernehmlich oder vom Gericht angeordnet. Internationale Vergleiche sind allerdings nur dann sinnvoll, wenn dieselben Begrifflichkeiten zugrunde gelegt werden. Die meisten Länder, die Wechselmodell als bevorzugtes Umgangsmodell oder zumindest gleichwertige Alternative zum Residenzmodell ansehen, definieren es bereits ab 30 % oder 40 % Umgang des zweiten Elternteils, die wenigsten erst ab 50 % der Betreuung. Das unterscheidet sich von der deutschen Rechtsprechung, nach der überwiegend erst ab einer nahezu hälftigen Teilung von einem (echten) Wechselmodell ausgegangen wird. Blicken wir auf Recht und Praxis des Wechselmodells in anderen Ländern, dann sollten wir es außerdem stets in Zusammenhang setzen mit der gesamten dortigen gesellschaftlichen Situation. Denn beim Wechselmodell geht es ja nicht nur um Familie, sondern auch um Gesellschaft, Gleichberechtigung, Arbeit und Politik. Um gut vergleichen zu können, bräuchten wir zum Beispiel Informationen zur dortigen Rollenverteilung zwischen Eltern in ungetrennten Familien sowie über die Gleichstellung und Gleichberechtigung von Mann und Frau in der jeweiligen Gesellschaft. Wir benötigten Aussagen über den Anteil von berufstätigen Müttern sowie Vorschriften und gelebte Praxis zu Mutterschutz und Elternzeit. Wir müssten Möglichkeiten außerfamiliärer Kinderbetreuung betrachten, wie zum Beispiel Ganztagsschulen und Hortangebote. In Frankreich beispielsweise kehren Mütter seit Jahrzehnten bereits wenige Wochen nach der Geburt zurück in den Beruf. In Norwegen nehmen seit 2020 beide Eltern gleich viel Elternzeit. In Belgien ist flächendeckende Kinderbetreuung ebenso selbstverständlich wie volle Berufstätigkeit beider Eltern. Diese Faktoren spiegeln sich nach einer Trennung im praktizierten Umgang wider, in einer gesetzlich verankerten und überwiegend praktizierten gleichberechtigten Betreuung im Wechselmodell. Da umfassende gesellschaftliche Vergleiche den Rahmen unseres Buches sprengen würden, konzentrieren wir uns hier darauf, welche ANREGUNGEN, IDEEN UND ERFAHRUNGEN wir aus Recht und Praxis anderer Länder für uns als Inspiration und Diskussionsgrundlage mitnehmen können.

2. Regelungen und Praxis anderer Länder

In einigen Ländern ist das Wechselmodell als Umgang nach Trennung gesetzlich geregelt. In den USA gilt in mehreren Bundesstaaten die paritätische Betreuung („shared parenting, „joint physical custody") als Regelfall, in anderen als bevorzugtes Modell, in fast allen amerikanischen Staaten zumindest als eine vom Gericht zu prüfende Alternative. Insgesamt leben circa 20 % der Trennungsfamilien in den USA im Wechselmodell. Australien führte 2006 im Rahmen der Reform des Kindschaftsrechts die Zusammenarbeit und gleiche Verantwortung beider Eltern als bevorzugte Betreuungsform ein. Bei streitigen Umgangsverfahren vor Gericht wird in circa einem Drittel der Fälle auch gegen den Willen eines Elternteils auf Wechselmodell entschieden. In Europa wurde zuerst in Belgien das Wechselmodell („gelijkmatig verdeelde huisvesting", „hébergement égalitaire") umfassend geregelt. Bereits in den 1990er Jahren war es dort weit verbreitet und ist seit 2006 als Regelbetreuung nach der Trennung gesetzlich verankert. Beide Eltern kümmern sich danach zu gleichen Teilen um das Kind, sie treffen gemeinsam alle wesentlichen Entscheidungen und betreuen es gleich lang und abwechselnd. Mehr als 30 % der Eltern entscheiden sich in Belgien nach einer Trennung für die paritätische Betreuung ihrer Kinder. Gerichte ordnen im Streitfall das Wechselmodell an, wenn nicht triftige Gründe dagegensprechen, die gesondert begründet werden müssen. In Österreich hat der dortige Verfassungsgerichtshof unter anderem entschieden, dass eine gerichtliche Anordnung des Doppelresidenzmodells möglich ist, wenn dies dem Kindeswohl am besten entspricht. In Italien gilt das Wechselmodell heute als Regelform der Betreuung. In Frankreich fand 2002 eine umfassende Reform des Sorgerechts statt und steht seitdem das Wechselmodell („résidence en alternance") im Gesetz, an erster Stelle als ausdrückliche Alternative zum Residenzmodell. Gerichte können es im Streitfall auch gegen den Willen eines Elternteils anordnen und circa 12 % der getrennten Familien leben in Frankreich im Wechselmodell. Auch in Tschechien gilt seit 2011 die paritätische Doppelresidenz als gesetzlicher Regelfall. In den nordeuropäischen Ländern ist die gleichberechtigte Elternschaft nach Trennung ebenfalls der Normalfall. So kann in Schweden und Norwegen das Wechselmodell seit 2006 auch gegen den Willen eines Elternteils gerichtlich angeordnet werden. Seit 2019 hat das Kind in Schweden bei beiden Eltern seinen Wohnsitz („växelvis boende") und beide erhalten hälftig das schwedische Pendant zum Kindergeld. Dort werden circa 30 % der Kinder paritätisch betreut, in Dänemark 20 %.

Als Entwicklung kann insgesamt beobachtet werden, dass in den meisten Ländern der Anteil der im Wechselmodell betreuten Trennungskindern deutlich ansteigt, nachdem es gesetzlich als Regelfall etabliert wurde.

3. Ideen und Anregungen für Deutschland

Zahlreiche Länder haben nicht nur rechtlich das Wechselmodell als Regelfall oder zumindest als erste zu prüfende Alternative etabliert, sondern weitere Regelungen getroffen, die für uns interessant sein könnten.

SCHIEDSSTELLE/MEDIATION

In Australien ist, bevor ein gerichtlicher Antrag gestellt werden kann, zwingend eine Schiedsstelle anzurufen und in Italien ist nach der Trennung bei Uneinigkeiten eine Mediation obligatorisch. Auch in Frankreich kann seit 2004 die Familienrichterin einen Mediator hinzuziehen, der Trennungseltern bei der Konfliktlösung begleitet. In Deutschland kann bisher das Familiengericht die Eltern lediglich zu einem kostenlosen Informationsgespräch über Mediation verpflichten (§ 135 FamFG). Eine Mediation vorzuschreiben ist aufgrund des Prinzips der Freiwilligkeit des Verfahrens bei uns bisher nicht möglich. Wie sinnvoll Mediation für Trennungseltern sein kann, besprechen wir im vierten Kapitel. Überlegt werden könnte, zumindest einen ersten gemeinsamen Mediationstermin vorzusehen, bevor Trennungseltern gerichtliche Hilfe in Anspruch nehmen dürften, vergleichbar mit dem Schlichtungstermin bei arbeitsrechtlichen Streitigkeiten.

KINDERRECHTSKOMMISSAR

In Belgien gibt es Kinderrechtskommissare, bei denen Kinder sich beschweren können, wenn sie den Eindruck haben, ihre Rechte werden missachtet; auch in Sachen Umgang. Diese Möglichkeit hat den Vorteil, dass Kinder, unabhängig von ihren Eltern und losgelöst von gerichtlichen Prozessen, eigenständiges Gehör finden. In Deutschland kümmert sich eine Verfahrensbeiständin um die Wahrnehmung der Interessen von Kindern (§ 158 FamFG). Als „Anwältin des Kindes" wird sie in kindschaftsrechtlichen Verfahren eingesetzt, also erst dann, wenn eine Angelegenheit bereits beim Familiengericht anhängig ist. Ansonsten haben bei uns Kinder und Jugendliche, die sich in Sachen Trennung und Umgang in ihren Rechten beeinträchtigt fühlen, nur die Möglichkeit, Jugendämter anzurufen oder in ganz gravierenden Fällen die Polizei einzuschalten. Einen NIEDRIGSCHWELLIGEN Ansprechpartner wie den belgischen Kinderrechtskommissar kennen wir nicht. Solch eine außergerichtliche Instanz könnte auch in Deutschland sinnvoll sein. Kindern und Jugendlichen würde dadurch die Möglichkeit gegeben, sich direkt eigenes Gehör zu verschaffen, unabhängig von ihren Eltern und auch außerhalb etwaiger Verfahren. Schwierige Umgangssituationen und eskalierende Trennungskonflikte könnten auf diese Weise frühzeitig erkannt und passende Hilfeangebote und Beratungsleistungen gezielt eingesetzt werden. Dies käme neben den Trennungseltern vor allem dem betroffenen Kind und damit der gesamten Familie zugute.

WECHSELMODELL-BERATUNG
Australien hat auf das Wechselmodell spezialisierte Familienberatungsstellen eingerichtet. Sie unterstützen Familien dabei, nach der Trennung das Wechselmodell zu leben. Eltern werden auf dem Weg zu einer Einigung begleitet, sowie bei der Organisation, Planung und Durchführung von Wechselmodellen beraten. In Deutschland bieten Familienberatungsstellen ergebnisoffene Umgangsberatung für Trennungseltern an, und Befürworter des Wechselmodells, wie zum Beispiel die Projektgruppe Doppelresidenz auch konkrete Unterstützung bei der Organisation und Umsetzung des Wechselmodells. Offizielle Stellen und auf das Wechselmodell spezialisierte Familienberatungen gibt es bisher nicht.

4. Internationale Studien

Als Erstes stellen wir hier einige Aspekte aus schwedischen Erhebungen zum Wechselmodell dar, wohl wissend, dass internationale Studien nicht unbegrenzt auf Deutschland übertragen werden können. Die Studienleiter einer schwedischen Studie weisen darauf hin, dass sich in Schweden das Familienleben seit den 80er Jahren des letzten Jahrhunderts signifikant verändert hat. Ungefähr 25 % der Kinder haben getrennte Eltern; ein Wert, der mit anderen europäischen Ländern und den USA korrespondiert. Mitte der 80er Jahre lebten circa 1 % der schwedischen Kinder im Wechselmodell, während es heute ungefähr 30 % sind. Im Rahmen einer der Studien wurden 12-jährige und 15-jährige Kinder unter anderem dazu befragt, wie ihr Wohlbefinden (zum Beispiel emotional, körperlich) in Zusammenhang damit steht, dass sie im Wechselmodell betreut wurden, also nach der Trennung der Eltern beide regelmäßig und über gleiche Zeiträume hinweg gesehen haben. Parallel dazu wurden gleichaltrige Jugendliche befragt, die nur mit einem Elternteil leben und den abwesenden Elternteil gar nicht oder selten sehen. Als Ausgangspunkt und Vergleichswert diente die Befragung von Jugendlichen aus ungetrennten Familien. Es wurde deutlich, dass die Jugendlichen, die beide Elternteile regelmäßig über längere Zeiträume sehen, sich insgesamt emotional und körperlich besser fühlten als die Jugendlichen, die mit dem abwesenden Elternteil kaum oder selten Kontakt hatten. Ein interessanter Aspekt der Studie ist außerdem, dass Jungen, unabhängig davon, ob sie im Wechselmodell oder in einem anderen Umgangsmodell lebten, öfter emotionale Probleme nach einer elterlichen Trennung zeigten als Mädchen. Die schwedischen Studienleiter vermuten, dass dieses Ergebnis etwas mit der ROLLE DER VÄTER zu tun haben könnte. Zwar nehmen in Schweden die Väter nach einer Trennung zunehmend größeren Raum in der Betreuung ein, jedoch sind sie selbst innerhalb des Wechselmodells noch nicht auf demselben Betreuungsniveau wie die Mütter, denn in Schweden gilt bereits eine Regelung ab 70:30 als Wechselmodell. Und überwiegend leben die Kinder dann eben zu 70 % der Zeit bei den Müttern und nur zu 30 % bei den Vätern. Die Studienleiter gehen außerdem davon aus, dass sowohl der Umstand, dass Frauen verstärkt in Vollzeit arbeiten, als auch die Veränderung der rechtlichen Grundlagen dafür sorgen, dass das Wechselmodell zunehmend in die Mitte der Gesellschaft rückt und breitere Anerkennung findet. Eine Beobachtung der Studie ist, dass die Chance, ein Leben im Wechselmodell zu führen, deutlich höher ist, wenn beide Elternteile berufstätig sind. Dies entspricht auch dem Wunsch einer Mehrheit junger Väter in Deutschland. Eine weitere Feststellung der Studien ist, dass Bildungsgrad und Leben im Wechselmodell miteinander verbunden sind, das heißt ein höherer Bildungsgrad korrespondiert damit, dass Familien das Wechselmodell bevorzugen. Zu dieser Beobachtung kommt eine amerikanische Metastudie, der wir uns gleich widmen, allerdings nicht. Abschließend stellen die Autoren der Studie fest, dass es für die Zukunft weiterer intensiver Untersuchungen benötige, um die Bedürfnisse von Kindern und Jugendlichen besser zu verstehen und daraus abzuleiten, welches Umgangsmodell im Einzelfall am besten passt. Diese Erkenntnis deckt sich mit den Aussagen deutscher Experten zum Kinderschutz und zu Trennungsfamilien, wie zum Beispiel Susanne Walper und Heinz Kindler vom Deutschen Jugendinstitut (DJI) in München. Sie weisen darauf hin, dass es vergleichende nationale und internationale Längsschnittstudien geben müsse, um zu nachhaltigen

Einschätzungen zu kommen, unter welchen gesellschaftlichen Voraussetzungen das Wechselmodell Leitbild in Deutschland werden könne. Das Bundesministerium für Familie, Senioren, Frauen und Jugend hat aktuell eine Studie in Auftrag gegeben, die untersuchen soll, wie sich unterschiedliche Betreuungsmodelle nach der elterlichen Trennung auf das Kindeswohl auswirken. Dazu wurde die Forschungsgruppe PETRA in Kooperation mit dem Zentrum für Klinische Psychologie und Rehabilitation der Universität Bremen beauftragt. Trennungsfamilien, Familiengerichte und Beratungseinrichtungen der Kinder- und Jugendhilfe in ganz Deutschland werden im Rahmen dieser Studie befragt. Im Fokus steht insbesondere das Kindeswohl, die Auswirkungen häuslicher Gewalt, die Qualität der Beratungsleistungen für Trennungsfamilien, und die Frage, wie gut familiengerichtliche Entscheidungen am Wohl des Kindes orientiert sind. Das Ziel der Studie besteht darin, eine solide EMPIRISCHE GRUNDLAGE dafür zu schaffen, Umgangsregelungen nach einer Trennung stärker am Wohl und an den Bedürfnissen von Kindern anzupassen und Belastungen zu vermindern.

Die bereits angesprochene amerikanische METASTUDIE von 2017, die von Professor Dr. Linda Nielsen geleitet wurde, bezieht sich auf insgesamt 54 internationale Studien zum Wechselmodell. Leitfragen für die Auswertung dieser Studien waren folgende:

- In welcher Art von Betreuung geht es Kindern nach einer Trennung oder Scheidung am besten?
- Ist für Kinder das Residenzmodell, in dem sie hauptsächlich oder ausschließlich bei einem Elternteil leben und in unterschiedlich großem Umfang mit dem anderen Elternteil Umgang haben, das bessere Modell?
- Geht es Kindern besser, wenn sie bei beiden Eltern wenigstens 35 % der Zeit in einem Modell gemeinsamer Elternschaft verbringen?
- Können gemeinsame Elternschaft und das Wechselmodell auch vorteilhaft sein, wenn die Eltern in rechtliche oder andere Auseinandersetzungen verstrickt sind?
- Kommt das Wechselmodell letztlich nur für eine ausgewählte Gruppe von Eltern in Betracht? Für solche, die über ein relatives hohes Einkommen verfügen, sich wenig oder nicht streiten und die grundsätzlich eine harmonische Beziehung auch nach der Trennung unterhalten, und sich von Anfang an freiwillig für die paritätische Betreuung entscheiden?

Zwei grundlegende Erkenntnisse hat Frau Professor Dr. Nielsen an den Beginn ihrer Auswertung gestellt: Kindern geht es im Durchschnitt im

Wechselmodell besser als im Residenzmodell. Und Übernachtungen bei beiden Eltern schwächen bei Babys und Kleinkindern weder die Bindung zur Mutter noch die zum Vater.

Wir fassen hier die wesentlichen Aussagen der Metastudie zusammen:

Alle 54 Studien belegen, dass selbst Kinder, die vor der Trennung vor Vernachlässigung und Gewalt geschützt werden mussten, im Wechselmodell nach der Trennung bessere Untersuchungsergebnisse zeigten als vergleichbare Kinder im Residenzmodell. Untersucht wurden dabei folgende Parameter: Leistungen in der Schule, emotionale Gesundheit (Anspannung, Depression, Selbstbewusstsein, Lebenszufriedenheit), Verhaltensauffälligkeiten (Straffälligkeit, auffälliges Verhalten in der Schule, Hänseln, Drogen, Alkoholkonsum, Rauchen), physische Gesundheit und stressbedingte Krankheiten sowie die Beziehungen der Kinder zu ihren Eltern, Stiefeltern und Großeltern.

Bezogen auf Elternkonflikte fühlten sich Kinder im Wechselmodell nach vielen Maßstäben des Kindeswohls grundsätzlich besser als im Residenzmodell. Die Konfliktbelastung der Eltern schien die Vorteile des Wechselmodells nicht aufzuheben. Selbst Kindern, die anhaltenden, intensiven Elternkonflikten ausgesetzt waren, ging es im Wechselmodell nicht schlechter als vergleichbaren Kindern im Residenzmodell. Darüber hinaus lieferte keine der 54 wissenschaftlichen Studien Ergebnisse, welche die Vermutung nahelegten, dass es Kindern, deren Eltern in gerichtliche Auseinandersetzungen verstrickt waren, schlechter ging als Kindern, deren Eltern keine oder weniger gerichtlichen Sorge- oder Umgangsrechtsstreitigkeiten hatten. Im Umkehrschluss ging es Kindern mit Eltern, die weniger Konflikte hatten und eine bessere Elternbeziehung lebten, im Wechselmodell am besten. Der Erhalt von tragfähigen Bindungen zu beiden Eltern im Wechselmodell schien den Schaden hoher Konfliktbelastung sowie schlechter Elternbeziehungen zu kompensieren. Das bedeutet nicht, dass das Wechselmodell per se die negativen Einflüsse von anhaltendem, heftigem Streit ausgleicht, sollten Kinder ihm öfter ausgesetzt sein. Doch scheint das Wechselmodell an sich dazu beizutragen, Stress, Ängste und Depressionen bei Kindern grundlegend abzubauen.

In der Mehrzahl der untersuchten Fälle war ein Elternteil anfangs gegen das Wechselmodell und ließ sich erst im Rahmen von gerichtlichen Vergleichen, Gerichtsurteilen oder Mediation davon überzeugen. Die entsprechenden Studien zeigen, dass es Kindern auch in diesen Fällen im Wechselmodell besser ging als im Residenzmodell.

Eltern, die im Wechselmodell leben, sind nach dieser Metastudie übrigens nicht grundsätzlich deutlich wohlhabender als Eltern im Residenzmodell.

Wir können diese Studienergebnisse hier nicht weiter vertiefend besprechen. Nehmen wir sie als Impuls, konstruktiv und offen über mögliche Regelungen in Deutschland nachzudenken, für die Gegenwart und für die Zukunft. Wir haben es, wie schon erwähnt, bei der Diskussion über das Wechselmodell mit einer Vielzahl von Ebenen und Faktoren zu tun, deren Verschränkung das Thema zu einer hochkomplexen Angelegenheit werden lassen. Einfache Lösungen sind nicht zu finden.

In der Europäischen Gemeinschaft gibt es auf politischer Ebene eine konkrete Empfehlung des Europarates zum Wechselmodell, die bereits 2015 in einer Resolution formuliert wurde. Diese sehen wir uns als nächstes kurz an.

II. Resolution des Europarates

Die Parlamentarische Versammlung des Europarats hat am 2. Oktober 2015 die Resolution "2079 (2015) 35" einstimmig verabschiedet, mit der sie alle Mitgliedstaaten auffordert, die Doppelresidenz beziehungsweise das Wechselmodell als bevorzugtes Modell im Gesetz zu verankern. Unter dem Gliederungspunkt 5.5 der Resolution heißt es dazu: „in ihre Gesetze den Grundsatz der Doppelresidenz (Wechselmodell) nach einer Trennung einzuführen, und Ausnahmen ausschließlich auf Fälle von Kindesmisshandlung, Vernachlässigung, oder häuslicher Gewalt einzuschränken, mit jener Zeitaufteilung, in der das Kind mit jedem Elternteil lebt, die entsprechend den Bedürfnissen und Interessen des Kindes angepasst sind."

Diese Resolution verpflichtet die Bundesrepublik Deutschland jedoch nicht dazu, das Wechselmodell als Regelfall der elterlichen Betreuung gesetzlich einzuführen. Denn bei Resolutionen des Europarats handelt es sich nicht um rechtsverbindliche Beschlüsse, die die Mitgliedstaaten zur Umsetzung verpflichten, sondern lediglich um politische Beschlüsse. Diese europäische Empfehlung kann aber als STARKES POLITISCHES SIGNAL pro Wechselmodell angesehen werden.

III. Art. 18 UN-Kinderrechtskonvention

Art. 18 UN-Kinderrechtskonvention

(1) *Die Vertragsstaaten bemühen sich nach besten Kräften, die Anerkennung des Grundsatzes sicherzustellen, daß beide Elternteile gemeinsam für die Erziehung und Entwicklung des Kindes verantwortlich sind. Für die Erziehung und Entwicklung des Kindes sind in erster Linie die Eltern oder gegebenenfalls der Vormund verantwortlich. Dabei ist das Wohl des Kindes ihr Grundanliegen.*

...

Die UN-Konvention über die Rechte des Kindes wurde 1989 von der Generalversammlung der Vereinten Nationen unterschrieben und trat 1992 auch in Deutschland in Kraft. In Art. 18 der UN-Kinderrechtskonvention steht, dass beide Eltern gemeinsam für die Erziehung und Entwicklung des Kindes verantwortlich sind und die Vertragsstaaten, also auch Deutschland, diesen Grundsatz sicherstellen. Befürworter des Wechselmodells sehen darin eine Bestätigung ihrer Haltung. Allerdings steht in der Resolution nichts im Detail über den Umgang und so können Eltern auch gemeinsam für ein Kind verantwortlich sein, in dem sie sich das Sorgerecht teilen, das Kind aber überwiegend bei einem Elternteil wohnt und den anderen nur regelmäßig besucht. Eine Aussage pro Wechselmodell als Regelfall oder Leitbild lässt sich hieraus also noch nicht herleiten.

Zusammenfassung

Nach der Lektüre dieses Kapitels sind Sie über Folgendes informiert:

- ☐ Die prinzipiellen Regelungen zum Wechselmodell in ausgewählten anderen Ländern, zum Beispiel USA, Australien, Belgien, Frankreich
- ☐ Welche Anregungen aus dem Ausland für Deutschland interessant sein könnten
- ☐ Die Ergebnisse einer schwedischen Studie zum Wechselmodell
- ☐ Die Ergebnisse einer amerikanischen Metastudie, die 54 Studien zum Wechselmodell untersucht hat
- ☐ Resolution des Europarates zum Wechselmodell.

Praktisches

In diesem Kapitel geben wir Ihnen praktische Hilfen an die Hand: Checklisten, Muster, Anlaufstellen, Literatur und Websites. An erster Stelle drucken wir sämtliche Erfahrungsberichte, die im Buch zitiert werden, in voller Länge ab.

7. Praktisches

I. Erfahrungsberichte

Im Buch verteilte Zitate stammen aus den hier vollständig und im Originalton abgedruckten Erfahrungsberichten. Die Reihenfolge entspricht dem Zeitpunkt der Einsendung. Einige Berichte sind anonym gehalten, andere mit Namensnennung - so wie von den Berichtenden bevorzugt.

Kathrin Frey übersetzt hauptberuflich Literatur aus dem Schwedischen und Norwegischen und hat in Nordeuropa viel über gleichberechtigte Väter und berufstätige Mütter gelernt.

Erster Erfahrungsbericht von Kathrin Frey aus Berlin
Als mein Exmann und ich uns trennten, war unsere Tochter zwei Jahre alt, mittlerweile geht sie zur Schule. Mir war sofort klar, dass sie ein Recht darauf hat, weiterhin so viel Zeit wie möglich mit uns beiden zu verbringen. Und zwar von Beginn an. Eine Trennung ist natürlich trotzdem für alle ein einschneidendes Erlebnis, aber wenn das Kind kontinuierlich mit beiden Eltern zusammenlebt, bei beiden Eltern zu Hause ist und mit beiden sowohl Wochenende als auch den Alltag erlebt, ist der Bruch nicht ganz so groß. Um das hinzubekommen, muss man die eventuelle Lösung der Paarkonflikte erstmal vertagen. Die Elternebene geht vor.

Im ersten Jahr der Trennung haben wir uns alle dreieinhalb Tage abgewechselt, weil uns eine Woche noch zu lang erschien. Anfangs hatte ich Sorge, ob ihr Vater wirklich alles alleine hinbekommt. Einmal habe ich sogar eine gemeinsame Freundin gebeten, ihm und unserer Tochter einen unangekündigten Besuch abzustatten. Die Freundin hat sich zum Glück geweigert. Weil es nicht nötig war und übergriffig gewesen wäre. Aber ich gebe zu, mir war oft mulmig zumute. Unsere Tochter war noch so klein. Ich habe sie vermisst, klar. Aber hinter meiner Sehnsucht nach ihr steckte noch etwas anderes, nämlich das Gefühl, sie müsse mich doch vermissen, weil ich ihre Mama bin. Weil sie mich braucht. Mittlerweile habe ich begriffen, wie zweischneidig die eigentlich schöne Vorstellung von der einzigartigen Mutterliebe sein kann, nach der wir uns ja alle irgendwie sehnen. Manchmal hat man als Mutter keine guten Gründe, dieses Gefühl zu genießen. Vielleicht ist man, was im Alltag mit einem Kleinkind ja auch kein Wunder ist, ein bisschen einsam. Oder man bekommt zu wenig Anerkennung. Unsere Tochter hat mich damals bestimmt manchmal vermisst, aber heute weiß ich, dass sie ihren Papa genauso vermisst. Das zeigt sie deutlich. Und wenn sie von ihm wiederkommt, erzählt sie erstmal lang und breit, was bei ihm alles schöner ist, und was er alles besser kann. Das ist manchmal gar nicht so leicht zu verkraften. Das Gute am Wechselmodell ist, dass es uns die Fähigkeiten, die wir dafür brauchen, nach und nach automatisch vermittelt. Dass man mit seinen Aufgaben wächst, ist ein Allgemeinplatz, den ich bestätigen kann. In einem Buch des amerikanischen Paartherapeuten David Schnarch habe ich mal gelesen, niemand sei am Anfang einer Beziehung beziehungsfähig, man werde es erst durch die Beziehung. Das hat mich ungemein beruhigt, und auch, wenn der Vergleich ein bisschen hinkt, ist es mit Kindern irgendwie ähnlich. Und mit dem guten Umgang mit dem Ex-Partner ist es auch so. Man wächst allmählich hinein. Ich weiß, dass viele Frauen das Gefühl haben, besser mit einem Kleinkind umgehen zu können. Und in der Tat übernehmen Frauen ja immer noch einen Großteil der Hausarbeit und kümmern sich mehr um die Kinder. Logisch, dass sie dann mehr Erfahrung und mehr Übung haben. Aber die Väter, die ich kenne, haben das alles auch mit der Zeit gelernt. Jeder kann es lernen, gut für ein Kind zu sorgen. Wenn man ihn lässt. Ich habe viel über das Wechselmodell nachgedacht, weil ich es besonders gut machen wollte, und deswegen habe ich alles, was ich in die Finger bekam, darüber gelesen. Bei einigen Menschen überwiegt nach einer Trennung die Enttäuschung, mich quälten vor allem Schuldgefühle. Habe ich die Kindheit meiner Tochter zerstört? Trägt sie einen Knacks davon? Möglicherweise hat mich mein schlechtes Gewissen motiviert, mich dem Kind und dem Vater gegenüber besonders fair zu verhalten und jetzt bloß nicht noch mehr Schaden anzurichten. Ich werde oft gefragt: Wechselmodell? Oh, da muss man gut kommunizieren können, oder? Ich glaube, da liegt ein Missverständnis vor. Es ist immer hilfreich, gut zu kommunizieren. Und wenn Eltern nicht freundlich miteinander umgehen, schadet es den Kindern immer. In jedem Modell. Auch wenn sie bei einem Elternteil leben und den anderen nie sehen. Und sogar, wenn die Eltern zusammenleben und offiziell alles in Ordnung ist. Mir ist manchmal wichtiger, dass eine Information ankommt, als dass ich sie nett verpacke. Dann verwende ich WhatsApp im Befehlston: „Mittwoch Obst mitbringen". Die offen ausgesprochene oder unterschwellige Abwertung des anderen ist das Schlimmste für Kinder, glaube ich. Ich merke unserer Tochter sofort an, dass es ihr wehtut, wenn ich auch nur durch reserviertes Schweigen durchblicken lasse, dass ich nicht ganz so begeistert bin wie sie, wenn sie mir von Serien oder Filmen erzählt, die sie am Wochenende mit Papa geguckt hat. Ganz abgesehen davon, dass sie enttäuscht ist, weil ich mich nicht mit ihr freue, spürt sie sofort, wenn ich mich auch nur ansatzweise kritisch über ihren Papa äußere. Es trifft sie, weil sie sich mit ihm genauso identifiziert wie mit mir. Deshalb finde ich das Wechselmodell so heilsam. Es neutralisiert nämlich teilweise diese fehlende Wertschätzung und baut sie Schritt für Schritt ab. Das Wechselmodell wertet gar nicht, das ist so gut daran. Es trägt nicht nur dem Bedürfnis der Kinder Rechnung, mit beiden Eltern so viel Zeit wie möglich zu verbringen, sondern es nimmt auch denjenigen Müttern oder Vätern - ich schließe mich da nicht aus - nach und nach den Wind aus den

Segeln, die tendenziell das Gefühl haben, alles besser zu wissen. Denn beide Eltern sind gleich gut geeignet, für ihr Kind da zu sein. Weil sie die Eltern sind. Punkt. Es wäre meiner Ansicht nach gut für die armen Kinder, deren Eltern mit dem Streiten nicht aufhören können, wenn Außenstehende auf die aktuellen Konflikte zwischen den Eltern und ihre unverarbeiteten Paarkonflikte gar nicht eingehen würden. Wenn Eltern nicht in der Lage sind, gemeinsam eine bessere Lösung zu finden, sollte ein paritätisches Wechselmodell angeordnet werden. Jugendämter und Familiengerichte sollten im Normalfall neutral bleiben. Das würde den Kindern signalisieren, dass ihre Eltern zwar in vielen Punkten unterschiedliche Ansichten haben, sie sich aber trotzdem auf beide hundertprozentig verlassen können. Im Wechselmodell richten Spannungen und Konflikte meiner Meinung noch am wenigsten Schaden an. Weil die Kinder ja erleben, dass der Alltag mit Schulbroten, Fußballtraining und Vorlesen am Abend bei beiden Eltern klappt und manchmal nervig, manchmal schön ist. Ganz normal eben. Vertraut. Dann rümpft ein Elternteil vielleicht immer noch die Nase über den Konsum von Medien oder Fastfood im anderen Haushalt, aber die Kinder sind bei beiden Eltern zu Hause. Darauf haben sie meiner Ansicht nach ein Recht.

Sophie Löffler ist Familienmediatorin in Hamburg und schreibt in ihrem Blog "Ach, Ihr auch?" über Familienkonflikte und Familiendynamik. https://hamburger-mediatorin.de/blog. Sie ist geschieden und lebt mit ihren beiden Kindern das Wechselmodell.

Zweiter Erfahrungsbericht von Sophie Löffler aus Hamburg

Als mein Mann von seiner Vater-Kind-Kur wiederkehrte, erklärte er, dass er sich trennen will. Wir saßen wie so oft beim Italiener. Er hatte sich während der Kur bei einer Therapeutin Hilfe geholt und war auf das Gespräch bestens vorbereitet. Er wolle sich so schnell wie möglich eine Wohnung suchen und er wolle das Wechselmodell. Noch Wein? Wir bestellten das Essen wieder ab und lösten den erstaunten Babysitter nach kaum 20 Minuten ab. Das war's also mit der Ehe. Am nächsten Tag meldete ich mich von der Arbeit ab, lieferte die Kinder (damals vier und sechs Jahre alt) in der Kita ab und ging zu einer Frauenberatungsstelle. Was wären die nächsten Schritte? Deren Ansatz war einfach. Die Kinder gehören zur Mutter und der Vater soll zahlen. Daher am besten eine Rechtsanwältin beauftragen, die für mich das Maximum herausholt. Bis dahin: Konto leeren, Wertgegenstände aus der Wohnung schaffen, und hier eine Adresse vom Frauenhaus, falls er gewalttätig werden sollte. Ich schmiss auf dem Heimweg den Flyer in den Müll.

Ich war nicht schlauer, aber zwei Sachen waren mir ohnehin klar:

Ich liebe die Kinder über alles und allein die Vorstellung, sie nur jedes zweite Wochenende und hier und da einen Mittwoch zu sehen, bereitete mir regelrecht Schmerzen. Dieses dem Vater und den Kindern zuzumuten, erschien mir unvorstellbar.

Ich musste mich selbst schützen. Mein Mann war selbständig in einer schwierigen Branche und zudem durch eine chronische Krankheit häufig nicht belastbar, ich war angestellt bei einem Konzern und hatte bis dahin die Familie organisatorisch wie auch finanziell gestemmt – bis zu einem massiven Burnout im letzten Jahr. Ich wollte also auf keinen Fall alleinerziehend sein!

„Wechselmodell? Ernsthaft?" fragten Verwandte und Freunde. Wer das Ungleichgewicht in unserer Familie mitbekommen hatte, traute es meinem Mann ohnehin nicht zu. Und ansonsten progressiv eingestellte Freundinnen zeigten mir den Vogel: Du musst den Rücken gerade machen! Du kannst dem doch nicht die Kinder überlassen!

Ich fuhr mit den Kindern in den ursprünglich zu viert geplanten Sommerurlaub, und als ich wiederkam, hatte mein Mann tatsächlich in der Nähe eine zweite Wohnung gefunden. Wer Hamburg kennt, weiß: ein Sechser im Lotto ist nichts dagegen. Wir konnten nun also die vage Idee eines Wechselmodells mit Leben zu füllen. Aber in den letzten Wochen waren wir uns aus dem Weg gegangen, wann auch immer es möglich war. Obwohl wir uns im Grundsatz einig waren, dass eine Trennung das Beste für uns war, drohte die Stimmung umzuschlagen. All die kleinen und großen Verletzungen der letzten Jahre kamen nun wieder an die Oberfläche. Wir konnten uns kaum darauf einigen, wer die Küchenstühle nimmt, wie hätten wir uns bezüglich der Kinder einigen können?

- Und dass da einiges an Klärungsbedarf auf uns zukommt, das war uns klar.
- Mein Mann wollte den wochenweisen Wechsel, ich hielt die Kinder dafür zu klein.
- Wie erklären wir den Kindern die Trennung und bleiben trotzdem wertschätzend in all dem, was wir den Kindern über den anderen sagen?
- Meine Familie feiert ein riesiges Weihnachtsfest mit 20 Verwandten, mein Mann ist eher der Grinch. Wie gestalten wir also die Feiertage?
- Wie organisieren wir Übergaben, wie organisieren wir, dass Turnbeutel und Lieblingsbuch dort sind, wo man sie braucht?
- Was passiert, wenn einer von uns einen neuen Partner kennenlernt?
- Ich schlug eine Mediation vor - das Konzept war mir vertraut. Denn in den Jahren, in denen es sich abzeichnete, dass ich mich beruflich neu orientieren muss, hatte ich mit dem Gedanken gespielt, selbst Mediatorin zu werden. Wir ließen uns über die nächsten Monate im Trennungsprozess begleiten. Strittige Fragen klammerten wir im Alltag komplett aus und vertagten sie auf die nächste Sitzung.
  Wie ging es den Kindern damit? Kinder sind überaus pragmatisch. Als meine Tochter von einer Freundin gefragt wurde, wie es mit zwei

Zuhause so wäre, spitzte ich vom Nebenzimmer aus die Ohren: Das ist prima. Zweimal Spielzeug, zweimal in Urlaub fahren, zweimal Geschenke zu Weihnachten und Geburtstag. Und Papa und Mama haben mehr Zeit für uns. Heute sind die Kinder 13 und elf und wir sind längst zu einem Wochenwechsel übergegangen. Wenn sie erleben, dass in anderen Familien die Kinder ihren Papa nur jedes zweite Wochenende und hier und da einen Mittwoch sehen, finden sie das „voll bescheuert".

Auf eigenen Wunsch anonym

Dritter Erfahrungsbericht von Travis H. aus Chemnitz
Rückblick auf 10 Jahre Wechselmodell

Als ich mich von Jane getrennt habe, war Hunter noch keine drei Jahre alt. Rückblickend erscheint mir die Frage, wie er mit dieser Trennung umgehen wird, als das absolut prägende Thema in dieser Zeit, die Sorge, wie ein so kleines Kind das verstehen, verkraften kann - die Zweifel, den richtigen Weg (gibt es den EINEN richtigen?) zu finden, der allen Ansprüchen gerecht wird.

Nach einer, oft orientierungslosen, Phase des Streitens, des Verletztseins, des Suchens haben wir uns für eine Mediation entschieden, um möglichst fair einen Kompromiss und eine umsetzbare Lösung für unsere verschiedensten Wünsche und Vorstellungen zu finden.

Von Anfang an hatte für mich der Wunsch nach viel gemeinsamer Zeit mit Hunter größte Priorität. Mein eigener Vater hatte immer viel gearbeitet, meine Beziehung zu ihm war weitaus weniger intensiv als zu meiner Mutter. Das wollte ich mit meinem Sohn unbedingt anders machen.

So kamen wir in der Mediation zu dem Entschluss, die Form des hälftigen Wechselmodells auszuprobieren. es war ein langer Weg (mit verschiedenen Betreuungszeitmodellen) bis zu dieser Entscheidung, weil Jane im Vorfeld sechs Monate (ohne Hunter) im Ausland war, und diese Zeit „nachholen" wollte. Weil Theo damals noch so klein war, haben wir das anfangs in Zeitabschnitten von 2–3 Tagen gemacht, erst später sind wir zu einem wöchentlichen Wechsel übergegangen. In der Anfangszeit hat mir das Modell eine gewisse Stabilität gegeben, der äußere Rahmen war abgesteckt, und so konnte ich mich mehr auf die Zeit mit Hunter konzentrieren - und sie war planbar. Die Auseinandersetzungen mit Jane traten in den Hintergrund.

Diese wochenweisen Umgänge haben wir dann über einige Jahre relativ starr gelebt, wir haben die Ferienzeiten hälftig aufgeteilt und Familienfeste wie Ostern, Weihnachten, oder Silvester im jährlichen Wechsel gefeiert. Hunters Geburtstage haben wir anfangs mit Schwierigkeiten gemeinsam gefeiert.

Allerdings haben wir so auch vermieden, unsere weiterhin verschiedenen Wünsche und Vorstellungen zu thematisieren. So hat Hunter eher in zwei Welten gelebt, zwischen denen es nur geringe Überschneidungen gab. Diese haben sich erst nach längerer Zeit und mit Hunter Größerwerden wieder entwickelt.

Aktuell leben Hunter und ich zu zweit in einer Wohnung, Jane hat nochmal geheiratet und zwei weitere Kinder bekommen. so hat Hunter zwei sehr unterschiedliche Familien, ich glaube mittlerweile, dass seine Entwicklung durch diese verschiedenen Aspekte aus beiden Welten sehr bereichernd ist. Ich mache mit ihm „Abenteuer-Urlaube", Jane bietet ihm einen Platz in einer großen Familie...

Jane zieht im Sommer mit ihrer Familie an die Nordsee, das wird nochmal ein großer Einschnitt werden, eventuell wird Hunter ein Jahr später nachziehen, das ist aber noch offen...

Eine große Angst von mir war immer, dass ich den Kontakt zu Hunter verlieren könnte, wenn er nur wenig Zeit bei mir verbringt. Diese Sorge hat sich gelegt. Durch unser regelmäßiges Zusammensein habe ich großen Anteil an seinem Wachsen, seinen Erlebnissen, seinen Sorgen. Das genieße ich sehr.

Zu Hunter: als er klein war, hat er sich in diese Struktur eingefügt, er hat immer mal wieder gesagt, dass er sich wünscht, beide Elternteile um sich zu haben. Das anfängliche Wechseln war oft sehr schwer, emotional und auch traurig, es fühlte sich oft so an wie ein herausreißen. Dann hat er es sehr lange nicht mehr angesprochen, wir haben uns wenig über die Zeit beim anderen Elternteil ausgetauscht, sondern eher über die aktuellen eigenen Tageserlebnisse gesprochen. Erst in den letzten Jahren mischen sich diese zwei Welten wieder miteinander, Hunter kleine Brüder kommen zu seinem Geburtstag oder wir feiern seine Konfirmation gemeinsam...

Als Fazit kann ich sagen, dass ich sehr dankbar bin, Hunter in seinem großwerden begleiten zu können, für mich ist das Wechselmodell sehr gut. Es wäre sicher noch besser, wenn beide Elternteile uneingeschränkt hinter diesem Modell stehen würden, weil eine Vermischung der beiden Welten dann vermutlich besser funktionieren würde. Und das würde ein Kind in dieser Situation sicher noch mehr stärken...

Vierter Erfahrungsbericht von Helene L. aus München

Vor ein paar Tagen habe ich zu meinen inzwischen erwachsenen Kindern gesagt, ich müsste ihren Papa jetzt mal auf ein Bier einladen und ihm dankbar sein. Dankbar sein? Warum das denn? Fragten sie. Naja, weil er damals das Wechselmodell durchgesetzt hat, war meine Antwort. Inzwischen kann ich die Situation von damals unter einem anderen Blickwinkel betrachten. Vor allem wenn ich als Mediatorin heute Eltern in ähnlichen Situationen begegne, empfinde ich meine eigenen Erfahrungen als gewinnbringend.

Damals waren die beiden Kinder acht und elf Jahre alt. Ich hatte eine 25-Stunden-Woche als Lebenskundelehrerin und habe nebenbei Mediationen durchgeführt. Und ich habe den großen Teil der Care-Arbeit zu Hause geleistet: Haushalt, einkaufen und kochen, Kinder zum Klavierunterricht bringen und zum Fußballtraining oder zum Schwimmtraining, als Elternvertreterin den Kuchenbasar in der Schule betreuen, Arzt- und KFO-Termine mit den Kindern organisieren und so weiter… Das wollte ich auch so beibehalten, denn mit diesem Teil meines Lebens war ich sehr zufrieden. Natürlich war ich auch sehr angestrengt von den vielen Aufgaben und der vielen Verantwortung, und habe auch eine Menge gejammert, dass immer ich den Überblick haben muss. Gleichzeitig war ich nicht bereit, etwas von der Verantwortung und den vielen Aufgaben abzugeben. Das sollte so bleiben! Schließlich fühlte ich mich sehr wohl damit gebraucht zu werden. Und ich hatte natürlich Angst davor, Zeit ohne meine Kinder zu verbringen, obwohl ich schon wieder eine neue Partnerschaft eingegangen war. Mir war auch zu der Zeit schon bewusst, dass meine Kinder im Vergleich zu anderen Kindern relativ viel Zeit mit ihrem Papa verbracht hatten und er immer dafür gesorgt hat, dass sie eine enge und sehr liebevolle Beziehung hatten. Dennoch habe ich den Bärenanteil an der Kindererziehung bis zur Trennung bei mir gesehen.

Heute denke ich, dass es vom Vater meiner Kinder richtig war, dieses Modell auch gegen meine damalige Überzeugung, durchzusetzen. Es war die beste Entscheidung für unsere Familie. Die Kinder wechselten von Anfang an jeden Freitag von einem Elternteil zum anderen. In der ersten Zeit haben wir alle unter der Trennung gelitten – jede und jeder auf ihre oder seine eigene Art und Weise. Um so viel Nähe wie möglich zu den Kindern zu haben, haben wir einmal in der Woche ein gemeinsames Abendessen veranstaltet. Ich war damals sehr froh, die Kinder zwischendurch zu sehen und fand uns als getrennte Eltern vor allem progressiv und extrem gelassen. Ich war richtig stolz, dass wir unsere Trennung vor den Kindern so harmonisch hinbekommen haben. Wer setzt sich schon so offen und freundlich mit dem Ex an einen Tisch, wenn am Tag vorher ein Schreiben vom gegnerischen Anwalt im Briefkasten lag? Mein Sohn hat Jahre später erzählt, wie schlimm er diese gemeinsamen Abendessen fand, weil wir so verkrampft miteinander umgegangen seien. Mit der Zeit entspannten wir uns dann wirklich. Anderthalb Jahre später bin ich zu meinem zweiten Mann gezogen. Seine beiden Söhne lebten bis dahin im klassischen Residenzmodell und besuchten ihn jedes zweite Wochenende und jeden Montag. Kaum war ich mit meinen Kindern eingezogen, stellte der jüngere Sohn fest, dass er ja nun auch hin- und her wechseln könne, denn nun sei ja immer jemand zu Hause. Hier kam der Wunsch also nicht von den Eltern, sondern von dem damals Zwölfjährigen.

Die Vorteile des Modells überwogen bei uns. Die Kinder hatten einen festen Rahmen, wir haben aber darauf geachtet, dass in besonderen Momenten die Bedürfnisse der einzelnen Beteiligten berücksichtigt wurden. Wir konnten eine gewisse Flexibilität zulassen, die wichtig für uns alle wichtig war. Irgendwann haben wir es aufgegeben, jeden Tag einzeln aufzurechnen und der Rhythmus wurde stetig an die Wünsche der Kinder angepasst: Wöchentlich für die eine, 14-tägig für den anderen. Meine persönliche Herausforderung war, die Adventskalender zu basteln und zu überlegen, wer ist an welchem Tag im Dezember bei uns? Die Päckchen sollten ja auch individuell und trotzdem gleichwertig sein. Irgendwie hat es geklappt und alle waren zufrieden – wie im Alltag auch, denn jeder wurde individuell wahrgenommen und in der gegebenen Struktur unserer Familie aufgefangen. Wir haben es geschafft, die Bedürfnisse unserer Kinder zu sehen und so gut es ging diese zu erfüllen. Ich habe gelernt, Verantwortung zu teilen und wir haben die Kinder ihrem Alter entsprechend mitentscheiden lassen, auch wenn es für uns manchmal schwierig war. Eine Zeit lang wollten die Kinder nicht in einem Haushalt leben und wir haben es ermöglicht, dass die beiden ein Jahr lang aneinander vorbei gewechselt sind und haben sich nur die Klinke in die Hand gegeben. Heute verstehen sie sich hervorragend!

All die Erfahrungen, Gefühle und besonderen Momente der Geborgenheit, der Liebe aber auch des ständigen Abschiedes, des Loslassens und beim nächsten Mal wieder aufeinander Einlassens haben dazu geführt, dass wir gut darin sind, Nähe und Distanz auszugleichen. Wir führen hitzige Diskussionen über weltpolitische Themen, aber wir müssen niemals über unsere Beziehung diskutieren – denn die steht nie zur Debatte.

Fünfter Erfahrungsbericht von Mareike Milde aus Hamburg
Wie mich mein Kind vom Wechselmodell überzeugt hat, obwohl ich anfänglich dagegen war.

Mareike Milde ist Wechselmama, Bloggerin, Werberin und Buchautorin. Auf Ihrem Blog www.wechselmama.de erzählt sie Geschichten aus dem Alltag im 50/Wechselmodell bei nicht immer harmonischer Elternkonstellation. Sie setzt sich für eine verpflichtende Familienberatung bei Umgangsvereinbarungen am Gericht ein und ist Befürworterin des Cochemer Modells.

Am Anfang stand das Vermissen.

Nach klebrigen Kinderhänden, die ungefragt ins Gesicht patschen. Nach schläfriger, kükenwarmer Kinderhaut am Morgen, die sich vertrauensvoll anschmiegt. Nach stetiger Präsenz eines schutzbedürftigen Wesens, welches bedingungslos seine eigenen Bedürfnisse einfordert.

Vor diesem Vermissen hatte ich Angst. Unendlich Angst. Diese Angst setzte Energien frei. Reflexartig, gedankenlos, urgewaltig. Mit ihr als Antrieb tobte ich durch Ämter, konsolidierte Anwälte, zog in Gerichtssäle, bemühte Beratungsstellen. Der andere Elternteil tat mir gleich. Doch wirklich helfen, das konnte keiner. Wir stritten um das vielzitierte Wohl unseres Kindes, dabei ging es eigentlich nur um unser Ego. Wir benahmen uns wie trotzige, wütende, sich unverstanden gefühlte kleine Kinder. Dabei brauchen wir dringend einen Rahmen für den Umgang mit unserem Kind, einen Wegweiser, wie wir mit all diesen neuen Leben umgehen konnten, und zudem noch mit der Wut und der Angst und dem Loslassen. Als wir uns nach zähem Ringen endlich auf das Wechselmodell einigten, konnte uns niemand dazu beraten. Wir waren ein Präzedenzfall, wir waren zu früh, das System hierzulande nicht erprobt. Man guckte auf uns, aber wir, wir guckten nach anderen, nachdem wir nun nicht mehr mit dem Finger auf uns zeigen wollten; und fragten uns, ob das alles so funktionieren kann. Doch es war beschlossen: Eine Woche Mama, eine Woche Papa - keine Ausnahmen, keine Nebenabsprachen. Also lebten wir los, in unserem neuen Alltag, und während wir noch damit beschäftigt waren, Berge an Schriftwechseln zu sortieren, die vielen Rechnungen der beteiligten Institutionen zu begleichen und unsere seelischen Wunden zu versorgen, vollzog sich bei unserem Kind - bislang hin- und hergerissen durch die ständig streitenden, unter Druck stehenden Eltern - leise, still und heimlich eine wundervolle Wandlung. Als hätte unser Kleinkind gemerkt, dass da ein festes Abkommen existierte, als hätte es gemerkt, nun gibt's kein Gezerre mehr und keinen Wettkampf. Vielleicht gab es das auch nicht mehr.

Ab sofort weinte unser Kind nicht mehr nach dem jeweils abwesenden Elternteil. Kurz darauf wollte es keine Spielzeuge in die andere Woche nehmen - es vertraute darauf, dass alles bis auf seine Rückkehr bleibt wie es ist. Bald schon kündigte es zum Vortag des Wechsels an, es würde jetzt gern den anderen Elternteil sehen. Präzise wie ein Uhrwerk hatte es die zeitlichen Wechselabstände in Rekordgeschwindigkeit in sein kleines Leben übernommen und sein Vermissen auf den Tag genau ausgerichtet. Schnell plapperte es unbekümmert über die Erlebnisse der anderen Woche, als gäbe es sie nicht, diese Kluft zwischen den beiden Elternwelten, diese grausame Zäsur. Und wo wir in unserem strittigen Verhältnis den Gedankenspagat nicht springen konnten, nicht wollten, schaffte unser Kind es spielend und leicht, ein Stück Verbindung herzustellen. Es brachte die von ihm erfahrene Liebe und Fürsorge aus der Vorwoche mit und flutete damit sein anderes Zuhause. Und schaffte es somit kontinuierlich, meinen verhärteten Blick auf den anderen Elternteil aufzuweichen.

Durch das gelebte Selbstverständnis unseres Kindes bekamen wir Eltern endlich den Rahmen, nach dem wir in so vielen rechtliche Instanzen geschrien, ihn aber nicht gefunden hatten. Wir alle wurden ruhiger. Ich wurde friedlicher. Und entwickelte eine tiefe Demut vor der liebenden Beharrlichkeit unseres Kindes.

Auch für mich waren die Änderungen gravierend: ich konnte mich beruflich wieder voll konzentrieren und einbringen, während ich in der Kinderwoche früher Schluss machte und die Nachmittage mit dem Kleinen verbrachte. Das schräge Gefühl, nicht allem gerecht zu werden, wurde deutlich geringer. Ich konnte mich mehr in den Moment fallen lassen und genießen. Ich hatte mehr Raum für Freunde und Unternehmungen, ich hatte mehr Regenerationszeiten, mehr Ruhe für mich zum Durchatmen, und in meiner Mamawoche viel mehr Kraft und Geduld, den täglichen Herausforderungen mit Kind standzuhalten.

Und so wurde ich ein Befürworter des Wechselmodells, auch wenn ich zu Beginn dagegen war. Vieles wurde in den letzten Jahren besser. Eines ist jedoch geblieben: das Vermissen. Das Vermissen nach dem aufgeregten Kind, welches mir zum Start der Wechselwoche in die Arme fliegt, in seinem Herzen die Geschichten und Abenteuer der vergangenen Woche, mitsamt all seinen Träumen, Ängsten, Vorstellungen und seiner unerschöpflichen Energie.

Und mittlerweile hat sich ein weiteres Vermissen hinzugesellt: Nach konzentrierter Arbeit, entspannten Momenten bei Wellness oder ungestörtem Ausschlafen am Wochenende. All die Dinge eben, die man sich nach einer Woche Kinderzirkus so leise wünscht. Unser Leben, es ist ein Leben in einer absolut gleichberechtigten 50/50 Erziehung, samt allen Rechten und Pflichten, komprimiert auf jeweils eine Woche. Es schenkt uns viele Freiheiten, gepaart mit all seiner manchmal brutalen Konsequenz. Wir haben alles: das chaotische Familienleben und das ungebundene, selbstbestimmte Dasein in den kindfreien Wochen. So kann alles schön sein. Selbst das Vermissen.

Auf eigenen Wunsch anonym

Sechster Erfahrungsbericht von Marco H. aus Stuttgart
Meine Partnerin und ich hatten acht Jahre eine Beziehung. Davon waren wir vier Jahre verheiratet und wir wohnten in meiner Heimat. Wir haben uns gemeinsam für Kinder entschieden, die 2014 und 2013 auf die Welt kamen. Im Frühjahr 2016 teilte sie mir ihren Trennungswunsch mit. Sie wollte kurzfristig mit unseren Kindern zurück in ihre alte Heimat, 300 km entfernt, zu ihrer Mutter, umziehen und bat um meine Zusage. Leider lehnte sie eine Eheberatung oder ein Mediationsverfahren ab. Ebenfalls war sich nicht an einer angemessenen Vereinbarung zu Umgangszeiten interessiert. Sie erlaubte mir allerhöchsten die Kinder für 6–8 Stunden alle 14 Tage sehen zu dürfen. Das war für mich inakzeptabel, da ich zu den Kindern einen sehr engen und liebevollen Bezug und mich in die alltägliche Betreuung eingebunden habe. Ich war gezwungen, zum Anwalt zu gehen und wir erhielten innerhalb von vier Wochen einen Gerichtstermin zur Verhandlung der Aufenthaltsbestimmung. Meine Ex-Partnerin war geschockt über meinen überraschenden, juristischen Schritt, da sie hoffte, dass wir eine einvernehmliche Lösung finden würden. Wir haben uns dann doch noch vor dem Gerichtstermin auf ein gemeinsames Mediationsverfahren geeinigt und unsere Wünsche gegenseitig aufgezeigt. Das Verfahren half mir sehr, meine Ex-Partnerin besser zu verstehen und ich kam ihr mit folgender Einigung entgegen:

- Erlaubnis des Wegzuges der Ex-Partnerin mit beiden Kindern zu ihrem Wunschort
- Ich ziehe ebenfalls in ihre Nähe um
- Ich betreue die Kinder an 3 Tagen pro Woche inklusive Übernachtung.

Nachdem die Mediation abgeschlossen war und meine Ex-Partnerin einen Schritt vor die Tür gesetzt hat, sagte sie mir: "Das machen wir doch nicht so, ich will nicht, dass du die Kinder so oft betreust!". Ich lernte daraus, dass ich nur über juristische Mittel eine verlässliche Einigung finden kann.

Zum Gerichtstermin konnte ich sehr ausführlich vortragen. Ich habe den bisherigen Austausch mit der Ex-Partnerin erläutert und signalisierte Kooperationsbereitschaft. Sollte sie wegziehen dürfen, möchte ich die Umgangsvereinbarung, wie im Mediationsverfahren festgelegt, umgesetzt haben. Meine Ex-Partnerin war sprachlos über meinen Vortrag und stand unter Tränen. Sie hatte nichts mehr dazu sagen können. Das Gericht hat dann meinem Vorschlag voll zugestimmt.

Der Umgang war beidseitig von Zuverlässigkeit und Pünktlichkeit geprägt. Es lastete das gerichtliche Urteil mit Androhung eines Ordnungsgeldes bei Zuwiderhandlungen auf ihren Schultern. Eine Kommunikation mit der Ex-Partnerin war leider unmöglich. Bei der Übergabe stellte sie die Kinder vor die Tür, drehte sich um, und ging ohne sich von den Kindern zu verabschieden, in ihre Wohnung.

Nach sechs Monaten suchte ich den Kontakt zur Familienberatung, um mit der Ex-Partnerin für unsere Kinder im Gespräch zu bleiben. Sie erschien dann auch zu den regelmäßigen Terminen und wir diskutierten unsere elterlichen Aufgaben für die Kinder. Ich merkte, dass sie mit den Kindern alleine, insbesondere in der Freizeit, überfordert war und wünschte mir eine Erhöhung des Umgangs auf 3,5 Tage/Woche. Meine Ex-Partnerin lehnte stets ab. Ich habe daraufhin den Kindergarten über diesen Konflikt informiert. Sie haben die Konflikte ebenfalls bei den Kindern bemerkt (Überforderung der Mutter, Konflikte zwischen den Elternteilen) und wollten dies schnell, mit einer entsprechenden Vereinbarung, beenden. Dabei haben sie meine Ex-Partnerin gedrängt, die Zustimmung zu 3,5 Tage/Woche letztendlich zu unterschreiben. Wir haben nun seit Sommer 2018 das Wechselmodell, gegen den Willen der Ex-Partnerin.

Das Wechselmodell bedeutet für mich Elternschaft auf Augenhöhe mit der Ex-Partnerin für unsere Kinder. Ich möchte nicht ein Elternteil zweiter Klasse sein, sondern gleichberechtigt behandelt werden, Verantwortung übernehmen und den Alltag mit den Kindern begleiten. Das erhöht die Beziehungsqualität mit den Kindern.

Den Kindern geht es heute nach drei Jahren sehr gut und der Wechsel ist unproblematisch. Das Verhältnis mit der Ex-Partnerin verbessert sich und wir haben mehrmals gemeinsame Veranstaltungen und Feste mit den Kindern besucht, sitzen am gleichen Tisch und sind in der Lage, uns über die Kinder und die Erziehung auszutauschen. Unsere Partnerbeziehung ist zwar gescheitert, wir sind jedoch als Eltern für die Kinder immer da. Unsere Kinder selbst profitieren von beiden Elternteilen, trotz unterschiedlicher Ansichten in der Erziehung.

Rückblickend sehe ich für meinen persönlichen Fall drei Erfolgsfaktoren für das Wechselmodell

Schnellstmöglich mit Eilantrag zum Familiengericht, bevor die Ex-Partnerin/Ex-Partner mit den Kindern wegzieht und dabei Fakten schafft, die keinen Verhandlungsspielraum mehr zulassen.

Keine Einforderung des Wechselmodells vor Gericht. Dieses Wort ist negativ behaftet, ist mit „kein Unterhalt“ gleichgesetzt und sehr riskant.

Besser ist es etwas weniger, dafür aber plausibel und fundiert zum Beispiel drei Tage/Woche einzufordern. Die Chancen sind hier höher, Recht zu erhalten. Im Nachgang kann nach zuverlässigem Umgang die Betreuungszeit erhöht werden.

Wertschätzende Kommunikation ist absolut essentiell. Nutze vor dem Gerichtstermin alle Möglichkeiten der Kommunikation mit der Ex-Partnerin/Partner über Dritte zum Beispiel mit einem Mediationsverfahren und bleibe regelmäßig im Austausch mit dem Jugendamt, der Familienberatung und dem Kindergarten.

Auf eigenen Wunsch anonym

Siebenter Erfahrungsbericht von Minna O. aus Bamberg
Kinder: acht und zehn (bei Trennung sechs und acht)

Habe ich einen blinden Fleck oder ist das Wechselmodell wirklich das Beste, was uns passieren konnte? Die schmerzvolle Trennung vorher bewusst ausgeblendet natürlich. Wir waren nie die typische „Wir-gehen-am-Sonntag-alle-zusammen-im-Grunewald-spazieren-Familie". Vielmehr haben Karl und ich schon immer viel „unser Ding gemacht", d.h. uns viel abgewechselt mit den Kindern, dass jeder auch kinderfreie Zeit hatte und auszugehen konnte oder auch mal ein paar Tage in den Urlaub fahren. Ich glaube, dass für die Kinder deswegen die Umstellung auf das Wechselmodell nach der Trennung auch nicht der größtmögliche Kulturschock war. Geholfen hat sicherlich, dass wir von Anfang an weitestgehend respektvoll miteinander umgegangen sind und vor den Kindern keinen Streit ausgetragen haben. (Ich habe eher gegen die neue Freundin geätzt, die vormals meine beste Freundin und der Trennungsgrund war). Die Kinder finden es super, zwei Wohnungen zu haben, bei Karl eine Zwei-Zimmer-Wohnung, in der sie sich ein Zimmer teilen und die gegenseitige Nähe auch sehr genießen. In meiner ziemlich großen Wohnung haben sie zwei Zimmer. Unser Erziehungsstil ist ähnlich, jedoch gibt es natürlich auch unterschiedliche Regelungen. Mir ist eine gesunde Ernährung wichtig, der Vater ist mehr von der PiPaPo-Fraktion (Pizza, Pasta, Pommes) und sieht keine Notwendigkeit, hier etwas zu ändern. Das war aber auch schon in unserer Beziehung großes Konfliktthema – insofern keine große Veränderung, außer, dass die Kinder, da sie nun ja jede zweite Woche ein Maximum an Kalorien bei einem Minimum an Bewegung aufnehmen etwas rundlicher geworden sind.

Am Anfang hatte ich den Eindruck, dass die Kinder am Tag des Wechsels emotional sehr aufgewühlt waren. Mittlerweile ist das entspannter. Am ersten Tag sprechen sie mich noch mit Papa an (andersrum ist es genauso) dann pegelt sich alles ziemlich schnell ein. Karl und ich verstehen uns mittlerweile richtig gut und machen auch mal was mit den Kindern zusammen. Das Lustige ist, dass Karl und ich dann wieder so in unsere Muster zurückfallen und über unsere Jobs sprechen, dass ich den Eindruck habe, dass die Kinder es dann auch wieder gut finden, dass sie einen Erwachsenen wieder alleine für sich haben.

Durch das Wechselmodell kann ich mich viel mehr auf die Kinder einlassen. Ich genieße die zwei Kinderwochen im Monat in vollen Zügen, bin viel entspannter und geduldiger. Ich würde sagen, ich bin eine bessere Mutter als vorher. Die Kinder und ich sind viel inniger, beim Vater ist es genauso. In den kinderfreien Wochen gehe ich dann feiern, treffe meinen Freund und arbeite bis zum Anschlag.

Achter Erfahrungsbericht von Marie Zeisler aus Berlin
Wechselmodell auf Umwegen

Zusammen mit Isabel Robles Salgado hat Marie Zeisler 2012 das Familien-Online-Magazin Little Years gegründet. Dort werden alle Themen rund um das Leben mit kleinen Kindern besprochen, Lifestyle-Inhalte treffen auf persönliche Erfahrungen und spannende Diskussionen. www. littleyears.de

Schon vor der Geburt gab es bei uns häufiger Auseinandersetzungen, wir kannten uns noch nicht lang und waren in unseren Lebenseinstellungen und Vorstellungen weiter entfernt als wir anfänglich geglaubt hatten. So bin ich auch erst im achten Monat bei ihm eingezogen. Das erste Babyjahr war dann auch von viel Stress gezeichnet. Der Vater meines Sohnes und ich hatten so ganz anderen Vorstellungen, wie es laufen sollte. Ich kümmerte mich dann größtenteils allein ums Kind. Als unser Sohn ein Jahr alt wurde, trennten wir uns. Sein Vater forderte schnell eine hälftige Betreuung, die ich nur in der Theorie für passend hielt: Natürlich finde ich gleichberechtigte Elternschaft richtig und wichtig, nur wenn das Kind vor der Trennung hauptsächlich durch mich betreut wurde - wie sollte das gehen? Vor allem bei einem Baby, fragte ich mich. Zudem war die Trennung hochstrittig, und auch die Vollzeit Nanny, die im Haus des Vaters mit meinem Auszug einzog, sorgten für Zweifel bei mir. Absprachen waren kaum möglich, sogar über die häufigen Reisen mit dem Baby nach Italien (wo die Familie des Vaters wohnt), wurden wir uns nicht einig. Da ich das alleinige Sorgerecht hatte, setze ich nach vielen Diskussionen eine 70/30 Regelung durch (ganz ähnlich wie es vor der Trennung auch war). Es folgten einige Termine bei einer Mediatorin, die uns leider nicht weiterbrachten. Nach einer Auseinandersetzung über Anwälte gab ich, als unser Sohn zwei Jahre alt war, dem Druck nach und wir einigten uns auf das 50/50 Wechselmodell, im wöchentlichen Wechsel, unter Vorbehalt - sollte es nicht gut für unseren Sohn funktionieren, war mir wichtig, dass man auch wieder andere Modelle ausprobieren könnte. Es sollte ja um die bestmögliche Lösung für unseren Sohn gehen und sich an seinem Kindeswohl orientieren. Das Problem fängt aber da an, wo man sich nicht einigen kann, wie man genau das Kinderwohl definiert.

Leider verschlechterte sich die Kommunikation weiter und nachdem ich merkte, dass unser Zweijähriger mit der wöchentlichen Trennung und den häufigen Reisen und der Vollzeitbetreuung durch die Hausangestellte des Vaters nicht gut klarkam, ich schlug ein anderes Modell vor. Der Vater beharrte auf dem 50/50 Wechselmodell und so folgten über zweieinhalb Jahre Rechtsstreit, der damit endete, dass das Wechselmodell weitergeführt wurde. Als unser Sohn fünf Jahre alt wurde, hatte ich zum ersten Mal das Gefühl, er kommt besser mit dem Wechselmodell klar, zudem merkte er natürlich, dass die Spannungen zwischen mir und dem Vater weniger wurden, was sicherlich auch zur Entspannung bei ihm geführt hat. In den Jahren davor war er sehr klein und es fehlte einfach die Absprachemöglichkeit. Wie verhält er sich? Klappt es mit dem Töpfchen? Nimmt er noch den Schnuller bei euch? All diese Dinge konnten nicht besprochen werden. Jetzt, mit knapp sieben Jahren, hat unser Sohn sich so ans Wechselmodell gewöhnt, dass er es sich gar nicht mehr anders vorstellen kann (und sowieso nicht erinnern kann). Unsere Haushalte und Lebenssituationen sind wahnsinnig unterschiedlich, und er hat gelernt sich immer wieder anzupassen. Meistens braucht er ein bis zwei Tage, oft kracht es dann an irgendeinem Punkt, dann ist die Spannung raus und er kommt wieder an. Wir wechseln daher immer am Freitag, so kann er am Wochenende in Ruhe ankommen (auch wenn das bedeutet, dass wir keine großen Pläne für den Samstag machen können). Sein Vater und ich haben immer noch viele Meinungsverschiedenheiten, aber ich habe eine Art konstante Zen-Einstellung entwickelt. Ich weiß, dass ich Dinge nicht ändern kann. Ich weiß, dass ich sein Verhalten nie ändern werde. Ich weiß auch, dass ich nicht die Kraft habe alles, was meiner Meinung nach schiefläuft, auszugleichen. Ich kann nur versuchen, meinem Sohn eine schöne, normale Woche bei uns zu geben. Wobei normal irgendwie schwierig ist, denn es fehlt, auch nach so vielen Jahren, einfach die Routine. Das macht das Wechselmodell so anstrengend - für alle. Es ist ein ständiges Ankommen und Wiedergehen. Als mein Sohn noch kleiner war, so anderthalb Jahre, habe ich unter der Trennung von ihm sehr gelitten. Aber auch, weil er in der Zeit, die er beim Vater war, quasi in ein „schwarzes Loch" verschwunden ist. Ich hatte keinerlei Kontakt noch Auskunft darüber wie es so läuft. Und die Hausangestellte, die ihn betreute, sprach kein Deutsch oder Englisch. Das war manchmal hart. Jetzt wo er älter ist, ist das einfacher, weil er größer ist und manchmal auch einfach erzählt. Ich frage ihn allerdings nicht mehr wie seine Woche war, nur, wenn er will, kann er erzählen. Kinder wollen nicht ausgefragt werden, wie es beim anderen Elternteil war. Er trennt beides auch genau - niemals will er ein Spielzeug mit in den anderen Haushalt nehmen. Ich schätze, das hilft ihm diese zwei Leben zu leben - eine klare Trennung. Wobei wir schon ein bis zweimal im Monat versuchen etwas zu dritt zu unternehmen, oder den anderen Mal zu Hause zu besuchen.

Und auch wenn das Wechselmodell jetzt immer noch kein Idealzustand ist, wüsste ich nicht wirklich um eine Alternative. Und mein Sohn könnte sich auch nichts Anderes vorstellen. Er will uns beide gleichviel. Er achtet akkurat darauf, dass die Tage ausgeglichen sind. Ich bin gespannt, wie es in den nächsten Jahren läuft. Vielleicht will er irgendwann nicht mehr so viel wechseln. Vielleicht nerven ihn die vielen Regeln bei mir und er will lieber mehr beim Vater sein. Oder er vermisst seine Geschwister und will mehr bei mir sein. Who knows. Ich bin froh, dass er älter ist und mehr für seine Bedürfnisse und Wünsche einstehen kann. Denn das ständige wechseln müssen, ohne mal selbst entscheiden zu dürfen, stelle ich mir nicht einfach vor.

Neunter Erfahrungsbericht von Sarah Zöllner aus Köln
Wie unsere Trennung uns dabei half, als Familie stark zu werden: Meine Erfahrung mit dem Wechselmodell

Sarah Z. ist berufstätige Mutter eines kleinen Sohnes. Nach der Trennung 2017 einigten sich ihr Partner und sie auf das Wechselmodell als Umgangsform und machten mit diesem gute Erfahrungen. Seit Anfang 2018 schreibt sie auf ihrem Blog mutter-und-sohn.blog über familienpolitische Themen sowie ihren Alltag als getrennt erziehende Mutter eines Kindergartenkindes.

2015 wurde unser Sohn geboren. Eineinhalb Jahre später trennten sich mein Partner und ich. Für die Trennung gab es verschiedene Gründe: unser beiderseitig wenig hilfreicher Umgang mit Stress - statt uns gegenseitig zu unterstützen, warfen wir uns unsere Überforderung vor. Ein viel zu dünnes soziales Netz vor Ort und eine phasenweise desolate Kommunikation als Paar. 2017 zogen wir die „Notbremse" und trennten uns: Inmitten ständiger Streitigkeiten wollten wir unseren Sohn nicht groß werden lassen.

Klar war uns beiden, dass wir zu gleichen Teilen für unseren Sohn da sein wollten. Auch praktische Überlegungen motivierten uns, das Wechselmodell zu versuchen. Seitdem unser Sohn ein Jahr alt war, war ich wieder berufstätig: auf diese Weise konnten wir uns im Alltag bei der Betreuung entlasten. Zudem hatte mein Partner seine kleine Wohnung in der Nähe auch während unserer Beziehung behalten, so, dass wir für unseren Sohn ohne großen Aufwand zwei Zuhause schaffen konnten.

Kein einfacher Weg.

Trotz guter Absichten fiel uns das Modell zunächst nicht leicht. Da unser Sohn erst 1 ½ und damit noch relativ klein war, entschieden wir uns für einen Wechsel alle zwei Tage. Das führte jedoch dazu, dass wir einander weiterhin mehrmals pro Woche bei den Übergaben sahen. Gerade in der ersten Zeit nach der Trennung ergab dabei oft ein Wort das andere und wir gerieten wieder in Streit. Außerdem empfanden wir es beide als schmerzhaft, uns in gewohntem Umfeld zu sehen, ohne weiterhin ein Paar zu sein. Was uns half, war, die externe Kinderbetreuung für die Übergaben zu nutzen. So brachte einmal ich unseren Sohn in die Kindertagesstätte und mein Ex-Partner holte ihn mittags dort ab oder umgekehrt. Ließ sich die persönliche Begegnung nicht vermeiden, trafen wir uns an neutralen Plätzen wie einem Supermarkt, in dem mein Ex-Partner als „Übergangsritual" noch eine Kleinigkeit mit unserem Sohn einkaufen ging. Strittige Themen schnitten wir bei der Übergabe möglichst nicht mehr an, sondern versuchten sie per Telefon oder Kurznachricht zu klären. Für unseren Sohn überlegten wir uns feste Rituale, die er bald mit „Mama-Haus" und „Papa-Haus", wie er unsere Wohnungen nannte, verband. Auch blieben wir weiterhin im Austausch über seine Erziehung und konnten uns dabei zum Glück auf grundlegende Werte einigen.

Dies alles half uns, die emotionale erste Zeit nach der Trennung als Familie zu durchstehen und zu einer neuen und wertschätzenden Form des Umgangs zu finden. Sehr hilfreich empfanden wir, dass wir die Umgangsregelung ohne feste richterliche Beschlüsse immer wieder neu an unsere Bedürfnisse anpassen konnten. So entschieden wir nach etwa einem Jahr gemeinsam, dass unser Sohn nur noch zwei- bis dreimal pro Woche bei seinem Vater übernachten sollte. An den anderen „Papa-Tagen" holte ihn dieser zwar vom Kindergarten ab, brachte ihn aber abends zu mir. So kehrte insgesamt mehr Ruhe in unseren Alltag ein. Bis heute behalten wir diese Regelung bei. Inzwischen freut sich unser Sohn explizit auf die „Männerabende" bei seinem Vater. Sie sind ein Highlight in seiner ansonsten klar strukturierten Woche.

Warum uns das Wechselmodell überzeugt:

Einen großen Vorteil des Wechselmodells sehe ich darin, dass beide Eltern tatsächlich Alltag mit ihrem Kind erleben und auch ähnlich viel Verantwortung für die Erziehung ihres Kindes tragen. In diesem Modell gibt es eben keine „Besuchs-Mamas" oder „Wochenend-Papas". Mein Ex-Partner und ich teilen uns als Eltern zu fast gleichen Teilen die Fürsorge für unseren Sohn. In intensiven und auch immer wieder fordernden Diskussionen lernen wir bis heute, unsere unterschiedlichen Standpunkte zu tolerieren und als Familie gemeinsame Lösungen zu finden. Den Alltag verbringen wir weitgehend getrennt, als Eltern-Team haben wir inzwischen zu neuer Verbundenheit gefunden.

Meiner Meinung nach sind eine offene Kommunikation, gegenseitiger Respekt und Verlässlichkeit Voraussetzung dafür, dass das Wechselmodell für alle Beteiligten zu einer guten Form des Umgangs werden kann. Ich bin froh, dass der Vater meines Sohnes und ich uns inzwischen wieder mit Wertschätzung und sogar Zuneigung begegnen. Dazu hat sicher beigetragen, dass wir uns als Eltern als gutes Team erleben. An diesen Punkt zu gelangen war harte Arbeit. Wir sind unseren Weg ohne juristische und auch weitgehend ohne psychologische Begleitung gegangen. Hilfreich war dabei, dass wir bereit waren zu Veränderungen, die alle Beteiligten entlasten und dass das Wohlergehen unseres Sohnes für uns zu jedem Zeitpunkt an erster Stelle stand. Auf seinem Rücken Machtkämpfe auszutragen kam für uns nicht in Frage. Vielmehr bemühen wir uns bis heute, eine Form des „Familie-Seins“ zu leben, die bei allem Trennenden so viel Gemeinsames wie möglich enthält. Das Wechselmodell hilft uns persönlich dabei.

Zehnter Erfahrungsbericht von Tobias M. aus Berlin

Auf eigenen Wunsch anonym

Bei unserer Trennung war unser Sohn vier Jahre alt. In unserem Falle fand ich das Wechselmodell – aus vielen Gründen – das einzig richtige. Es ging dabei nicht nur darum, dass ich kein Wochenend-Papa sein wollte, das auch, sondern vor allem um die Frage, was für unseren Sohn Florian wohl das Beste sei. Ich war der Überzeugung, dass er seine Mutter Katja ebenso braucht wie seinen Vater; dass sich Kontinuität eher, zumindest weitgehend, über die paritätische Betreuung durch seine Eltern bewahren lässt als durch die Aufrechterhaltung eines (räumlichen) Lebensmittelpunktes. Ich hatte zu diesem Zeitpunkt eine sehr enge, intensive Beziehung zu meinem Sohn. Und die wollte ich bewahren. Für ihn – und natürlich auch für mich.

Meine damalige Lebensgefährtin und ich hatten uns die Sache nicht einfach gemacht. Dem endgültigen Ende der Beziehung ging eine Paartherapie voraus, die die Beziehung aber nicht rettete, sondern im Gegenteil deutlich machte, dass eine Trennung unvermeidlich war. Was im Umkehrschluss auch bedeutete: Es macht wirklich keinen Sinn eine Beziehung aufrechtzuerhalten, die nicht funktioniert. Sie funktioniert dann auch nicht für das Kind. Als Scheidungskind dauerte es eine Weile, bis ich das begriffen und verinnerlicht hatte. Dass ich mit professioneller Unterstützung zu dieser Überzeugung gelangt bin, war eine echte Hilfe und dann auch guter Boden auf dem die nächsten wichtigen Entscheidungen wachsen konnten. Ein schlechtes Gewissen dem eigenen Kind gegenüber hilft niemandem.

Dennoch galten wir nach der Trennung als „hochstrittiges“ Paar. Während meine damalige Lebensgefährtin Katja es rigoros ablehnte, ein Wechselmodell anzuwenden, war ich fest entschlossen, dieses durchzusetzen. Sie sah Kontinuität für unseren Sohn dann gegeben, wenn er weiterhin – wie bisher – vor allem von seiner Mutter betreut würde. Ich hingegen empfand, dass Florians Beziehung zu mir nicht weniger intensiv war, auch wenn ich nur nach Feierabend und am Wochenende Zeit für ihn gehabt hatte. Dass meine ehemalige Lebensgefährtin einen neuen Partner hatte (der letzte Auslöser unserer Trennung), vergrößerte sicher auch meine Verlustängste. Dass Katja auch von solchen Ängsten getrieben war, darüber dachte ich im ersten Moment nicht nach. Im Nachhinein denke ich mir, dass konflikthafte Paare wie wir sich in einer solchen Situation, in denen die Interessen so gegeneinanderstehen, eine „Auszeit" nehmen sollten. Eine Zeit, in der man sich selbst und sein neues Leben sortieren kann. Ehe man die ganz großen Entscheidungen fällt.

Wir suchten eine Mediation auf – immerhin konnten wir uns darauf einigen. Dort kamen wir zunächst aber nicht voran, Katja beanspruchte deutlich mehr Aufenthaltszeit unseres Kindes bei sich. Und konnte dies auch durchsetzen, weil ich noch in Vollzeit arbeitete. Dann bot sie mir Tage und Zeiten mit unserem Kind an, von denen sie annehmen musste, dass ich sie wegen meiner Arbeit nicht wahrnehmen konnte. Aber für mich war selbstverständlich, dass ich lieber meine Arbeit reduzierte, als dieses „Angebot" abzulehnen. So entschlossen ich auch war: Ein solches Vorgehen kann sich nicht jeder leisten – und auch nicht jeder Arbeitgeber macht das mit. Zumal das, wie in meinem Fall auch, in der Regel nicht gerade karriereförderlich ist. Obwohl ich jetzt schon regelmäßig und konsequent mehrere Tage in der Woche mit meinem Sohn verbrachte, dauerte es noch einige Mediations-Sitzungen ehe sich meine ehemalige Lebensgefährtin dem Druck beugte, den ich schließlich ausübte und wir uns auf eine 50:50-Lösung einigten.

Nein, es war keine einvernehmliche Entscheidung, sondern eine, die die Mutter zunächst eher zähneknirschend mittrug. Ich lese öfter, dass ein Wechselmodell nur dann sinnvoll sei, wenn die Eltern diese Entscheidung einvernehmlich getroffen haben, aber ich war und bin trotzdem auch heute noch der Überzeugung, dass es die richtige war. Einvernehmliche, vernunftbasierte Entscheidungen von Eltern sind erstrebenswert, aber – viele werden das aus leidvoller Erfahrung kennen – nicht immer zu erreichen. Und natürlich muss man auch in diesen hochstrittigen Situationen das Wohl des Kindes im Auge behalten. Es ist eben oft ein Abwägen, in diesem Fall bin ich der Meinung, dass es richtig war, den Konflikt auszutragen, auch wenn unser Sohn – und in Teilen dürfte er einiges davon mitbekommen haben – darunter litt. Denn was ist die Alternative? Ich habe oft lieber einmal mehr nachgegeben, als einen Konflikt auszutragen. Aus Angst, am Ende würde es auf Kosten des Kindes gehen. Das ist in vielen Situationen sicherlich vollkommen richtig, aber es gibt auch solche, in denen ein „Wegducken" ein falsches Signal an das eigene Kind ist – auch das ist nicht der richtige Umgang mit Konflikten. Manchmal muss man auch den Konflikt aushalten und austragen, wenn es einen wirklich guten Grund dafür gibt. Wenn Kinder am meisten durch das Vorleben seiner Eltern erlernen, dann sicherlich auch gerade über den konstruktiven Umgang mit Konflikten.

Ich habe Hochachtung vor Paaren, die sich schnell und unkompliziert einigen und für das Wohl des Kindes freundschaftlich an einem Strang ziehen können – aber ich vermute, dass es den meisten Paaren eben nicht immer gelingt. Man sollte vor diesen Mängeln nicht die Augen verschließen, aber genauso wichtig ist es, die Augen offen zu halten für das, was man gemeinsam (an Verbesserungen im Umgang miteinander und damit für das Kind) erreicht hat. Auch an Gemeinsamkeiten sollte man sich erinnern, und selbst wenn man glaubt, es gibt gar keine mehr, eine gibt es immer: die Liebe zum gemeinsamen Kind.

Wir waren lange hochstrittig – und auch heute noch muss ich mit großem Bedauern feststellen, dass Florian wahrnimmt, dass wir uns in vielen Punkten nicht einig sind, dass es Streit gibt, auch wenn wir ihn nicht vor ihm austragen. Um einen besseren Umgang für mich damit zu finden, habe ich vielfältige Angebote angenommen: Zunächst einmal habe ich eine Anwältin für Familienrecht konsultiert, nicht, weil ich das Wechselmodell juristisch durchsetzen wollte, sondern, weil ich eine Sicherheit über meine Rechte und Pflichten erlangen wollte. Die Anwältin war ein Glücksgriff, weil sie defensiv vorging und mich nie dazu ermutigte, tatsächlich juristisch zu handeln. Darüber hinaus habe ich die Familienberatung der Caritas in Anspruch genommen, ein ebensolcher Glücksgriff, der mir die Möglichkeit gab, den gesamten Prozess professionell zu betrachten und mich darüber auszutauschen – und das hat wie auch ein flankierender „Kinder im Blick“-Kurs meine Sinne für den Umgang mit meinem Kind und seiner Mutter sensibilisiert. Das klingt vielleicht albern, aber in Konfliktsituationen mit der ehemaligen Partnerin war es für mich durchaus hilfreich, nicht impulsiv zu reagieren, sondern mich stattdessen immer wieder auf den einzig wichtigen Punkt zu fokussieren: Was hilft jetzt meinem Kind? Zum Glück haben wir ein Gericht nie bemühen müssen – dafür bin ich wirklich dankbar, auch der Mutter meines Kindes. Im Austausch mit anderen Elternteilen in diesem „Kinder im Blick“-Kurs bekam ich einen Einblick in Geschichten von Eltern, die sich mit Prozessen überzogen, in denen ihre Kinder involviert wurden. Das wollte ich immer unbedingt vermeiden.

Unser Sohn war mit der neuen Regel einverstanden – ich hätte sie nie getroffen, wenn ich auch nur einen leisesten Zweifel gehabt hätte, dass auch er diese Regelung gut findet, dass er mit beiden Eltern genauso viel

Zeit verbringen wollte und sich demzufolge auf wöchentliche Wohnortwechsel einlassen konnte. Zuspruch bekam ich nach gut einem Jahr in diesem Modell auch von seiner Kindergärtnerin, die zum Ende der Kindergartenzeit feststellte, dass für Florian dieses Modell sicherlich das Beste sei. Und das aus dem Mund einer Erzieherin, die anfangs dafür warb, Florian einen Lebensmittelpunkt zu erhalten und von einem Wechselmodell sogar abriet. Aber das Bedürfnis des Kindes hat sie umdenken lassen.

Florian wechselte immer am Montag – der eine Elternteil brachte ihn an diesem Tag noch zum Kindergarten, der andere Elternteil holte ihn dort ab und betreute ihn für eine Woche. Wir vermieden eine Begegnung, weil das in dieser damals noch aufgeladenen Stimmung oft in einen Streit mündete und sich letztlich als nachteilig für das Kind erwies.

Dieses klare Wochenwechselmodell hatte auch einen Vorteil für mich. Gegenüber meinem Arbeitgeber konnte ich einen übersichtlichen An- und Abwesenheitsplan angeben. Fortan arbeitete ich in der Florian-Woche nur halb, in der anderen Woche aber voll. Aber man darf sich da nichts vormachen: Bei wichtigen Projekten geriet ich verständlicherweise in die zweite Reihe – beruflich hatte ich also Nachteile. Ich erwähne es nur, weil das Wechselmodell für viele Eltern heutzutage oft nicht anders zu haben ist als gegen den Preis der beruflichen und der damit auch oft einhergehenden ökonomischen Einbußen. Und im Hinblick auf das Kind sollte man sich ehrlich fragen, wie sich das Wechselmodell mit dem Beruf vereinbaren lässt, nicht nur ökonomisch, sondern auch in Bezug auf die eigenen Bedürfnisse. Ich glaube, dass Kindern wenig geholfen ist, wenn ein Elternteil seine Arbeit reduziert, aber dann doch in Gedanken (oder auch ganz praktisch) am Rechner sitzt oder schlicht unzufrieden ob seiner beruflichen (Nicht-)Tätigkeit ist.

Mir fiel privat ein Stein vom Herzen. Ich genoss die Wochen, die Zeit mit meinem Sohn sehr. Und ich will nicht verschweigen, dass ich auch die Freiheit, ihn alleine und selbständig zu begleiten, zu „erziehen“ genoss. Ich blieb in unserer recht großen Wohnung (Katja war ausgezogen) – da ich Florian einen weiteren räumlichen Wechsel ersparen wollte und ihm sein Zuhause, in dem er geboren und aufgewachsen war, erhalten konnte. Ich glaube, dass ihm das guttat. Wir leben noch heute dort – und er nimmt es auch als sein Zuhause wahr. (Womit ich nicht sagen möchte, dass er den Wohnsitz seiner Mutter nicht auch als sein Zuhause wahrnimmt.)

Seine Mutter wohnt im selben Wohnviertel – was wirklich ein wesentlicher Aspekt ist, da das soziale Umfeld erhalten bleibt und es organisatorisch Vieles erleichtert. Ich bin mir sicher, dass es einem Kind guttut, den anderen Elternteil in der Nähe zu wissen.

Der Montagabend war – und ist es bis heute noch ein wenig – seltsam. Ich musste mich doch immer etwas daran gewöhnen, wenn er plötzlich nicht mehr da war. Und die Wochenenden ohne ihn waren plötzlich... frei. Es dauerte, bis ich diese Freiheit zu nutzen und zu genießen wusste. Diese Umstellungen bringen natürlich auch immer die Frage mit sich, wie sehr ein Kind diese Umstellungen bewegen, wenn sie schon bei Erwachsenen nicht einfach sind ... Das Wechselmodell ist auf jeden Fall ein Modell, das tatsächlich für alle, nicht ausschließlich für das Kind gilt: in erster Linie und in größerem Maße für das Kind, aber auch für die Eltern. Darüber sollte man sich im Klaren sein.

Das Wechselmodell führt aus meiner Sicht zu einer Klarheit – für die Eltern, wie für das Kind. Es signalisiert mehr als andere Modelle dem Kind, dass beide Eltern das gleiche Interesse, die gleiche Liebe für ihn haben und auch dieselbe Zeit und Verantwortung für ihn übernehmen wollen. Darüber hinaus nehmen in diesem Modell beide Eltern tatsächlich am Alltag des Kindes teil und das Kind am Alltag der Eltern. Es gibt bei uns durchaus Unterschiede in der Erziehung, aber die gibt es auch bei funktionierenden Elternpaaren. Wichtig finde ich vor allem, dass man sich nicht einmischt in das, was das andere Elternteil tut. Das soll nicht heißen, dass man gar nicht miteinander debattieren soll, aber es ist für alle Beteiligten das Beste, sich auf das zu konzentrieren, was man selber beeinflussen kann. Wenn ich der Meinung bin, dass man Dinge anders machen sollte, dann sollte ich das umsetzen, wenn das Kind bei mir ist.

Die Übergabe verlief zunächst immer über den Kindergarten, dann über die Schule, wir vermieden also eher das Aufeinandertreffen als Eltern. Absprachen trafen wir damals wie heute per Mail oder SMS. Eine Weile schrieb ich Mails, in denen ich Ereignisse und „Themen“ der Woche im Leben unseres Kindes Revue passieren ließ, damit Katja mit Florian daran anknüpfen konnte, aber das führte zu mehr Konflikten als nötig. Die Ferien teilen wir auf, die Feiertage feiert er abwechselnd bei einem Elternteil.

Florian besuchte nach dem Kindergarten eine „Trennungsgruppe“, wo er die Möglichkeit bekam, sich spielerisch mit anderen Kindern, die ähnliche Erfahrungen gemacht hatten, und unter Anleitung von Pädagogen und Psychologen, mit der Problematik „auseinanderzusetzen“. Er traf die leitende Psychologin auch nach der Gruppenphase regelmäßig, was von unschätzbarem Wert war. Zum einen hatte er dort einen ganz neutralen Gesprächspartner, zum anderen war es für uns Eltern eine Beruhigung zu wissen, dass er zwischen den Welten jemanden hat, dem er sich anvertrauen kann im Hinblick auf die Schwierigkeiten, die sich zwischen seinen Lebenswelten auftun. Zumal auch für uns selbst eine regelmäßige Gelegenheit entstand, gemeinsam mit einer Psychologin die Situation und Entwicklung unseres Kindes in den sich wandelnden Lebenswelten zu erfassen und zu betreuen. Generell habe ich aber schon den Eindruck, dass Florian die beiden Welten, in denen er lebt, sehr trennt. Er erzählt zum Beispiel kaum, was er in der vergangenen Woche bei seiner Mutter erlebt hat. Das verändert sich erst sehr langsam mit seiner zunehmenden Selbständigkeit. Und ich bin sicher, dass aufgrund der konflikthaften Beziehung zwischen Katja und mir Loyalitätskonflikte immer mal eine Rolle spielen. Aber das wäre sicherlich auch nicht anders, wenn er nur an den Wochenenden bei mir wäre, im Gegenteil.

Nachdem Florian in die Schule gekommen war und das Wechselmodell schon weit über ein Jahr solide lief, lernte ich meine jetzige Frau kennen – was die Lebenssituation für alle noch einmal grundlegend veränderte. Jetzt ergab sich eine echte Patchworkfamilie. Der Konflikt zwischen Florians Mutter und mir flammte – aus meiner Wahrnehmung – wieder auf. Ich vermute, dass die neue Frau an meiner Seite – und damit auch an Florians Seite – für neue Ängste bei Katja sorgte. Unser Sohn nahm meine neue Partnerin aber sehr offen auf, die auch schon bald bei uns einzog. Meine Frau zog zu uns in die Wohnung, so, dass wir auf dieser Ebene Kontinuität wahren konnten – aber es brachte natürlich auch die bisherige Zweierdynamik durcheinander. Es dauerte nicht lange, da bekam Florian auch ein Schwesterchen, worüber er zunächst sehr begeistert war. Damit lebte er fortan aber auch in zwei äußerst unterschiedlichen Systemen: hier eine kleine Familie mit seiner kleinen Schwester, dort mit seiner Mutter alleine. Ich hatte den Eindruck, dass er in beiden Modellen durchaus gerne unterwegs war: hier eingebunden in harmonische Familienstrukturen, dort weiterhin als Einzelkind, dem die volle Aufmerksamkeit seiner Mutter zuteilwurde. Das hat ja auch Vorteile. Florian formulierte es auf die Frage, wie ihm denn nun das Wechselmodell gefiele, einmal so: „Wenn es bei einem langweilig wird, gehe ich zum anderen.„ Jedenfalls hat er bis heute nicht einmal ernsthaft das Bedürfnis geäußert, das Modell wechseln zu wollen.

Ich machte eine Zeit lang die Beobachtung, dass gerade der Wechseltag auch eine gewisse Anspannung mit sich brachte – und man förmlich die Anstrengung greifen konnte, die es Florian kostete, sich an das aktuelle System „anzupassen". Der Schritt vom Einzelkind bei einer „alleinerziehenden" Mutter zum Bruder in einem Familienverbund ist ein Spagat. Dem versuchten wir entgegenzuwirken, in dem wir an diesem Tag möglichst keine außergewöhnlichen Dinge unternahmen, sondern eine möglichst normale, routinierte Situation „herstellten“, die ihm das Einleben erleichtern sollte, also beispielsweise keinen Besuch einluden. Um diese Wechseltage zu minimieren, schlug ich Florian und seiner Mutter vor, die Wechsel nun vierzehntägig vorzunehmen, aber das wollte mein Sohn nicht. Seine klare Meinung in diesem Punkt war überzeugend und ausschlaggebend.

Auch jetzt gibt es Konflikte: Mit zunehmendem Alter wuchs auch eine Eifersucht von Florian und seiner kleinen Schwester. Florian mag meine Frau, aber er beschwerte sich auch eine Weile darüber, dass wir seine kleine Schwester bevorzugt behandeln würden. Wenn man in einer solchen Patchworksituation und Wechselmodell lebt, stellt man sich die Frage noch mal anders: Inwiefern fühlt sich ein Kind dann doch vielleicht außen vor, im schlimmsten Fall nicht zugehörig? Ist das ein normales Verhalten des größeren Geschwisterkindes oder Ausdruck eines komplexeren Unwohlseins? Ich glaube schon, dass Florian seinen Platz gesucht hat. Aber ist das nicht auch ein normaler und auch altersbedingter Prozess?

In der angespannten Situation zwischen Katja und mir versuchten wir ein weiteres Mal eine Mediation. Sie half nicht, im Gegenteil, das Verhältnis verschlechterte sich zunehmend, weil offenbar mehr Verletzungen aufbrachen als Konflikte gelöst wurden. Katja brach diesen Prozess abermals ab – und in diesem Fall sollte es der richtige Schritt sein, denn allmählich entspannten sich die Dinge wieder. Was wohl aber auch daran lag, so meine Vermutung, dass sie einen neuen Lebensgefährten fand, der dann schließlich auch zu ihr und Florian zog.

Die Situation für Florian änderte sich damit abermals: Nun gab es mehr Gleichgewicht: Auch bei seiner Mutter war er nicht mehr „alleine“. Insgesamt stabilisierte sich die Situation. Es war Florian selbst, der es als „gerecht“ empfand, dass seine Mutter nun auch einen neuen Partner hatte. Ich gewann den Eindruck, dass ihm das guttat. Und auch ich konnte mich mit dem neuen Partner in Konfliktsituationen deeskalierend verständigen. Also war einmal mehr alles in Bewegung.

Wenn man sich diese Entwicklung so vor Augen führt, stelle ich fest, dass sie insgesamt gut verlaufen ist für das hochstrittige Paar, das wir waren und in Teilen immer noch sind. Auch wenn es immer mal wieder Konflikte zwischen mir und seiner Mutter gibt, gibt es doch ein recht stabiles Fundament. Das Wechselmodell stellt keiner mehr infrage. Auch, weil Florian es ausdrücklich gut findet. Aber man kann nie wissen, was in der Zukunft ist. Das Leben in einer Familie ist dynamisch und man sollte darauf vorbereitet sein, dass sich die Dinge ändern können.

Ob das Wechselmodell für Florian tatsächlich das Beste ist, kann ich heute nicht abschließend sagen. Wir sind ja mittendrin im Leben in und mit diesem Modell. Ausgehend davon, dass eine Trennung der Eltern für ein Kind immer schwierig ist und eine so hochstrittige Konstellation sowieso, ist es aber das Beste unter allen „schlechten" Modellen für Florian. Diese Lebensart wird meinen Sohn sicherlich prägen, sie gehört zu seinem Leben, seiner Biografie und unserer gemeinsamen Familienbiografie dazu. Er ist auch in seinem eigenen Umfeld nicht das einzige Kind, das unter solchen Umständen aufwächst. Wichtig ist sicherlich, dass beide Elternteile nicht mit diesem Modell hadern, dass sie es auch als etwas Positives, die Biographie bereicherndes erleben und das dem Kind wiederum vermitteln.

Ich bin erleichtert darüber, dass die Politik und Justiz nun auch auf die sich ändernden Entwicklungen in Familien reagiert. Die Frage nach dem richtigen Familien- und Lebensmodell nach der Trennung der Eltern ist nach all meinen Erfahrungen aber dennoch eine höchst individuelle. Sie sollte nicht ideologisch beantwortet werden, sondern in erster Linie den Bedürfnissen des Kindes folgen, in zweiter Linie den Bedürfnissen (und auch den Möglichkeiten) der Eltern.

Natürlich würde ich meinem Sohn das eine Zuhause wünschen, ein Nest et cetera. Aber es ist einfach nicht zu haben ohne andere schwerwiegende Verluste. Er wird älter – und wer weiß, eines Tages, und das kann schon sehr bald sein, kann er selbst überblicken und möchte selbst entscheiden, welche Verluste er lieber in Kauf nimmt, welche Prioritäten er selbst setzen möchte. Dann gemeinsam mit seiner Mutter ihm Eltern zu sein, die sich dem nicht verschließen, das wünsche ich mir für ihn, für sie, für mich, für die ganze große Familie.

II. Checklisten

Trennungsgespräch

VORÜBERLEGUNGEN

- ☐ Ideal: beide Eltern zusammen, sonst wer?
- ☐ mehrere Kinder gemeinsam oder nacheinander

- ☐ guten Zeitpunkt finden:
    - ☐ ruhiger Moment, zum Beispiel Wochenende, wenn danach viel gemeinsame Zeit einplanen
    - ☐ frühzeitig, wenn deutliche Anzeichen von Trennung oder Umfeld Bescheid weiß
    - ☐ spätestens, wenn demnächst räumliche Trennung bevorsteht und Umgangsmodell steht
    - ☐ je nach Alter des Kindes zeitliches Verständnis berücksichtigen (je kleiner, desto kürzer)
- ☐ (gemeinsam) gut vorbereiten
- ☐ gegebenenfalls Redeanteile überlegen.

DURCHFÜHRUNG/VERLAUF

- ☐ Kind- und altersgerechte Erklärung:
  nicht: nicht mehr liebhaben, besser: nicht mehr zusammenleben, Details müssen Kinder nicht wissen, nur, dass es Gründe zwischen den Eltern sind und mit dem Kind nichts zu tun haben
- ☐ strittige Punkte weglassen, Schwerpunkt auf Verbindendem, Erhalt der Familie
- ☐ Eltern übernehmen Verantwortung für die Situation, finden gemeinsam eine Lösung, Kind muss sich nicht kümmern
- ☐ Loyalitätskonflikte meiden: deutlich machen, dass Kontakt zu beiden wichtig ist, Kind darf beide lieben und mit beiden schöne Zeit verbringen
- ☐ konkrete Perspektive geben bezüglich Umgangskontakten, morgen/Freitag holt Papa dich von der Kita ab, jeden Abend telefonierst du mit Mama um…
- ☐ Details schildern und anschaulich machen: Papa wohnt jetzt da und da und da fahren wir gleich hin und zeigen dir dein Zimmer
- ☐ je nach Alter: nach Wünschen fragen (gegebenenfalls erst später)
- ☐ Besonderheiten bei Wechselmodell: auf Perspektive konkret hinweisen:
    - ☐ beide Eltern bleiben (wie bisher?) erhalten
    - ☐ gemeinsame Erziehungs- und Betreuungsverantwortung
    - ☐ beide Eltern in Alltag und Freizeit präsent
    - ☐ gegebenenfalls schon Details, wie Verteilung im Alltag aussehen wird (Wochenwechsel oder mit Papa immer Geige, mit Mama immer schwimmen) und Perspektive auf besondere Zeit wie Weihnachten, Urlaube etc.
    - ☐ zwei Zuhause, zwei Orte, wo das Kind eigenen Raum hat und sich wohlfühlt.

NACHBEREITUNG

- ☐ Gemeinsame Zeit verbringen, Nähe anbieten aber auch Wunsch nach Abstand respektieren
- ☐ da sein für Fragen
- ☐ neues Zuhause zeigen.

Übersicht Aspekte Wechselmodell

VORÜBERLEGUNGEN

- ☐ Wege zur Einigung: Gespräch, Mediation
- ☐ gegebenenfalls vorher Beratung einholen
- ☐ Form: mündlich, durch Praxis, (zum Teil) schriftlich
- ☐ Übergangsregelung, Probezeit, Befristung, Bedingung.

ZENTRALE REGELUNGSPUNKTE

- ☐ Grundsatz: (nahezu) gleichberechtigt/hälftig festschreiben
- ☐ Wechselfrequenz und Wechselzeitpunkt/Wechseltag beziehungsweise Zweiwochen-Planungs-Kalender beziehungsweise Online Kalender
- ☐ Übergabeort, Übergangsgestaltung und Wechselorganisation
- ☐ Ausnahmen und Notfallregelungen
- ☐ Feiertage, Geburtstage, Ferien
- ☐ Erziehungsregeln/Routinen/Rituale
- ☐ Zwischendurchkontakte zum anderen Elternteil.

ZUSÄTZLICH MÖGLICHE REGELUNGSPUNKTE

- ☐ Kindesunterhalt/Verteilung Ausgaben/Kinderkonto
- ☐ Sorgerecht/Entscheidungen
- ☐ Mediationsklausel.

Übergabe am Wechseltag

ÜBERGABEORTE/ÜBERGANGSGESTALTUNG

- ☐ Wenn neutrale Orte, was wenn geschlossen beziehungsweise Kind krank?
- ☐ Wenn persönlich: Regeln: kurze Information, keine Grundsatzdiskussionen, kein Streit, Wechsel steht im Vordergrund, gegebenenfalls Umgangstagebuch/Kalender.

ÜBERGABE-ORGANISATION

- ☐ Was ist doppelt und was wandert?
  - ☐ Kleidung
  - ☐ Schulsachen
  - ☐ Sportsachen
  - ☐ Musikinstrument
  - ☐ Haustiere
  - ☐ Gesundheitskarte
  - ☐ Reisepass
  - ☐ Bus/Bahn Ticket.
- ☐ Was wird direkt mitgegeben, was später abgeholt?
- ☐ Umgangstagebuch.

Finanzen

BERECHNUNG KINDESUNTERHALT

1. Schritt: Unterhaltssumme:

- ☐ Regelunterhalt
  - ☐ Grundkosten/Fixkosten, zum Beispiel: Wohnraum, Kita/Hort, Monatskarte, Krankenversicherung,
  - ☐ Alltagskosten: regelmäßige Kosten, die nicht exakt bezifferbar oder notwendig sind: Essen, Kleidung, Musikschule
  - ☐ unregelmäßige Kosten: Klassenfahrten, Familienfeiern, Zahn-/Heilbehandlungen.
- ☐ Sonderbedarf
- ☐ Mehrkosten Wechselmodell

2. Schritt: Quote Einkommen Eltern

3. Schritt: etwaiger Ausgleichsanspruch.

KINDERGELD

- ☐ Wer bezieht?
- ☐ Wie wird damit umgegangen?
  - ☐ Überweisung der Hälfte an den anderen oder
  - ☐ davon bestimmte Ausgaben bezahlen (Hort, Monatskarte, Sport/Musik) oder
  - ☐ behält der weniger verdienender Elternteil oder
  - ☐ geht aufs Kinderkonto.

KINDERKONTO

STEUERN

- ☐ Steuerklasse II
- ☐ Entlastungsbetrag
- ☐ Kinderfreibetrag

BETREUUNGSUNTERHALT

- ☐ Höhe
- ☐ Zeitraum

Inhalt Umgangsregelung

ENTSCHEIDUNG FÜR WECHSELMODELL: GLEICHBERECHTIGTE/HÄLFTIGE VERANTWORTUNG UND VERANTWORTUNG

WOHNSITZ DES KINDES/DER KINDER (GEGEBENENFALLS AUFGETEILT)

WECHSELFREQUENZ UND WECHSELTAG

- ☐ Dauer beziehungsweise Zweiwochen/Monats-Planungs-Kalender
- ☐ Übergabe Tag

bei mehreren Kindern gegebenenfalls unterschiedliche Wechsel.

AUSNAHMEN UND NOTFALLREGELUNGEN

- ☐ Bei Verhinderung eines Elternteils:
  - ☐ Zuständigkeitsprinzip: Verantwortung für Absicherung und Organisation einer alternativen Kinderbetreuung bleibt beim betreffenden Elternteil, es gibt kein Automatismus in Richtung des anderen Elternteils
  - ☐ Der andere Elternteil ist der erste Ansprechpartner, kann aber ohne Begründung ablehnen
  - ☐ Eine von beiden Eltern akzeptierte Drittperson rückt nach
- ☐ Kostenverteilung Fremdbetreuung
- ☐ Nachholung/Tausch/Zeitkonten.

FESTE UND FEIERTAGE

- ☐ Religiöse Feste
- ☐ Geburtstage (Kinder, Eltern, Großeltern, Tanten etc.)
- ☐ Familienfeste
- ☐ besondere Freizeitaktivitäten (dann gegebenenfalls immer ein Elternteil zuständig)
- ☐ Umgang anderer, zum Beispiel Großeltern, Paten, leibliche Elternteile.

FERIENREGELUNG

- ☐ Grundsatz: hälftige Betreuung
- ☐ wann wird geplant?

ÜBERGABE DER KINDER

- ☐ Wechselmodalität (vier Möglichkeiten): Hinbringen, abholen, selbständiger Wechsel, neutraler Wechsel (Ort/Person)
- ☐ gegebenenfalls verschiedene Regelungen für mehrere Kinder
- ☐ Wechselzeitpunkt (zum Beispiel Freitagnachmittag)
- ☐ Ausnahmen wenn Ort geschlossen oder Ähnliches
- ☐ Wechselorganisation (Schulsachen, Musikinstrumente, Haustiere)
- ☐ Übergangsgestaltung/Verhaltensregelungen/Rituale
- ☐ gegebenenfalls Kosten der Übergabe (Fahrtkosten).

FESTE UND FEIERTAGE

- ☐ Religiöse Feste
- ☐ Geburtstage (Kinder, Eltern, Großeltern, Tanten etc.)
- ☐ Familienfeste
- ☐ besondere Freizeitaktivitäten (dann gegebenenfalls immer ein Elternteil zuständig)
- ☐ Umgang andere, zum Beispiel Großeltern, Paten, leibliche Elternteile.

ZWISCHENDURCHKONTAKTE UND -BESUCHE
Drei Möglichkeiten:

- ☐ Elternteil ist aktiv, ruft an beziehungsweise schreibt Nachrichten und schickt Bilder
- ☐ feste Telefon/Kontakttermine, zum Beispiel jeden Abend vor/nach dem Abendessen
- ☐ Kind bekommt signalisiert, dass es den anderen Elternteil anrufen kann, muss aber nicht.

Elternvereinbarung Trennung

Zusätzlich können im Hinblick auf das Wechselmodell diese Punkte geregelt werden:

VEREINBARUNGEN ÜBER DIE ELTERLICHE SORGE

- ☐ Beibehaltung gemeinsames Sorgerecht
- ☐ Entscheidungen von erheblicher Bedeutung
- ☐ Alltagsentscheidungen (entweder abwechselnd oder gemeinsam oder aufteilen:)
  - ☐ Erfordernis der Einvernehmlichkeit
  - ☐ Entscheidung im Voraus (zum Beispiel Wohnsitz)
  - ☐ Aufteilung der Verantwortungsbereiche
- ☐ Betreuungsentscheidungen
  - ☐ Stressthemen: Medienkonsum, Ernährung, Taschengeld
  - ☐ Routinen/Rituale: Schlafzeit und Schlafort, Abendroutinen, Einschlafrituale.

FINANZEN

- ☐ Kindesunterhalt
- ☐ Bezug Kindergeld
- ☐ Betreuungsunterhalt
- ☐ gemeinsames Konto? Praxistipp Kinderkonto
- ☐ Kostenaufteilung:
  - ☐ Grundkosten/Fixkosten, zum Beispiel: Wohnraum, Kita/Hort, Monatskarte, Krankenversicherung
  - ☐ Alltagskosten: regelmäßige Kosten, die nicht exakt bezifferbar oder notwendig sind: Essen, Kleidung, Musikschule
  - ☐ unregelmäßige Kosten: Klassenfahrten, Familienfeiern, Krankenversicherung, Zahn-/Heilbehandlungen.

Scheidungsfolgenvereinbarung

- ☐ Sorgerecht
- ☐ ehemalige Ehewohnung
- ☐ Hausrat
- ☐ Zugewinnausgleich
- ☐ Versorgungsausgleich.

III. Mustervereinbarungen Wechselmodell

Mustervereinbarungen können Trennungseltern dabei unterstützen, eine für ihre Familie passende schriftliche Umgangsregel zu formulieren. Muster ersetzen keine individuelle Rechtsberatung. Gelangt eine Familie vor Gericht, so entscheidet das Gericht anhand des Kindeswohls; die geschlossene Vereinbarung kann im Sinne der Kontinuität als wichtiges Indiz für die bisherige Praxis herangezogen werden, gilt aber nicht als unabdingbar. Es bleibt entscheidend, welcher Umgang aktuell dem Kindeswohl am besten entspricht.

Wir stellen hier zunächst zwei Varianten einer Umgangsvereinbarung für das Wechselmodell vor, eine kurze und eine ausführliche. Die kurze enthält wenige zentrale Regelungsinhalte und vertraut ansonsten darauf, dass Eltern sich mündlich absprechen und individuell einigen können. Die ausführliche Regelung fixiert sämtliche Vereinbarungsinhalte schriftlich, sodass es kaum weiterer Absprachen bedarf. Die Elternvereinbarung klärt über eine reine Regelung des Wechselmodells hinaus noch Fragen des Sorgerechts sowie der Finanzen.

Als Faustregel kann gesagt werden: je schlechter sich die Eltern derzeit verstehen, desto detaillierter und strikter die Regelung, damit Reibungspunkte vermieden und die Kommunikation zwischen den Eltern auf das Allernötigste sowie akuten Situationen begrenzt werden kann.

1. Kurze Umgangsregelung

Umgangsvereinbarung

Umgangsvereinbarung zwischen … und …, geschlossen am …

I. Grundsatz: gleichberechtigte Elternverantwortung

Wir möchten die elterliche Verantwortung für unser Kind Hanna gemeinsam und gleichberechtigt wahrnehmen. Die Betreuung erfolgt zu gleichen Teilen.

II. Wechselfrequenz und Wechseltag

Im Alltag verbringt Hanna eine Woche bei ihrer Mutter und eine Woche bei ihrem Vater. Der Wechsel erfolgt am Freitag. Hanna kann jederzeit den anderen Elternteil kontaktieren.

oder

Hanna verbringt im Alltag jeden Montag und Mittwoch bei ihrem Vater und Dienstag und Donnerstag bei ihrer Mutter, die Wochenenden werden abgewechselt. Jeden Abend um 18 Uhr telefoniert Hanna mit dem abwesenden Elternteil.

und gegebenenfalls

Jeden Mittwochnachmittag verbringt Hanna bei ihrer Großmutter Ursula/bei ihrem Patenonkel Frank.

III. Übergabe

Die Übergabe erfolgt in der Kita. Der Elternteil, bei dem Hanna war, bringt sie morgens hin und der andere Elternteil holt sie nachmittags ab. Hannas Kita-Rucksack, die Blockflöte, den Tennisschläger sowie die Gesundheitskarte werden in der Kita-Garderobe abgestellt. Etwaige benötigte weitere Gepäckstücke bringt der Elternteil, bei dem Hanna bisher war, abends zum anderen Elternteil.

Findet keine Kita statt, dann bringt der bisher betreuende Elternteil Hanna um 14 Uhr zum anderen Elternteil.

IV. Verhinderung und Ausnahmeregeln

Ist Hanna gesundheitlich verhindert, in die Kita zu gehen, dann wird sie beim zuständigen Elternteil betreut und am Übergabetag um 14 Uhr zum anderen Elternteil gebracht. Sollte Hanna nicht transportfähig sein, dann bleibt sie beim bisher betreuenden Elternteil, bis sie wieder wechseln kann.

Ist ein Elternteil in seiner Betreuungszeit aus gesundheitlichen, beruflichen oder sonstigen Gründen in der Betreuung verhindert, so organisiert er eine adäquate Betreuung. Er fragt hierfür zuerst den anderen Elternteil, der ohne Angabe von Gründen ablehnen kann. Verpasste beziehungsweise getauschte Betreuungszeiten werden nicht nachgeholt oder verrechnet.

V. Absprachen

In zentralen Erziehungsfragen sprechen wir uns ab. Für Feiertage, Urlaube und Geburtstage finden wir frühzeitig einvernehmliche Regelungen.

Diese Umgangsvereinbarung gilt, solange Hanna in der Kita ist. Bevor sie in die Grundschule kommt, setzen wir uns rechtzeitig zusammen. Sollten wir uns hinsichtlich Umgangsfragen nicht einigen können, dann durchlaufen wir ein Mediationsverfahren.

2. Ausführliche Umgangsvereinbarung

Umgangsvereinbarung
Umgangsvereinbarung zwischen ... und ..., geschlossen am ...

gegebenenfalls Präambel

Wir haben uns am ... getrennt und möchten gemeinsam gute Eltern für unseren Sohn Paul bleiben.

I. Grundsatz: gleichberechtigte Elternverantwortung

Die elterliche Verantwortung für Paul nehmen wir gemeinsam und gleichberechtigt wahr. Die Betreuung von Paul erfolgt durch beide Eltern zu gleichen Teilen. Wir stellen beide Paul auf eigene Kosten ein Kinderzimmer zur Verfügung.

II. Wechselfrequenz und Wechseltag

Im Alltag verbringt Paul eine Woche bei seiner Mutter und eine Woche bei seinem Vater. Der Wechsel erfolgt am Freitag.

oder

Paul verbringt im Alltag Montag bis Mittwoch früh bei seiner Mutter und mittwochabends bis Freitag bei seinem Vater, die Wochenenden werden abgewechselt.

oder

Paul verbringt im Alltag seine Zeit bei den Eltern entsprechend der Zwei-Wochen-Planung, die wir jeweils eine Woche vorher in unseren Online Kalender eintragen. Bei Absprachebedarf telefonieren wir.

und gegebenenfalls

Unabhängig davon geht Paul am Dienstagnachmittag um 16 Uhr mit seinem Vater zum Fußballtraining und wird donnerstags um 14 Uhr von seiner Mutter zur Logopädie begleitet.

III. Übergabe

Die Übergabe erfolgt in der Schule, indem der Elternteil, bei dem Paul war, ihn morgens hinbringt und der andere Elternteil ihn nach der Schule abholt. Findet keine Schule statt, bringt der bisher betreuende Elternteil Paul um 14 Uhr zum anderen Elternteil.

Der übergebende Elternteil gibt Paul die Schulsachen, die Geige, frisch gewaschene Sportsachen sowie die Gesundheitskarte mit.

oder

Der bisher betreuende Elternteil bringt .... zum anderen Elternteil. Bei der Übergabe konzentrieren wir uns auf den Wechsel von Paul, diskutieren keine Streitpunkte und informieren uns kurz zu Aktuellem.

IV. Verhinderung und Ausnahmeregeln

Ist Paul gesundheitlich verhindert, in die Schule zu gehen, so wird er beim zuständigen Elternteil betreut und am Übergabetag um 14 Uhr zum anderen Elternteil gebracht. Sollte er nicht transportfähig sein, dann bleibt er beim bisher betreuenden Elternteil, bis es ihm besser geht und er wieder wechseln kann.

Ist ein Elternteil in seiner Betreuungszeit aus gesundheitlichen, beruflichen oder sonstigen Gründen in der Betreuung verhindert, so ist er verpflichtet, eine adäquate Betreuung zu organisieren. Er fragt hierfür zuerst den anderen Elternteil, der ohne Angabe von Gründen absagen kann. Die Kosten für eine etwaige Fremdbetreuung trägt der verhinderte Elternteil. Springt der andere Elternteil ein, dann ist durch den verhinderten Elternteil kein Verdienstausfall zu leisten. Eine Nachholung oder Verrechnung der verhinderten Zeit erfolgt nicht.

V. Geburtstage, Feiertage und Ferien

Paul feiert seinen Geburtstag bei dem Elternteil, bei dem er gerade ist. Der andere Elternteil kann in seiner Umgangszeit nachfeiern.

Feiertage wie Weihnachten und Ostern teilen wir uns, jährlich abwechselnd, hälftig auf. Die Schulferien verbringt Paul bei beiden Eltern je zur Hälfte, die Ferienplanung erfolgt im November für das gesamte kommende Jahr.

Zwei Wochen in den Sommerferien verbringt Paul bei seinen Großeltern väterlicherseits, in den Herbstferien besucht er für eine Woche seine Tante Margot in Frankfurt. Etwaige abweichende Regelungen werden einvernehmlich getroffen und schriftlich festgehalten.

VI. Zwischendurchkontakte und -besuche

Paul telefoniert jeden Abend nach dem Abendessen um 18:45 Uhr mit dem anderen Elternteil. Darüber hinaus kann er auf eigenen Wunsch den abwesenden Elternteil jederzeit kontaktieren. Weitere Zwischendurchkontakte und -besuche finden nur aus besonderen Gründen nach voriger elterlicher Absprache statt.

VII. Befristung

Diese Regelung gilt bis Sommer 2022, wenn Paul in die weiterführende Schule wechselt. Im Frühjahr 2022 setzen wir uns zusammen, um eine neue Regelung zu finden. Im Bedarfsfall nehmen wir eine Mediation in Anspruch.

3. Elternvereinbarung
zusätzlich zu 2.

Elternvereinbarung
I. Sorgerecht und Erziehung

Wir behalten das gemeinsame Sorgerecht für unseren Sohn Paul.

Wir einigen uns darauf, dass Paul an Schultagen um 18 Uhr zu Abend isst und um 19:30 Uhr schlafen geht. Hinsichtlich seiner Ernährung achten wir auf überwiegend vegetarische Kost und wenig Süßigkeiten. Paul bekommt jede Woche montags 5 EUR Taschengeld vom jeweils betreuenden Elternteil und erst zu seinem zehnten Geburtstag ein eigenes Mobiltelefon. Er darf an Schultagen eine halbe Stunde Fernsehen und eine viertel Stunde andere altersgerechte Medien nutzen. Ab seinem achten Geburtstag wird Paul Handball spielen sowie im Kirchenchor der Maria-Hilf-Gemeinde singen. Ab 2022 besucht Paul die Victoria von Trauttmansdorff - Gesamtschule, zu der wir ihn rechtzeitig gemeinsam anmelden.

Über geplante Reisen ins Ausland informieren wir uns rechtzeitig vorab. In allen übrigen Erziehungsfragen vertrauen wir uns gegenseitig und sprechen uns bei Zweifeln und Fragen per E-Mail, SMS oder telefonisch ab.

II. Wohnsituation

Paul wohnt bei beiden Eltern. Jeder Elternteil richtet für ihn ein Kinderzimmer ein und trägt die Kosten hierfür selbst.

III. Kindergeld und Kostenaufteilung

Paul wird bei seiner Mutter mit dem Hauptwohnsitz gemeldet. Sie bezieht das Kindergeld und bezahlt davon die Hortkosten sowie das Schulessen.

oder

Sie überweist die Hälfte des Kindergeldes an den Vater.

oder

Das Kindergeld wird auf das Kinderkonto Nr...... bei der XYZ-Bank eingezahlt. Auf dieses Konto überweist der Vater zudem jeden Monatsanfang 400 EUR. Hiervon werden sämtliche Grundkosten wie zum Beispiel Schulessen, Hort, sonstige Fremdbetreuung, Musik und Sport bezahlt, sowie Kosten für medizinische Zuzahlungen, Klassenfahrten. Größere Ausgaben ab 100 EUR sprechen die Eltern vorher ab, darüber hinaus trägt jeder Elternteil die in seiner Zeit anfallenden Kosten selbst, zum Beispiel für Ernährung, Kleidung und Urlaube.

Wir verzichten ansonsten gegenseitig darauf, Kindesunterhalt geltend zu machen.

und

Paul ist bei seinem Vater gesetzlich krankenversichert.

oder

Paul wird privat krankenversichert, die Kosten dafür überweisen wir vom Kinderkonto per Dauerauftrag an die Krankenkasse.

IV. Betreuungsunterhalt

Für eine Übergangszeit von zwei Jahren bezahlt der Vater der Mutter monatlich 300 EUR Betreuungsunterhalt zum Monatsanfang. Diese Regelung wird neu besprochen, wenn sich in diesem Zeitraum das monatliche Netto-Einkommen eines oder beider Elternteile um mindestens 10 % verändert. Ansonsten endet diese Regelung mit der Einschulung von Paul an die weiterführende Schule im August 2022.

IV. Anlaufstellen

BERATUNG

Jugendämter - bundesweit: https://www.unterstuetzung-die-ankommt.de

ansonsten in jeder Stadt, zum Beispiel Hamburg: www.hamburg.de/jugendamt

Familienberatungsstellen - bundesweit:

https://www.bke.de/virtual/ratsuchende/beratungsstellen.html?SID=088–346-68B-E13

in den einzelnen Städten, zum Beispiel Berlin:

https://www.berlin.de/sen/jugend/familie-und-kinder/erziehungs-und-familienberatung/

Deutscher Caritasverband e. V., Karlstraße 40, 79104 Freiburg, Telefon: 0761 200–0, E-Mail: info@caritas.de, www.caritas.de

Diakonie Deutschland e. V., Evangelisches Werk für Diakonie und Entwicklung e. V., Caroline-Michaelis-Str. 1, 10115 Berlin, Telefon: (030) 65211–0, E-Mail: diakonie@diakonie.de, www.diakonie.de

Verband alleinerziehender Mütter und Väter Bundesverband e. V. (VAMV), Hasenheide 70, 10967 Berlin, Telefon: (030) 69 59 78 6, E-Mail: kontakt@vamv.de, www.vamv.de

Zentrale Anlaufstelle für grenzüberschreitende Kindschaftskonflikte (ZANK), beim Internationalen Sozialdienst im Deutschen Verein, Deutscher Verein für öffentliche und private Fürsorge e. V., Michaelkirchstraße 17/18, 10179 Berlin, Telefon: (030) 62/980 403, E-Mail: info@ZAnK.de, www.ZAnK.de

Zentrale Behörde für internationale Sorgerechtskonflikte, Bundesamt für JustizReferat II 3, Adenauerallee 99 – 103, 53113 Bonn, Telefon: 0228 99 410–5212, E-Mail: int.sorgerecht@bfj.bund.de

WECHSELMODELL BERATUNG

Projektgruppe Doppelresidenz, Herzogstr. 1a, 60528 Frankfurt/ Main, Telefon: (069) 13 39 62 90, E-Mail: bgs@vafk.de, www.doppelresidenz.org

MEDIATION

Bundesarbeitsgemeinschaft für Familienmediation e. V. (BAFM), Spichernstr. 11, 10777 Berlin, Telefon: (030) 236 28 266, E-Mail: bafm@bafm-mediation.de, www.bafm-mediation.de

Bundesverband Mediation e. V. (BM), Wittestr. 30 K, 13509 Berlin, Telefon: (030) 54 90 60 8–0, E-Mail: info@bmev.de, www.bmev.de

Internationales Mediationszentrum für Familienkonflikte und Kindesentführung MiKK e. V., Fasanenstraße 12, 10623 Berlin-Charlottenburg, Telefon: (030) 74787879, E-Mail: info@mikk-ev.de, www.mikk.de

V. Literatur

LISA FRIEDA COSSHAM, Plötzlich Rabenmutter, Blanvalet Taschenbuch Verlag 2017

SARAH FISCHER, Die Mutter Glück Lüge, Ludwig Verlag 2016

GABY GSCHWEND, Mütter ohne Liebe, Huber Verlag 2009

E. MAVIS HETHERINGTON, Scheidung. Die Perspektiven der Kinder, Beltz Verlag 2003

INES KIESEWETTER/PETRA WAGNER, Eine Woche Mama eine Woche Papa, Wie Kinder getrennter Eltern gut leben, Kreuz Verlag 2012

REMO H. LARGO/MONIKA CZERNIN, Glückliche Scheidungskinder, Piper Taschenbuch, 4. Auflage 2015

ISABELL LÜTKEHAUS/THOMAS MATTHÄUS, Guter Umgang für Eltern und Kinder, C.H. Beck im dtv 2018

ELISABETH MARQUARDT, Between two worlds, Verlag Harmony 2006

MARIANNE NOLDE, Eltern bleiben nach der Trennung, Droemer Knaur Verlag 2020

HILDEGUND SÜNDERHAUF, Wechselmodell: Psychologie – Recht – Praxis, Springer Gabler 2013

HILDEGUND SÜNDERHAUF, Praxisratgeber Wechselmodell – Wie Getrennterziehen im Alltag funktioniert, Springer Gabler 2020

CATHARINA TÜRLING, Ab heute Wechselmodell, Independently published 2019

VI. Websites und Blogs

INFORMATIVE WEBSITES

CO-ELTERN: ELTERNPFLICHTEN AUFTEILEN www.co-eltern.de

DEUTSCHE LIGA FÜR DAS KIND www.liga-kind.de

DEUTSCHES JUGENDINSTITUT www.dji.de

KINDER IM BLICK, ELTERNKURS FÜR ELTERN IN TRENNUNG www.kinder-im-blick.de

PROJEKTGRUPPE PETRA, PARTNER FÜR ERZIEHUNG, THERAPIE, RESEARCH UND ANALYSE www.projekt-petra.de

ÖSTERREICHISCHE WEBSITE ZU WECHSELMODELL www.doppelresidenz.at

SCHWEIZER WEBSITE ZU WECHSELMODELL www.wechselmodell.ch

BLOGS

MAREIKE MILDE www.wechselmama.de

SOPHIE LÖFFLER https://hamburger-mediatorin.de/blog

MARIE ZEISLER www.littleyears.de

SARAH ZÖLLNER https://mutter-und-sohn.blog

ZITIERTE QUELLEN

AMERIKANISCHE METASTUDIE https://ifstudies.org/blog/10-surprising-findings-on-shared-parenting-after-divorce-or-separation

FAMILIENREPORT DEUTSCHLAND 2017 https://www.bmfsfj.de/blob/119524/f51728a14e3c91c3d8ea657bb01bbab0/familienreport-2017-data.pdf

GEPLANTE KINDESWOHL STUDIE PETRA https://projekt-petra.de/nachrichtenleser/kindeswohl-und-umgangsrecht-forschungsgruppe-petra-realisiert-bundesweite-studie-im-auftrag-des-bmfsfj

TEXT UND BLOG LISA FRIEDA COSSHAM https://sz-magazin.sueddeutsche.de/teilzeit-mutter/leere-betten-81396

VÄTERREPORT 2018 https://www.bmfsfj.de/blob/127268/2098ed4343ad836b2f0534146ce59028/vaeterreport-2018-data.pdf

VII. Filme

„Endstation Kindeswohl"

Videoausschnitt der entstehenden Dokumentation zur Resolution 2079 des Europarates zum Wechselmodell 2017

https://www.youtube.com/watch?v=NcD9Vqkj3oU

„Heute Mama morgen Papa"

Dokumentation des MDR über das Wechselmodell 2019

https://www.mdr.de/tv/programm/video-315372_zc-12fce4ab_zs-6102e94c.html

„Shoplifters"

ein japanischer Film über das Thema Wahlfamilie 2018

https://www.imdb.com/title/tt8075192/

„Weil du mir gehörst"

Fernsehfilm über Sorgerecht und Umgangsrecht 2020

http://www.ffpnewmedia.com/weil_du_mir_geh%C3%B6rst.html

Zusammenfassung

Nach der Lektüre dieses Kapitels haben Sie eine ausführliche Übersicht über praktische Tipps und Anregungen zum Wechselmodell:

- ☐ Erfahrungsberichte von Eltern
- ☐ Checklisten für Umgangsregelungen und Trennungsgespräch
- ☐ unterschiedliche Mustervereinbarungen zum Wechselmodell
- ☐ Anlaufstellen zur Beratung
- ☐ Websites, Literatur, Blogs, Filme.

Stichwortverzeichnis